法のことば／詩のことば

ヤーコプ・グリムの思想史

堅田　剛

御茶の水書房

まえがき

グリム兄弟の名前は誰でも知っているが、童話集を別にすれば、彼らの業績については意外に知られていない。本書は、彼ら兄弟のうちの兄のほう、ヤーコプ・グリム（Jacob Grimm, 1785-1863）を軸にした思想史の試みである。書名を『法のことば／詩のことば――ヤーコプ・グリムの思想史――』としたのは、兄グリムが法学者であったこと、そして彼は「法」を「詩」のことばで語ろうとしたこと、を真っ先に伝えたいからにほかならない。

ヤーコプ・グリムが生きたのは、十八世紀の末から十九世紀の半ばのドイツである。厳密にいえば、当時「ドイツ」という国はまだ存在しなかった。グリムの時代は、すでに神聖ローマ帝国の実体が失われたあと、近代国家としてのドイツが統一される前の、国家なき時代であった。隣国フランスでは市民革命が勃発し、強力な近代国家が出現しつつあった。ドイツ人たちは対岸の革命に憧れたり恐れたりしたけれども、その中からドイツ固有の歴史を再評価する動きが出てきた。グリムはその中心にいた。

十八世紀のフランスが啓蒙主義の時代であるならば、十九世紀のドイツは歴史主義の時代である。啓蒙主義は「普遍」を求めるが、歴史主義は「個別」を求める。歴史主義は民族の歴史の個別性に価値を置くがゆえに、文学的にはロマン主義となり、政治的には民族主義の様相を呈する。ただし、グリムの民族主義は、けっして排外的なものではなかった。なぜなら、ゲルマンという民族的な観念は、政治的なドイツをはるかに越えて、ヨーロッパのほとんど全域にまで広がる歴史を含むからだ。

ヤーコプ・グリムは、「ゲルマニスティク（ゲルマン学）」の提唱者であった。ゲルマニスティクは、ドイツ文学やドイツ語学に尽きるものではない。グリムが提唱したゲルマニスティクは、歴史学と法学と言語学の三つの学問の統合であって、歴史と法と言語の三方向から相互に民族のアイデンティティーを確認するという、壮大な企てであった。グリムは、一八四六年にゲルマニステン大会の開催を呼びかけて、フランクフルトに歴史学者と法学者と言語学者を集めた。ゲルマニステン大会は、一八四八年の三月革命とフランクフルト国民議会にもつながっている。彼は三月前期の政治的激動の中心にもいたのである。

ヤーコプ・グリムは、歴史学者でもあり言語学者でもあった。『グリム童話集』や『ドイツ伝説集』は歴史研究の所産であり、言語研究の成果は『ドイツ文法』や『ドイツ語辞典』として公表された。しかし、グリムが法学者として出発したことを忘れてはならないし、彼は生涯にわたって法学者であり続けた。とかく拡散しがちな「歴史」と「言語」を、彼は「法」によって結びつけようとした。たとえば、ゲルマンの歴史から慣習法を抜き出して、慣習法を語る象徴的言語（詩的言語）に注目することで、歴史と法と言語を三位一体的に捉えようとした。もっと端的にいうならば、グリムにとって、慣習法を語る「詩」的言語は、歴史を語る「史」的言語にほかならなかった。

およそ以上のことがらを踏まえて、本書では、ヤーコプ・グリムにおける法的言語と詩的言語の相関を彼の思想史として構成する。本書の構成と内容を概略すれば、以下のようになる。

「第一章〈法の詩学〉再考」では、序論として、ヴィーコとミシュレとグリムの関係について論じる。グリムの法学を「法の詩学」と名づけたけれども、法的言語の詩的あり方に注目したのはグリムだけではない。イタリアのヴィーコは、すでに十八世紀の初頭において、「詩的法学」の構想をもっていた。またグリムと同時代のフランスのミシュレも、「法の象徴学」について語ったことがある。ミシュレは、それぞれの著書をフランス語に翻訳することによって、ヴィーコとミシュレを結びつけた。こうした〈法の詩学〉の思想的系譜を、彼ら三人の相互関係とともに論じる。

「第二章　ヴィーコと〈法の詩学〉」では、引き続きヴィーコを中心に、〈法の詩学〉の可能性について検討する。ヴィーコは修辞学の教師であったが、法を語る仕方に関し、幾何学的論理による法学を批判して、古代法の詩的形式による「新しい学」としての法学を対置した。幾何学的法学が近代法学の先駆であるとするならば、ヴィーコの言う「新しい学」としての〈法の詩学〉とは、プレ・モダンの姿を借りたポスト・モダン法学の、これまた先駆的な問題提起になっている。

「第三章　ヘルダーとヘーゲル」では、ドイツ・ロマン主義の潮流の中で、ヘルダーとヘーゲルの思想史的関係を考察する。ヘルダーの感覚主義とヘーゲルの理性主義は相容れないようにみえるけれども、啓蒙主義への反発とロマン主義への親和という枠組みの中では、ヘルダーとヘーゲルの関係は予想以上に接近する。たしかに、ヘルダーは歴史を感性で捉え、ヘーゲルは歴史を理性で解しようとした。しかしヘーゲルの「理性（ロゴス）」は、分析的理性というよりは、ヘルダー的感性を内に含んだ総合的理性であった。この意味では、ヘーゲルもまた、ヘルダーと同様にロマン主義者であったのである。

「第四章　ヘルダーとグリムの言語起源論」では、ヘルダーとグリムの思想史的関係につき、両者の言語起源論に即して検討する。言語の起源については、神からの贈り物とする説や、動物の鳴き声の延長とする説や、人間的理性の創造物とする説がある。人間起源説は、神の座に人間の理性を据えて、言語を論理体系とみる立場であるから、実は神的起源説の近代版にすぎない。ヘルダーとグリムは、言語を感性的に捉えて、サルと人間の相違を言語の獲得の有無に見出す。彼らの言語起源論は、人間を「言語的動物」としたうえで、言語をもっぱら詩的言語、つまり史的言語として論じる点に特色がある。

「第五章　ヘーゲル、サヴィニー、グリム」は、彼ら三人の法思想史である。同時期のベルリン大学において、ヘーゲルの哲学的法学とサヴィニーの歴史法学はことごとく対立していた。彼らの対立軸は「論理」と「歴史」の対立であるけれども、ヘーゲルの法哲学は歴史哲学を内に含むが、サヴィニーのローマ法的歴史法学は実は歴史を排除するという、奇妙に捻れた関係にあった。むしろグリムのゲルマン法的歴史法学のほうが、民族の歴史にこだわることによって、三月前期の学生たちを惹きつけた。

「第六章　サヴィニーとグリムの歴史法学」では、ドイツ歴史法学の成立と展開を、彼らの師弟関係に絡めて論じる。グリムはサヴィニーの一番弟子として、法典論争から歴史法学が誕生する現場に立ち会った。だがサヴィニーの歴史法学は、当初から「歴史的方法」と「体系的方法」の矛盾を内在させていた。歴史法学派はやがてロマニステン（ローマ法派）とゲルマニステン（ゲルマン法派）に分裂するが、グリムはゲルマニステンのリーダーとして、歴史的方法にこだわったもう一つの歴史法学を実践する。

「第七章　ヤーコプ・グリムにおける歴史と法と言語のトリアーデ」では、グリムの歴史法学の構造を整理する。グリムは、「歴史」と「法」と「言語」のトリアーデ（三肢構造）を発見して、それぞれの関係を有機的に論じる。慣習としての法は、詩的な言語によって語られるのである。グリムはゲルマン法を素材にこのことを証明したが、彼の歴史法学はゲルマン的ドイツの再評価につながり、三月前期の自由主義的な国民運動に政治的指針をもたらすことになった。

「第八章　ヤーコプ・グリムとゲッティンゲンの七教授事件」では、「ゲッティンゲンの七教授事件」におけるグリムの役割を明らかにする。ウィーン体制下の逼塞した政治状況にあって、グリム兄弟はハノーファー王国のゲッティンゲン大学で教職に就いていた。新国王によって自由主義的な憲法が破棄されようとしたとき、同大学の七人の教授がその措置に抗議したことが事件のきっかけになった。七教授の中にはグリム兄弟も含まれており、とくに兄のヤーコプはその中心的存在であった。罷免され追放された七教授への同情はたちまち全ドイツに広がり、ヤーコプ・グリムは自由主義の象徴に祭り上げられた。

「第九章　ヤーコプ・グリムとフランクフルト国民議会」では、一八四八年の三月革命時におけるグリムの政治的役割について論じる。「三月前期」は、ゲッティンゲンの七教授事件からゲルマニステン大会を経てフランクフルト国民議会へといたる経緯として語ることができるが、グリムは常にその中心にいた。たとえば、憲法制定を目的にした国民議会において、グリムのために議場の中心に特別の議席が用意されたことは、ほとんど知られていない。グリムは、三月革命と新生ドイツの象徴的存在でもあった。

「第十章　エドゥアルト・ガンスにおける法哲学と法史学」では、サヴィニーとグリムの師弟関係とパラレルなものとして、ヘーゲルとガンスの師弟関係を紹介する。ガンスはユダヤ人の法学者であるが、サヴィニーの歴史法学からヘーゲルの哲学的法学に転向した。彼は共和主義者であり、ベルリンにおいてゲッティンゲンの七教授への支援運動なども組織している。ガンスは、ヘーゲルの「法哲学」を継承して、独自の「法の史学」を構築しようとした。

「第十一章　ガンス法、あるいは白鳥と鵞鳥の物語」では、グリムのそれとは異なるが、ガンスに即して「法のことば／詩のことば」の新たな可能性を提示する。この試みは、ガンスとハイネという二人の双生児的なユダヤ人の精神史として語られる。ひとしく法学生として出発しながら、ガンスは法学者として生き、ハイネは法学から脱落して詩人となった。詩人としてのハイネのまなざしは、ガンスの法学のみならず、サヴィニーやヘーゲルの法学に対しても辛辣である。

以上、各章について、その内容を概観した。実際には相互に重複するところも少なくないけれども、全体としてヤーコプ・グリムを中心とした「法のことば／詩のことば」の物語として読んでいただければ、著者としてそれに優る喜びはない。グリムにおいて、法的言語と詩的言語は互いに排斥するものではなかった。そうではなくて、法と詩の共通の起源を示すことこそが、彼の言う〈法の詩学〉の目的であったのである。グリムの〈法の詩学〉は、前近代《プレ・モダン》に目を向けることで近代法学の汎論理主義の対極にある。そしてそのことによって、後近代《ポスト・モダン》の新しい法学の方向を示唆しているように思える。もとより、その判断は読者に委ねられるしかないのだが。

法のことば／詩のことば　目次

目次

法のことば／詩のことば

——ヤーコプ・グリムの思想史

第一章　〈法の詩学〉再考——ヴィーコ、ミシュレ、そしてグリム

一　法の詩学あるいは法の象徴学

〈法の詩学〉なる言い方は、直接にはヤーコプ・グリムの『法の内なるポエジー』(Von der Poesie im Recht) という論文によっている。ここにいうグリムとはグリム兄弟の兄のほう、童話集の編者であり、また言語学者にして歴史学者であったヤーコプのことである。ヤーコプ・グリムが、同時に法学者でもあったことはあまり知られていない。だが青年時代に書かれたこの論文は、彼の多岐にわたる仕事において、法の問題がいかに中心的な位置を占めていたかを、如実に示している。

『法の内なるポエジー』は、法と詩《ポエジー》の共通の起源を、慣習法に固有の象徴的な「ことば」にこだわることで明らかにしようとする。すでに時代の流れは、法的言語を概念化することによって、いわば法の科学を確立する方向へと進んでいたが、グリムはやがて科学を「厳密な学問」と呼び、法学はむしろ「厳密でない学問」たるべきだと主張することになる。厳密でない学問として遠慮がちに、しかし大きな皮肉を込めて述べたもの、これが彼にとっての「詩学《ポエジー》」であった。グリムによれば、言語学や歴史学と同様に、法学もまた詩学として再編されねばならないのである。

「法を詩の観点のもとに捉え、相互に生き生きとした証言をさせたとしても、なんらさしつかえはあるまい。」
「法と詩が、ともに一つの苗床から生育してきたのは、信じがたいことではないはずだ。」

グリム『法の内なるポエジー』

「詩学は、まったく学問ではないと言われるか、学問の中の学問と呼ばれるかのどちらかだが、それというのも、詩学は光り輝く太陽のように、あらゆる人間関係の中に入り込んでいるからだ。」

グリム『厳密でない学問の価値について』

およそこのようなグリムの〈法の詩学〉を思想史上に正当に位置づけるためには、ジャンバティスタ・ヴィーコとジュール・ミシュレの二人を、どうしても欠かすわけにはいかない。ヴィーコは修辞学の教師でミシュレは歴史家であったとはいえ、彼らの「ことば」に対する執着は、その恰好の素材として「法」を選び、こうしてグリムと共通の法的世界を構成することとなった。法と詩の関わりについて、彼らはそれぞれ次のように述べている。

「古代のローマ法のすべては、ローマ人が広場で上演していたまじめな詩であった。また古代の法学は厳粛な詩であった。」

ヴィーコ『新しい学問の原理』

「フランス法の歴史にとって第一の問題とは、この法がはたして詩的な時代を有していなかったのかを、調べてみることである。」

ミシュレ『フランス法の起源』

法と詩の根源的な結びつきを、イタリア人のヴィーコはローマ法について語り、ドイツ人のグリムはゲルマン法に即して探求する。そしてこの両人の媒介者としてミシュレがいる。というのも、ミシュレこそはヴィーコの『新しい学問の原理』(一八二七)のフランス語訳者であったし、グリムの法学上の試みに対する、同時代の最大の理解者であったからだ。しかも、ミシュレの著書とされる『フランス法の起源』(一八三七)は、実はグリムによる『ドイツ法古事誌』(一八二八)の翻訳と言っていい書物なのである。また『ドイツ法古事誌』は、『法の内なるポエジー』における構想を大幅にふくらませた、増補改訂版のようなものである。こうして、ヴィーコとミシュレとグリムを貫く、〈法の詩学〉の系譜が明らかになる。

ミシュレは、彼らの共有する方法を「法の象徴学」(la symbolique du droit) と名づけた。彼は『フランス法の起源』の序文で、ヴィーコの提示した「新しい学問」が法の象徴学を可能にしたと記す一方で、これが出版される直前にグリムに出した手紙では、グリムこそが法の象徴学の創始者だと認めている。だが、ヴィーコとグリムのどちらが真の創始者であろうと、それはどうでもいいことだ。当のミシュレにしてからが、法的言語の象徴性に着目して、語源学的に「象徴の伝記」を書こうとしたり、象徴性に満ちた多様な法的習慣を誕生・結婚・葬儀というふうに並べて、「生まれてから死ぬまでの、人間の法的伝記」を描こうとしていたからである。

法的言語の象徴性とは、その詩的な在りようにほかならない。やはりミシュレによれば、象徴は詩と同様に多義的なものではあるが、「ことば」の多義性はそのまま世界の多義性でもあるだろう。ヴィーコとミシュレとグリムの三人は、法の中にポエジーを見出すことで、同時に民衆の歴史の語り部となった。

二　法と詩の起源

民衆史家ミシュレは、晩年になってみずからの生涯を回顧しつつ、以下のような言葉を遺している。

「一八二四年より、ヴィーコに熱中。彼の偉大なる歴史原理に信じられぬほど陶酔……。そして一八三〇年になると、不滅の七月としての歴史。三年のあいだ溶岩と物語の怒濤。これは四十年代になっても冷まされることがなかった。グリムと法の象徴学は、一八三二年に私を夢中にさせ、私はパリを殺戮していたコレラのことをまったく忘れたほどだった。」

ミシュレとフランス革命の関係には、ここでは言及しない。それよりもミシュレの思想形成にあたって、ヴィーコとグリムがかくも決定的な影響を与えたことに注目したい。彼がヴィーコの『新しい学問の原理』とグリムの『ドイツ法古事誌』を翻訳したことは、すでに指摘した。右の回顧文は、象徴的な「ことば」を用いてのミシュレ自身による歴史の語り口が、ヴィーコの「新しい学問」とグリムの「法の象徴学」によって、あえて言えば彼らの〈法の詩学〉の方法によって育まれたものであることの、率直な告白と読むことができる。

とはいえ、ミシュレが彼らの祖述者にすぎなかったとか、あるいは剽窃者であったと言うのではない。彼の翻訳は大胆な自由訳であって、『新しい学問の原理』を『歴史哲学原理』に、『ドイツ法古事誌』を『フランス法の起源』にというように、標題まで変えてしまうほどのものであったが、ここにはミシュレの解釈が含まれているわけだし、実際それはヴィーコとグリムの最良の解説書となっており、期せずしてこの二人をつなげることともなっている。

ミシュレは、グリムの翻訳をヴィーコの用語でおこなおうと企てた。これまで『フランス法の起源』と呼んできた書物は、正確には『世界法の象徴および形式に見出されるフランス法の起源』というものだが、この長たらしい題名そのものが、原題の『ドイツ法古事誌』に比べて、いかにも因縁めいた言葉の列をなしている。

なぜドイツ法ではなくフランス法なのかとの問いは、しばらく措く。それにしても、「象徴」や「形式」はもとより、「世界法」といい「起源」といい、これらはことごとくヴィーコに由来する用語である。たとえば、「世界法」(droit universel) とミシュレが言うとき、これは自然法とも万民法とも少しずつ異なって、むしろ原法という意味で、ヴィーコの universale jus が踏まえられている。そのうえ、世界法の起源に到達すべく、言語の象徴性や形式性に徹底してこだわる仕方そのものが、ヴィーコによって「詩的知恵」(sapienza poetica) と名づけられたものであった。

学問の革新とは、ヴィーコの場合、デカルト流の幾何学的論理からの解放を意味していた。ヴィーコは『新しい学問の原理』において、「詩的知恵」による諸学の解体および再構築を提唱した。彼は、詩的形而上学・詩的論理学・詩的道徳学・詩的家政学・詩的政治学・詩的歴史学・詩的自然学・詩的宇宙学・詩的天文学・詩的年代学・詩的地誌学という、合わせて十一種類の新しい学問を列挙する。いずれも、既成の術語をその語源にまで遡ることによって、要するに言語そのものの起源を問うという「詩的知恵」に満たされている。

それにしてもいささか気になるのは、新しい学問の系列に「詩的法学」とでも呼ぶべきものが見あたらないことだ。いたるところで法への言及がなされているとはいうものの、詩的法学の欠落はやはり気になるところではなかろうか。だが実際には、『新しい学問の原理』に先立って、ヴィーコは『世界法の原理』を著して、その中で詩的法学ばかりか、新しい学問の全体にもつうじる語源学的方法を、すでに展開しているのである。

ヴィーコの言う語源学とは、もとより近代言語学のそれではない。語源の探求とは、「多義語」をとおして「真実語」を見出す作業のことであり、ちょうど彼の歴史学が神話学であるように、術語と化した論理的な言語の深層に、いまだ失われざる詩的言語の世界を確認するための方便なのだ。ヴィーコは修辞学の教師であった。彼は「詩的知恵」を駆使して、デカルト的論理の彼方に詩情あふれる神話的世界を再建しようとする。そもそも論理学《ロギカ》でさえもが、ヴィーコによれば、ロゴスはもともと神話（favola）であり、「ことば」（favella）であったとして、詩学《ポエティカ》に結びつけられる。すなわち、詩と論理という対立的に考えられるものも、詩的論理学として、きわめてレトリカルに取り込まれてしまうのである。

では、論理的ではあっても詩的ではないとされる、法についてはどうか。この問いこそ、ヴィーコがローマ法の中に詩的言語を認め、法の根源に世界法を仮定することで答えようとしたものだ。彼は法的言語が詩的言語にほかならないことを、法と詩のそれぞれの起源を訪ねつつ明らかにする。ヴィーコの『世界法の原理——法学の不易性について——』のフランス語版は、ミシュレによって、『詩と法の起源』と改題されているが、それはこの間の事情を適切に表現している。

しかしながら、ミシュレとグリムにとって、法と詩の共通の起源に迫ることとは、ヴィーコの場合にもまして、困難をともなう作業であった。皮肉にも、ローマ法の論理的体系化によってまさに近代法学が確立されんとする時代に、彼らは生きていたからである。

三 法のことば／詩のことば

〈法の詩学〉をめぐって、ヴィーコとミシュレとグリムの知の連携を示す、もう一つのキーワードがある。それは「古い法の物語」（antiqui juris fabulas）という銘であり、ミシュレの『フランス法の起源』の扉にさりげなく記されている。この言葉は序論の中で、次のようにして再び登場する。

「この演劇的な形式主義は、キケロの時代にはもう廃れてしまっていた。彼はそれにつき、ただ嘲弄せんがためにのみ語っている。ユスティニアヌスはもっと極端であって、法の古いコメディー、すなわち古い法の物語の、最後の痕跡を消し去ったことを自賛するのである。」

それと断ってはいないものの、この文章は明らかにヴィーコからの引用である。『新しい学問の原理』において、ヴィーコが、古代の法学はまったく詩的なものであった、と述べていることは前に紹介した。その際、ギリシア法にまで言及しながら、彼は古代ローマ法の詩的性格を挙げるのだが、その中で「古い法の物語」なる言い方が、東ローマ皇帝ユスティニアヌスが編纂した『法学提要』に由来することを指摘している。

問題は限りなく拡がりそうだけれども、ローマ法の学的体系化によって、詩的もしくは物語的な要素が法から失われてしまったと、ヴィーコは嘆いているわけだ。念のために付け加えておけば、『法学提要』は『学説彙纂』とともに、ローマ法大全の主要部を構成するものである。ヨーロッパの近代法学は、ローマ法学を直接の基盤として樹立されたが、それだけにヴィーコの嘆きは、ミシュレとグリムの共有するところでもあった。

古い法の有する形式主義とは、演劇的で物語的なものであったという。「法を表現する際の一定のことばは、その語数および内容がきわめて厳密に規定されていたため詩歌と呼ばれていた」とするヴィーコの説明は、「法」と「詩歌」（carmina）の内的類縁を示しており、グリムの関心とまったく符合している。だからこそ、ミシュレは、「古い法の物語」という、法学者によって貶められた言葉の意味を逆転させて、法の象徴学あるいは〈法の詩学〉による新しい学問を提示した。

ヴィーコの言う「古い法の物語」と同様の試みを、ミシュレは『ドイツ法古事誌』の中に発見した。法古事（Rechtsaltertümer）とは法慣習のことだが、グリムはその徹底した蒐集癖によって、ゲルマン的慣習法を中心に全ヨーロッパの、さらにはアメリカやインドや中国や日本にまでおよぶ、ほとんど世界の全地域からおびただしい法古事を集めている。しかもここには、法令集や判告録や学説法集、もしくは法書と総称される私人の編んだ慣習法集など、通常の歴史的法源だけではなくて、民謡や伝説や神話や叙事詩といった、詩歌や物語の類までが包摂されている。

けれども『ドイツ法古事誌』は大部にすぎて、グリムの意図はかえって見えにくくなってしまった。むしろ『法の内なるポエジー』のほうが、法と詩の有機的なつながりを鮮明にしている。ここで彼は、法用語・法成句・法条文・判告文、そのうえ法的行為までをも対象にする法的言語の多様性に応じて、それぞれの詩的形姿を紹介する。そこにおいて、『イーリアス』『カンタベリ物語』『エッダ』『パルチヴァール』などが、『十二表法』や『リブアリア法典』や『ザクセンシュピーゲル』などの法令集に並んで、資料として用いられていることは、『ドイツ法古事誌』の場合と同じである。

このような多彩な資料を、グリムはどう使うのか、その一端を示そう。たとえば、北欧神話の『エッダ』には、ロキというトリック・スターが登場する。あるときロキは小人と互いの首を賭けて勝負をしたが、敗れてしまった。小人が約束どおりロキの首を切り落とそうとすると、ロキはこう抗弁した。「俺の首はお前のものでも、俺の喉はそうじゃない」。さて、約束の文言にこだわるロキの抗弁に対して、グリムは「裁判官が肉を切り取ろうとするユダヤ人に向かって言ったのとまったく同じ口実で」という解説を付ける。いうまでもなく、シェイクスピアの『ヴェニスの商人』を引き合いに出しているのだ。さらに、債務を弁済できないときに、債務者の肉体の一部を切り取る権利は、ローマ最古の『十二表法』以来のものだという。それればかりではない。小人は怒ってロキの上下の唇を縫い合わせてしまうのだが、これは唇刑として、中世におこなわれた刑罰に相当すると指摘するのである。

グリムは、このような仕方で慣習法の中に詩的物語を見出し、また詩的物語の中に慣習法を見出す。そしてこれに加えて、慣習法を語ることば自体が、すでにして多義的で比喩に富んだものであり、また頭韻や脚韻を踏むなど、詩歌の定型に則ったものであることを、言語学的に証明している。古代のローマ法が詩的であった以上に、ゲルマン法は詩そのものであったことを、彼は繰り返し強調する。

ゲルマン法において法的言語が詩的言語でありえたのは、韻を踏みやすいドイツ語の言語構造を別とすれば、もっぱら「ことば」のもつ象徴性による。長い歴史の内に蓄えられた「ことば」の多彩なイメージ、その語り口、「ことば」による約束、それが破られたときの社会的報復、こうしたものがないまぜになって、法的言語はまさしく「法的象徴」(Rechtssymbol) として作用する。しかも法的象徴は、語られたことばのみならず、行為としてのことばまでをも、「象徴的行為」(symbolische Handlung) として取り込むというのである。

『法の内なるポエジー』と『ドイツ法古事誌』において、グリムはまことに多様な法的象徴や象徴的行為を蒐集している。これにつき彼が充分な解説を加えているわけではないが、言語が法的意味を担いうるのは、「ことば」本来の秘められた魔力によるからだろう。それにグリムが気づかなかったはずはない。白雪姫の継母が鏡に問いかけたことばにせよ、笛吹男に対してハーメルンの市民たちがなした約束にせよ、ロキと小人のやりとりにせよ、みな彼が集めたものではなかったか。グリムによる慣習法の蒐集と童話や伝説の蒐集は、並行しておこなわれ、それは結局、「ことば」そのものを集めるという、辞典編纂の仕事につながっていく。

四　法の詩学あるいは法の史学

ユスティニアヌスがローマ法の学的体系化を進めた結果、法が詩歌であった時代が忘れられてしまったとの認識から、ヴィーコは「古い法の物語」を十八世紀のイタリアで蘇生させようとした。十九世紀のミシュレによれば、フランスはローマの真の後継者であるが、ここでは法学者たちは、法は論理であり散文的なものと信じている。だが「人間の法的伝記」として、民衆の生活に息づく法はかえって詩的なものであり、この象徴的な法こそ評価されねばならない。民衆の法たる慣習法の正当な評価は、ドイツ人のグリムにとっては、より切実な課題であった。というのも、ゲルマン的慣習法の復権は、民族精神の喚起と近代法学の樹立という、政治と学問の双方に関わっていたからだ。

しかしながら、外から継受されたローマ的学説法ではなく、固有のゲルマン的慣習法こそドイツの法だと割り切ってしまうのは早計にすぎる。『ドイツ法古事誌』が、政治的空間としてのドイツをはるかに越えて、可能なかぎり広範な地域にその歴史的法源を求めていたように、問われるべきは、慣習法の国籍ではなく、その在り方や語られ方である。

グリムはローマ法とゲルマン法を比較して、ローマ法は法学者の手になる「註釈書」（Commentar）で、ゲルマン法は民衆の生活を映した「原典」（Text）だと論じたことがある。コメンタールとしての法とテクストとしての法の対比は、それぞれ法曹法と民衆法というように言い換えることもできるが、ミシュレの言うとおり、「論理的な法」（droit logique）と「象徴的な法」（droit symbolique）とするほうがいいだろう。この二つの法の重層的構造は、グリムのドイツばかりでなくミシュレのフランスにも認められる。詩的言語の語源学的な遡行をつうじて、彼らはともに法古事の豊かな鉱脈を掘り当てた。『ドイツ法古事誌』の翻訳が、『フランス法の起源』と名乗りうるのは、そうした事情によるためなのである。

〈法の詩学〉が、法の古層に原典としての象徴的な法を探求するとき、当然にも、それは同時に「法の史学」でもあることが確認される。ヴィーコの新しい学問が歴史哲学であり、ミシュレが歴史家であったことがただちに想起されるけれども、このこともグリムにおいていっそう強調されねばなるまい。グリムは歴史法学の提唱者とされるサヴィニーの愛弟子であって、自身も歴史法学派の主要な一員であったからだ。

「歴史法学」（historische Rechtswissenschaft）は、サヴィニーの『立法および法学に対する現代の使命』（一八一四）をもって創始されたといわれる。彼はこの中で、法は民族に固有なものであり、すぐれて歴史的な所産であると論じて、法の歴史的研究の必要を訴えた。ところがこの論文の発表に先立って、サヴィニーがほかならぬグリムに意見を求めていたことは、ほとんど知られていない。

サヴィニーの論文がグリムのもとに送られてきたのは、ちょうど『法の内なるポエジー』を準備していたときであった。グリムは師の論文の文字どおり最初の読者となったわけだが、独自の観点からきわめて詳細な批評を送り返している。それは頁数を逐一挙げながらおこなわれており、総じて法的問題を言語的問題として展開しようとの意図が明白である。すなわち、慣習法から民間伝承へ、法典から辞典へ、審判人から歌人へ、といった具合にだ。法と言語の類比は、サヴィニーの好んで用いる方法でもあったけれど、グリムはこれを一歩進めて、民衆の歴史の地平で法と言語が有機的に連関するさまを語るのである。

『法の内なるポエジー』は、法と詩の共通の起源、つまりは両者の共有する歴史を明らかにしようとの試みであった。グリムの場合、法とは慣習であり、言語とは詩歌であったが、歴史とはまた物語にほかならなかった。したがって、法の歴史的研究と言うときも、それは法的象徴や象徴的行為の内に、民衆の物語としての歴史を発掘する作業であったとしていい。サヴィニーの歴史法学が、法の論理的体系化のための方便であったきらいがあるのに対して、グリムのそれは、まさしく詩的かつ史的な法学であったとすることができよう。

グリムは、歴史学と言語学と法学の統合を訴えて、この三つの学問を「厳密でない学問」(ungenaue Wissenschaft)と総称したことがある。厳密でない学問とはいかにも消極的な言い方だが、これは学問の中の学問たる「詩学」(Poesie)として、実は逆説的に提唱された新たな方法論であった。

とくに法学について言えば、法的諸問題はいわゆる概念法学に見られるような法的概念の論理計算から、素朴な常識の次元に取り戻されねばならないとされる。法的概念ではなく法的象徴をつうじての〈法の詩学〉の試みが、グリムをして、サヴィニーの論理主義から訣別して、ミシュレの象徴学やヴィーコの修辞学と共通の、詩的=史的世界に向かわせるものであったことは、あらためて指摘するまでもあるまい。

第二章　ヴィーコと〈法の詩学〉

一　法学者としてのヴィーコ

ジャンバティスタ・ヴィーコは、ナポリ大学法学部の修辞学教授であった。この職に就くに際して、彼は『現代における学問研究の方法について』（一七〇九）と題する論文を発表している。それは新しい方法としてのクリティカに古い方法とされるトピカを対置し、クリティカの厳密性をトピカの蓋然性の視角から疑おうとするものであった。クリティカとトピカ、厳密性と蓋然性、新しい方法と古い方法、こうした対立の構図には、すでにヴィーコの言語観や歴史観がはっきりと現れている。これを彼における反近代、あるいは同じことだが、反デカルトの姿勢として括ってしまうのは簡単だが、ここで注目したいのは、それ以来ヴィーコがこだわり続けた〈法〉をめぐる諸問題である。

『現代における学問研究の方法について』から『新しい学問の原理』（一七二五）にいたるまで、ヴィーコは一貫して〈法〉にこだわっている。それはもとより、実用的法学の立場からのものではありえず、修辞学ないしは歴史哲学の地平からする法学方法論であった。そのせいか、彼を固有の意味での法学者と呼ぶ者はいない。だがにもかかわらず、ヴィーコの以下のような言明に接するとき、彼の修辞学と歴史哲学そのものが、すぐれて〈法〉を舞台に展開されていたことを忘れるわけにはいかない。

「したがって、古代のローマ法全体が、ローマ人によって広場で上演されていた一編の真面目な長詩であった。また古代の法学は一編の厳粛な詩であった。私の論旨にとってこのうえなく好都合なことは、ユスティニアヌスが『法学提要』の序文において、〈古い法の物語〉に言及していることである。ユスティニアヌスは、この言葉を嘲笑するために用いているのであるが、彼はきっと、今私が論じているこうしたことがらを理解していた古代の法学者から、それを借りたものにちがいない。[1]」

こうした言及の意味するものについては、おいおい述べていくこととして、ヴィーコの関心が法的言語の詩的性格に向けられていることは明らかだろう。彼の方法論を手がかりにすれば、あるいは法学の新たな可能性が開けるかもしれない。たとえばテオドール・フィーヴェクの『トピックと法学』は、ヴィーコから出発して、アリストテレスおよびキケロのトピック論のうえに、法学の再構築を企てている。ただしフィーヴェクは「ヴィーコの示唆」から始めながら、そのトピック的法学に深入りしているわけではない。その点はのちに立ち帰るつもりだが、その前にヴィーコ自身にとって、いかなる法学が構築されていたかについて、しばらく検討してみたい。

ヴィーコの法学方法論の成り立ちについて考えるとき、『世界法の原理』という大部の著作を抜きにすることはできない。これは第一部「世界法の単一の原理および目的について」（一七二〇）、第二部「法学の不易性について」（一七二一）から成っており、彼が修辞学ではなく法学の教授職をねらって書いたということもあって、まさに正面から〈法〉を論じている。

とりわけ第二部の法学論は、主著である『新しい学問の原理』の習作との意味で、きわめて興味深い。そこにおいてヴィーコは、法学を哲学と言語学という二つの方法から捉え返して、いわば新しい法学の原理を提示しようと試みている。マイケル・ムーニーも言うように、「哲学的問題と法学的問題と言語学的問題の連続的な融合」が見られるのだ。(2)

ところで、方法としての哲学（filosofia）もしくは言語学（filologia）とは何か。ヴィーコによれば、フィロソフィアは知性を対象として真理（vero）を生み出し、フィロロジアは意志を対象として確実さ（certo）を生み出すという。(3)フィロロジアはもちろん言葉の学であるが、このことによってまた歴史の学でもある。『世界法の原理』の中で彼は言う。「言語学は二つの部分から成り立つ。言語の歴史と事物の歴史である」と。(4)およそこうしたことがらが、ヴィーコの〈法〉理解には含まれている。

哲学と言語学から成るヴィーコの法学方法論は、その構造において、十九世紀ドイツのサヴィニーの場合とまったく同じものに見える。近代法学の樹立者サヴィニーの、青年時代の講義録である『法学方法論』は、まさに言語学的（philologisch）部分と哲学的（philosophisch）部分で構成されているからである。用語の外面上の一致を言うのではない。正確に述べれば、彼が講じたのは、法の言語学的研究、歴史的研究、体系的研究の三つである。けれども彼みずから、前二者は広義の歴史的方法であり、また体系的研究とはすなわち哲学的方法であることを認めている。(5)そして、ヴィーコの場合、その言語学的方法が歴史的方法であったことは、前に言及したとおりである。こうして、ヴィーコの言語学的（歴史的）方法と哲学的方法、サヴィニーの歴史的（言語学的）方法と体系的（哲学的）方法という各々の枠組みはほぼ重なり合って、それぞれの法学革新の方向を決定することになる。

ヴィーコにサヴィニーを対置して、彼らの法学方法論に着目するのは、この両人のあいだにミシュレとグリムを配置して、彼らの隠されたつながりを暴き出してみたいからだ。民衆史家ジュール・ミシュレは、ヴィーコの翻訳者であったし、ヤーコプ・グリムは、不幸にも童話集のみが有名になってしまったが、サヴィニーの愛弟子として、師とともに歴史法学の創始者となっている。実はサヴィニーの『法学方法論』も、この講義を聴いたグリムのノートをもとに出版されたものである。さらにグリムとミシュレの二人には、法的言語の在りようをめぐって興味深い遣り取りがあったことも、以前に紹介したことがある。(6) とはいえ、以下では彼らの思想史的連関を、できるだけヴィーコの側から眺めてみたいと思う。これまでグリムを中心に述べてきた〈法の詩学〉の系譜は、その淵源をどうやらヴィーコの内に見出せそうだからである。

ヴィーコの思想に「詩的法」(political law) なる構想があったことは、アイザイア・バーリンも指摘したことがある。バーリンは『ヴィーコとヘルダー』において、ドイツ精神史に見られるヴィーコの役割を論じているが、その中で、「ヴィーコは、自分が哲学および歴史の中心的真理を発見したと確信していたが、にもかかわらず、みずからを第一義的には法学者であると考えていた。それで彼の最大の努力は、法の領域でデカルトやグロティウスの誤謬が適用されているのを攻撃することに向けられたのである」と叙述している。(7) このことの前提には、法ないし法学の詩的な本性という、ヴィーコによる注目すべき発見があるだろう。バーリンもまたこれに気づいており、ヴィーコから次のようなくだりを紹介する。すなわち、「古代の法学は詩歌のうちの厳粛な一部分である」「ローマ法は一編の荘重な詩である」というものだ。(8)

これはすでに詳しく引用した。法学者としてのヴィーコの卓見は、この個所に集約される。バーリンも言うように、ヴィーコの法学は、グロティウスの自然法論やデカルトの幾何学的方法論を主要な敵とするものであった。それはミシュレがフランスの法学者の散文的な仕事を非難し、グリムがサヴィニーの概念法学的傾向に批判的であったこととと、まったく対応している。そしてヴィーコが詩的法に関心をもったのと同じようにして、ミシュレは法の象徴性を言い、グリムは法と詩の共通の起源を提示した。〈法の詩学〉はこのようにして生まれたのである。

詩的法について述べるとき、ヴィーコが法的言語の詩的性格にこだわっていることは明らかだ。のちに詳説するように、法的言語が詩的言語にほかならないことこそ、彼のレトリック論の中で解明さるべき中心的な課題であった。だがこう言うためには、今少しヴィーコの法学に立ち入らねばならない。この手がかりとしては、前に挙げておいた「古い法の物語」という謎めいた言葉がふさわしいだろう。というのも、この言葉こそは、ほかならぬミシュレとグリムをヴィーコに結びつける契機となったものだからである。

二　古い法の物語

古代のローマ法が詩歌であったことを述べる際に、ヴィーコが「古い法の物語」（antiqui juris fabulas）なる意味深長な言葉を引き合いに出したことは前に紹介した。ヴィーコによれば、これは東ローマ皇帝ユスティニアヌスが編纂した『法学提要』の序文に見られるものだという。『法学提要』とはローマ法学の概説書であるが、学説法を集大成した『学説彙纂』とともに、ローマ法大全の主要な部分を成すものである。今日とは異なってローマ帝国にあっては、法学者たちの学説にそのまま法的効力が認められていたから、要するにそれは同時に法典でもあった。つまり六世紀にローマ市民法を集大成したユスティニアヌスが、帝政以前の古い慣習法の素朴な在り方を軽蔑して、「古い法の物語」と称したわけである。

しかしながら、ヴィーコはまさに「古い法の物語」としての在り方に、かえってローマ法の真の起源を求めようとする。慣習法の詩的形式を、市民法の学問的ではあるが散文的な言語用法に対して、痛烈な皮肉とともに突きつけるのである。この場合、散文的な法学には、ヴィーコの時代のイタリアの、直接にはナポリ大学の同僚教授たちの信奉する法学が、二重映しにされている。このようにして、六世紀のユスティニアヌスが紀元前五世紀の十二表法の形式主義をからかった言葉が、十八世紀のヴィーコによって、当時のイタリア法学批判の武器となり、また十二表法にも先行する神話時代の法への憧憬ともなって、あえて逆説的に用いられているのである。

この問題はさらなる広がりを見せる。ヴィーコの『新しい学問の原理』からほぼ百年後に、『世界法の象徴および形式に見出されるフランス法の起源』と題する書物が出版されたが、その扉にも「古い法の物語」という銘が記されていたからである。その著者こそ、歴史家のミシュレであった。この序文の中で彼は次のように言っている。

「この演劇的な形式主義は、キケロの時代にはもう廃れてしまっていた。彼はそれにつき、ただ嘲弄せんがためにのみ語っている。ユスティニアヌスはもっと極端であって、法の古いコメディー、すなわち古い法の物語の、最後の痕跡を消し去ったことを自賛するのである。(9)」

この個所でヴィーコの名前を明示しているわけではないけれど、右の言明がヴィーコに由来することは、まったく疑いの余地がない。ミシュレは当時における最大のヴィーコ賛美者で、『新しい学問の原理』のフランス語訳をこのときすでに物していた。ミシュレがヴィーコ的に語ったからといって、なんの不思議もない。それよりも興味深いのは、そうした序文を付し「古い法の物語」の銘を記した書物自体の正体ではなかろうか。実はこの本は、『フランス法の起源』なる標題をもちながら、ミシュレの著書というよりは、同時代のグリムが書いた『ドイツ法古事誌』の翻訳と言ってよいものなのだ。要するに、ミシュレは、グリムの著作にヴィーコの銘を献じたということになる。

ミシュレはヴィーコの『新しい学問の原理』を、「歴史哲学の原理」という標題のもとに上梓した。そして今度はグリムの『ドイツ法古事誌』を「フランス法の起源」と解題して出版する。もとより、ミシュレの剽窃うんぬんを言うのではない。実際は両著ともかなり大胆な自由訳であるが、それだけにミシュレの意図が鮮明に現れているとも言える。それは法を象徴的な言語で叙述しようという企てだ。象徴的手法がすでにヴィーコとグリムに見られることは言うまでもないとして、にもかかわらず、彼らにおいてその方法論が、必ずしも自覚的に展開されたわけではない。したがって彼らの方法の可能性は、かえってミシュレの翻訳をとおして浮き彫りにされたということになる。

『フランス法の起源』の序文は、ヴィーコの『新しい学問の原理』が、歴史哲学であると同時に法哲学でもあり、それはグリムの歴史法学に直結するものであることを、明確に主張している。ヴィーコとグリムを結びつけることにより、ミシュレ自身もまた新しい法学の担い手たろうとしたことは当然だ。この間の事情は、「ヴィーコによって示された新しい学問が、法の象徴学を可能にした」という、ミシュレの言説に端的に窺える。(10)

「法の象徴学」(le symbolique du droit) とはミシュレの造語であるが、ミシュレはこれをヴィーコに捧げるばかりでなく、グリムに対しても献じている。すなわち、『フランス法の起源』が出版される直前、ミシュレはグリム宛に手紙を書いて、『ドイツ法古事誌』との関係に触れながら、「貴兄の驚くべき御著書が法の象徴学を創出したのです」と語っているのである。(11)

ヴィーコとグリムのどちらが「法の象徴学」の創始者なのか、といった問題はどうでもいい。肝心なのは、ミシュレが意識的にこの二人を仲介しようとしている点だ。とはいえ、グリムの内に、ヴィーコとの固有のつながりがないわけではない。たとえば、ヘルダーの歴史哲学やサヴィニーの歴史法学をつうじて、グリムがヴィーコを学んだと考えることも充分に可能である。グリムが『新しい学問の原理』を読んだという確証はないものの、彼による「法と詩の共通の起源」なる発想は、明らかにヴィーコの詩的法学の構想につうじる。グリムは『ドイツ法古事誌』よりもっと前に『法の内なるポエジー』を著して、ゲルマン的慣習法を主要な素材としつつ、まさに法的言語の詩的＝象徴的性格を提示しているからだ。

このようにして、ヴィーコの方法たる「古い法の物語」は、ミシュレの「法の象徴学」およびグリムの「法の内なるポエジー」の中に継承されることになる。だとすれば逆に、ミシュレとグリムの視角からヴィーコを読解することもできるだろう。ヴィーコがきわめて難解な悪文家であったことは誰もが認めるところだけれど、少なくとも法学方法論に関するかぎり、そうしたアプローチは相応の有効性をもつと思われる。「古代の人々にとって、詩的言語は神話的言語であり、法的言語であった」というヴィーコの認識は(12)、物語にせよ象徴にせよポエジーにせよ、彼らの関心がただ一点、法的言語の詩的＝史的起源に向けられていたことを示している。

ここに引いたのは、『世界法の原理』の第二部、「法学の不易性について」に見られるヴィーコの言明である。これは『新しい学問の原理』の素描として注目されるべき書物だが、その主題は、結局のところ、法的言語の起源が詩的言語に求められることを解き明かすことだ。その意味でフランス語版の標題が「詩と法の起源」となっているのは、まことに当を得ている。もっとも、法と詩の共通の起源が、ヴィーコの場合、何に求められていたのかは、ここで一応の確認をしておかねばなるまい。この点につき、彼は古代ローマの桂冠詩人ホラティウスを引き合いに出して、以下のように述べている。

「第一に、言語の不足は、ホラティウスが『詩論』で紹介する、史的形式なる簡潔さを生み出す。これこそ神託による回答の簡潔さを説明するものであり、詩の形式や古代法の簡潔さに与えられたものにほかならない。古代法をラテン民族は詩歌と呼ぶが、それというのも、古代法はまさしく言葉において形式化されていたからだ。形式の簡潔さは、重々しさに刻印されて、法律家たちの回答に浸透するが、これは神託によるそれに類似したものであった。[13]」

神託による回答も法律家による回答も、神の法と人の法の相違こそあれ、ひとしく〈法〉である。それがいずれも簡潔な言葉で表現されることに、ヴィーコは古代法の「詩的形式」を見出している。かつて法（lex）は詩歌（carmina）にほかならなかったのだ。[14] もちろん法が詩歌であったとは言っても、それはただちに法の牧歌的な状態を意味せず、かえって法の厳格な適用を要求するだろう。ここに引用した部分に対応する個所が『新しい学問の原理』にも見られるが、そこでは、法を表現する言葉の語数や意味が厳格に定められていて、何かを加えたり引いたり変えたりすることはまったく認められていなかった、ことが指摘されている。そうした法の厳格さによって、実はホラティウス自身も弾劾されねばならなかったのであるけれど。[15]

古代法の形式性が厳格性につうじることは、たとえば「法律訴訟」と呼ばれるローマの訴訟手続に顕著である。この問題をめぐるガイウスの有名な評釈によれば、葡萄の木を不法に伐採された者が、十二表法にもとづいて賠償を求めたところ、定められたとおり「樹木」（arbor）という語を用いず、「葡萄の木」（vitis）という語を使ったために、それだけで敗訴したという。[16] 法によって訴えるのである以上、その文言に忠実であることが絶対的要件とされていたからである。

それはともかく、ヴィーコがホラティウスについて語る際、古代ローマ法のこうした厳格な形式主義を想起していることは疑いない。だがそのうえで、いかにも融通のきかないこの形式性の内に、彼は論理ならぬ〈詩〉を発見し、ある憧憬の念をもって古代法を眺めるのである。ローマ法の極端な形式主義に一定の修正を加えながらも、法的言語のいっそうの論理化を進めてきたのが近代法学の辿ってきた道であることからすれば、ヴィーコの捉え方はいかにも奇妙であるし、彼みずからこの点について充分に説明しているわけでもない。しかしながら、法的言語へのこだわりが、論理的形式ではなく詩的形式に向かうところに、彼の法学批判を読みとることは可能だし、その手がかりがまったく欠けているのでもない。

ローマ法の詩的な在り方に関して、ミシュレが、演劇的な形式主義とか法の古いコメディーと述べたことは先に紹介した。だがさらに重要なのは、ミシュレにおいて、「詩的形式」（poétiques formules）が「法的象徴」（symboles juridiques）と言い換えられていることだ。多彩な法的象徴によって法の詩的性格を提示したのは、ほかならぬグリムの業績であった。ミシュレはこのグリムをヴィーコに重ねることで、近代法の論理主義を厳しく非難するのである。ミシュレによれば、フランスはローマの真の後継者であって、ローマ法から論理的で散文的で反象徴的な解釈の技術を継承した。これに対してドイツ法は、詩的形式の点で比類なく豊かであり、象徴の伝記を語りうるほどに法的象徴に満ちている、と言うのである。(17)

あるいはグリム宛の手紙の中で、ミシュレは、「論理的法」と「象徴的法」という対立図式を用いている。(18) それにしたがえば、ローマ法とフランス法は論理的であり、ドイツ法は象徴的ということになりそうである。またグリムも、ドイツ法は「原典」でありローマ法は「註釈書」だと言ったことがある。(19) けれどもこうした比較をおこなうことだけが、彼らの真意ではあるまい。グリムにとってのドイツ法とはゲルマン的慣習法にほかならず、ミシュレにしてもフランス法の起源を問うことで、論理的な法の古層に象徴的な法を見出そうとしたからだ。こういった彼らの関心方向は、ヴィーコの言う「古い法の物語」なる謎めいた言葉によって、すでに指し示されていたとすることができる。しかしこれ以上の考察は、法的言語の固有の構造に即して進められねばならないだろう。

三　トピカ、レトリカ、ポエティカ

法的言語の象徴的＝詩的性格にこだわりつつヴィーコを読み直そうとするとき、もはや問題はレトリック論の領野で捉え返されねばならない。近年、レトリック論の観点から、アリストテレスにまで遡ってヴィーコを解読しようとする試みも見られる。たとえばその一つ、ムーニーの『レトリック論の伝統におけるヴィーコ』は、ソフィストからアリストテレスを経てキケロに至る延長線上にヴィーコを位置づけようとする。ここでその内容に詳しく立ち入ることはできないが、「ヴィーコが考えたり書いたりしたレトリック論は、文学的なレトリック論ではなく、法的なレトリック論——弁論、つまり推論の過程としてのレトリック論——である」という主張だけは、看過することはできない。[20]

ムーニーの言う「法的レトリック」とは、要するに本来の意味での法学（jurisprudence）のことにほかならない。ジュリスプリューデンスは、サヴィニーの「概念法学」（Begriffsjurisprudenz）や、オースティンの「分析法学」（analytical jurisprudence）の圧倒的な影響のもと、法的概念の言語分析を軸とした、法解釈学の基礎理論としての地位に長らく甘んじてきた。ところがムーニーは、それをプルーデンティア・ユーリス（prudentia juris）であった頃のギリシアおよびローマの伝統に戻して、「法律家の弁論」を支える、法をめぐる知恵として再構成しようとする。[21]

こうした試みが法学の側にもないわけではない。先に挙げたフィーヴェクの『トピックと法学』は、まさしくトピック論からする法学改革の提示であったし、ペレルマンの『法律家の論理』などもここに数えることができる。とはいえ、ひとしくレトリック論から出発しながらも、ペレルマンの言う法律家の論理はいまだ形式論理と訣別していないし、フィーヴェクのトピック論も充分にヴィーコを踏まえているとは言いがたい。法廷弁論や司法的推論の構造に立ち帰ったうえでのトピック論やレトリック論には大いに魅力があるけれども、法的言語そのものに内在する詩的性格にまで説きおよぶことなしには、ヴィーコの方法を論じたことにはならないだろう。

法学者としてのヴィーコが関心を寄せるのは、トピカでもレトリカでもなく、ポエティカであり、これに支えられた「詩的知恵」である。奇しくもアリストテレスがらみの三つの方法を並べたが、これについてのスコラ的な議論を始めようと言うのではない。論点発見の術たるトピカや弁論の術たるレトリカをあえて避けて、法的言語とは最も無縁なものに見えそうな〈詩学〉としてのポエティカに立脚しつつ新しい法学を唱えるヴィーコの態度に、グリムやミシュレとの共通点を確認してみたいだけである。

これまで述べてきたように、『新しい学問の原理』におけるヴィーコのねらいは、「詩的知恵」(sapienzia poetica) による諸学、なかんずく法学の革新であった。例によってヴィーコ自身の説明はわかりにくいので、ムーニーの理解を援用しておこう。彼は「詩的知恵」を詩的論理と捉えたうえで、以下のように言っている。

「詩的知恵一般についていうならば、詩的論理とは二つの意味をもった用語であって、ヴィーコは両者をともに意図している。一方では、それは『創られた論理』であるが、この意味ではそれは精神の発展の物語であり、意識の成長の記録である。他方では、それはイメージに結びつけられた、つまり特定の種類の言語や概念に結びつけられた論理を意味する。[22]」

「詩的知恵」には、歴史的側面と言語的側面とがあり、双方相まって詩的論理なるポエティカを構成している、というわけだ。このことをもう少し詳しく検討してみよう。

先ずそれは「創られた論理」であることによって、人間の精神史を物語る語り部となる。ヴィーコの言うには、詩人とは本来創る者を意味するのだが、太古の人々はその言語感覚からして、すでに詩人＝創る者であった。そして詩人たる者の仕事は、民衆に理解できる崇高な物語を創ること、提示された目的に向けて過度の不安をもたらすこと、民衆に高潔に生きるよう教えること、にあると続けるのである。[23] こうした詩人が創るものこそ、民族の歴史にほかならない。神にあって認識と創造とは同一であるように、今や詩人は、というより「詩的知恵」は、歴史を創りつつ語る。この間の事情をエルンスト・カッシーラーも、「人が歴史を理解するのは、人が歴史の創造者だからである」と要約している。[24]

次に「詩的知恵」は、すぐれて言語的な論理である。詩人の語る「物語」（favole）こそは、ヴィーコにとって真の「言葉」（favelle）なのだ。というのも、詩人、つまりは太古の人々の言葉は「詩的象徴」（carateri poetici, simbolica）に満ちていたからである。知力は貧弱でも想像力においては近代人よりはるかに優れていた人々によって、神話の中で用いられた言葉にこそ、彼は言語の起源を見出す。[25] ムーニーは、「詩は人類の母語であり、人間の誕生を告げるラッパの音である」と言うが、これこそヴィーコの言語起源論をドイツの地に継承したハーマンおよびヘルダーの見解であった。それはのちにグリムの言語起源論となって開花するだろう。[26] ここでは「詩的象徴」の発見こそが、『新しい学問の原理』を解するための重要な鍵だと言う、ヴィーコ自身の解説に留意しておくだけで足りる。

以上見てきたように、「詩的知恵」は、創られた論理であることで歴史的な意味をもち、またイメージと結びつくことで言語的な意味をもつ。結局、それは創造的であると同時に想像的であり、したがって史的にして詩的な論理としてのポエティカなのである。

人が歴史の創造者であるのは、人が幾何学の創始者であるのと同じだ、とヴィーコは述べる。歴史と幾何学のこの唐突な取り合わせは、ヴィーコ解釈の最大の難所と言える。なぜなら歴史と幾何学は同じだとしながら、すぐあとで本当は違うと言っているからだ。

「というのは、先に述べた疑う余地のない原理とは、この諸民族の世界はたしかに人間によって創られた、ということであり、したがってその在りかたは、我々自身の人間精神の変様のうちに見出されるはずである。ものごとを創った者が同時にそれを語るほど、たしかな歴史はあるまい。こうして、幾何学が、その構成要素の外部に量的世界を構築し、あるいはこの世界を予測しながら、対自的にそれを創造しつつあるように、まさしく我々の『新しい学問』も、対自的に諸民族の世界を創造する。だがこの『新しい学問』は、点や線や面や図形よりも、人間の営為に関わる諸制度のほうが現実的であるのとひとしく、まさに幾何学以上の現実性をもっている。[27]」

ヴィーコの「新しい学問」を歴史哲学と解したのはミシュレだが、この個所はミシュレの理解の正しさを証明するとともに、歴史学と幾何学の同一性を示している。すなわち、歴史学も幾何学も、人間の言語的創造物であるとの意味では同じであって、歴史を創った者が歴史を正しく語りうるのと同様に、幾何学的証明が可能なのは、人間が幾何学を創ったからなのである。ヴィーコの有名な公式、「真なるものは創られたものである」(vorum ipsum factum) はこのようにして現れる。歴史学にせよ幾何学にせよ、人間の真実とは、創られた、つまり語られた真実なのだ。ヴィーコはこうして、当時すでに盛名の高かったデカルト幾何学の権威を借りて、歴史哲学をひとまず幾何学の位置にまで引き上げる。

しかしながら、現実性において、歴史学は幾何学に優っている。ヴィーコは歴史学を幾何学と同列に置いたのち、ただちに歴史的真実と幾何学的真実を比較して、前者に優位性を認めている。歴史のほうが人間の営為に密着していること以外、その理由は明示的に述べられてはいないが、両者の言語的特性の差異に帰着することは明らかだ。この点で顧みられるべきは、詩的真実と自然的真実についての、ヴィーコの言明である。すなわち、「詩的真実は形而上学的真実であり、これに合致しない自然的真実は、虚偽とみなされねばならない」というものだ。[28] 通常の理解とは異なって、形而上学的なもののほうが真実で、自然的なもののほうが虚偽だとするヴィーコの見解は、詩的言語で語られる歴史学のほうが、点や線や面や図形で語られる幾何学よりも、いっそう人間的真実に近いことを示している。

ヴィーコ以前の歴史学と幾何学の位置関係を逆転させ、デカルト的幾何学を越える新しい学問として歴史学を提起することが、「詩的知恵」と呼ぶ彼の方法であったが、このポエティカは、まちがいなく〈法〉にこそふさわしい。というのは、歴史学の課題として彼の挙げる「あるべきだった、あるべきだ、あるべきだろう」(devette, deve, dovrà) この証明は、[29] まことに〈法〉の中心的な語法であるからだ。

「新しい学問」のリストには、詩的形而上学や詩的論理学や詩的歴史学はあっても、とくに「詩的法学」といった項目があるわけではない。しかし、『新しい学問の原理』のいたるところで、ヴィーコは法的言語にこだわっているのだし、これの習作といった趣きをもつ『世界法の原理』は、法学の革新を意図して書かれたのであった。彼は法学を字義どおり法 (jus) をめぐる知恵 (prudentia) として、ここにポエティカを再発見しようとしたのである。

『トピックと法学』を書いたフィーヴェクの出発点は、ヴィーコの「レトリック的トピック」(rhetorische Topik) であった。またフィーヴェクは、ヴィーコの法学に対する関心は、古代的精神の被造物としてそれを解した点にあったとする。[30] とりたててこれに異を唱えるつもりはない。だが法廷活動にせよ条文解釈にせよ、もともと分かちがたくトピックやレトリックに結びついているだけに、下手をすると、〈法〉を語る言葉そのものの非論理的で詩的な性格に到達する前に、それ自体散文的なトピック論議やレトリック論議に搦め捕られてしまう。それはフィーヴェクの同志であるカイム・ペレルマンにしても同様で、彼の『法律家の論理』は「新しいレトリック」(nouvelle rhétorique)と銘打ちながらも、実のところはとっくに形式論理と化したスコラ的議論をおこなっているにすぎない。[31]

トピックでもレトリックでもなくポエティックだと、単純に言うのではない。けれどもヴィーコの「詩的知恵」は、歴史と言語の両面から〈法〉を見直そうとの試みであり、そのゆえに学者の術語ではなくて、直接に民衆の言葉で〈法〉に接近することを可能にする。まことに、学者の言葉ではなく民衆の言葉で語ることこそ彼の方法であった。彼は、これを「新しい批判的方法」(una nuova arte critica)と名づけている。[32]すでに述べたように、ヴィーコの用語では、新しい方法とはクリティカ、古い方法とはトピカのことであった。ところがここでは、彼はデカルト的クリティカよりさらに新しい方法を提示して、それが単なる古いトピカの復権ではないことを含めて、「新しい」批判的方法と呼ぶのである。それはつまり、ヴィーコ的ポエティカにほかならない。

ヴィーコのポエティカを構成する詩的言語の源泉は何か。彼によれば、それは「共通感覚」(senso commune)である。「共通感覚とは、反省するまでもなく、一階層、一民族、一国民の全員によって、あるいは人類全体によって共有されている判断である」。ヴィーコはこれこそ「永遠の観念史」と「精神の語彙集」と「万民の自然誌」、要するに歴史と言語と法にとっての公理なのだと言う。[33]

バーリンも指摘するとおり、ヴィーコの共通感覚論は、ヘルダーを介してドイツにも少なからぬ影響をもたらした。[34]けれども、ここからくる歴史と言語と法の三位一体を、ヴィーコ的ポエティカの精神で総体的に継承しえたのは、ヘルダーよりもむしろグリムのほうではなかったろうか。

四　ヴィーコとグリム

世代も国もちがうヴィーコとグリムのあいだに、直接の交渉があったわけではない。またグリムがヴィーコの熱心な読者であったとも思われない。にもかかわらず、すでに指摘しておいたように、ミシュレを媒介とすることで、二人の思想を重ね合わせてみることは充分に可能である。その際彼らを結びつけたのは、「古い法の物語」なる謎のような文句であった。物語としての歴史、民衆の法としての慣習法、歴史と法を貫く詩的言語、というように歴史と法と言語のいずれから眺めても、ヴィーコとグリムは共通の関心をもっている。

ヴィーコにおける「詩的法学」の企ては、グリムによって、「法の象徴学」の中に受け継がれた、とミシュレは考えていた。彼らの共有する〈法の詩学〉は、詩的＝象徴的言語をもってする、法学革新のねらいを秘めていた。ヴィーコの「新しい学問」が、当時最も先進的な学問とされていたデカルト幾何学と、その応用である近代自然法論に対する根底的な批判であったように、グリムの学的方法も、彼の時代の実証主義的な歴史学や言語学や法学に対置された。彼らは単なる懐古趣味から、古代や中世に憧れたわけではない。そうではなく、幾何学には点や線や面といったそれにふさわしい言語があるように、人間の営為を対象とする法学にも、おのずからふさわしい言語があるはずだとの意識から、古代や中世に目を向けたのである。それはけっして時代錯誤的な思い入れなどではなく、むしろ時代を見すえたうえでの問題提起であった。

一八四六年のゲルマニステン大会において、『厳密でない学問の価値について』と題しておこなわれたグリムの講演は、この意味でもきわめて注目すべきものである。彼は名誉とパンの取得を基準にして学問の価値を決める風潮に抗して、次のように述べている。

「もはやこうした誤った区別に立ち入ることはせず、むしろここではフランス人によって提示された、厳密な学問と厳密でない学問の区別にこだわりたいと思います。……厳密な学問には御存知のように、すべての命題をきわめて緻密に証明するもの、数学や化学や物理学が数えられます。これらの学問は、いずれもそうした緻密さなしにはまったく成果を挙げえないでしょう。これに対して厳密でない学問には、私たちが関わってきたものであり、実践面では強引さも許されるものが含まれます。その欠点や弱点は、不断の発展の中で欠点や欠陥から純化するまでは、可能なかぎり長期にわたって我慢されねばならないのです。歴史学や言語学は、詩学はもちろんのこと、いうまでもなく厳密でない学問なのであります。[35]」

歴史学や言語学は厳密性において数学や物理学に劣る、と言っているようだが、もとよりグリムの真意は別のところにある。「厳密な学問」（exacte od. genaue Wissenschaften）の対象は「自然」であるけれど、「厳密でない学問」（inexacte od. ungenaue Wissenschaften）の対象は「精神」なのであって、後者は人間が相手なだけに、そもそも厳密性とは相容れない。

学問の厳密性をめぐるグリムの論調は、『現代における学問研究の方法について』と題したヴィーコの講演を想起させる。ヴィーコはここで蓋然性について述べて、「蓋然的なものは、いわば、真理と虚偽の中間に立つものであります。蓋然的なものはほとんど常に真理であり、きわめてまれにのみ虚偽であるからであります」と言っている。[36]蓋然的ではあっても真理たりうるのは、それが「共通感覚」に根ざしているからだ。前に見たように、ヴィーコは「真なるものは創られたものである」との公理を用いて、幾何学をも蓋然的真理の枠内に取り込んでしまう。グリムは、厳密性による区別はフランス人によって提示された、という言い方で、やはりヴィーコと同様、デカルトの学問論に根源からの批判を加えるのである。

いっそう重要なのは、法学の学問的位置づけだ。右に引用した個所に続けて、グリムはこう主張する。「同様にして、歴史に故郷をもつ法もまた、完全な厳密性を要求することはありません。陪審員の判断はけっして計算問題ではなく、誤謬も紛れ込むにせよ、素朴な良識にほかならないのです」。「素朴な良識」とは常識、つまりヴィーコの言う共通感覚のことだ。法学はこうして厳密でない学問の内に入れられ、その蓋然的真理性は、ただ歴史の判断に委ねられる。ところが、グリムの時代こそは、まさに厳密な学問としての法学が意識的に構築されようとしたときで、その担い手となったのは、グリムの恩師サヴィニーだった。(37)

サヴィニーは「歴史法学」の提唱者でありながら、しだいに法の歴史的研究よりは、体系的法学の樹立へと傾いていった。このことはのちに「概念法学」への変質として非難されることになるが、要するにこれは法学の幾何学化、ないしは数学化を図るものであった。サヴィニーは、二辺と夾角によって三角形が与えられる際の必然的な定義のように、法的諸概念間の関係を決定する「指導原理」（leitende Grundsätze）の確立を訴える。あるいはローマの法学者にならって、数学と同様の確実性をもって、「法的諸概念で計算する」（mit ihren Begriffen rechnen）ことを要求する。(38)

グリムが法的判断は計算問題ではないと言うとき、それが誰に向けられたものであるかはおのずから明らかだ。サヴィニーはデカルトを引用してはいないけれど、代わりにフランシス・ベーコンの法源論や、ライプニッツの法学方法論に依拠しつつ、結果として演繹的な体系的法学を構築する。彼の法学に自然法論的傾向を認める立場もあるが、これとてすでに形式論理に侵されている。そして彼がローマ法学者であったことを想起するとき、ローマ法学の合理主義こそヴィーコの批判の的であったことをも忘れるわけにはいかない。サヴィニーは、初めて「法の科学」

（Rechtswissenschaft）なる名称を用いたとされる。サヴィニーの「法の科学」は、グリムやヴィーコの〈法の詩学〉の観点からは、とうてい相容れないものであった。

恩師の法学方法論に逆らって、グリムが法学を「厳密でない学問」と考えたことは前にも述べた。これはいかにもグリムらしい、遠慮深い言い方だ。ところがグリムの主張を詳しく検討してみると、歴史学や言語学や法学といった「厳密でない学問」を、総括的に〈詩学〉（Poesie）と呼んでいることがわかる。そして〈詩学〉とは、まったく学問ではないとされることもあるが、実は「あらゆる学問の中の学問」なのだ、と論じてもいる。[39]

グリムの自信も故なしとはしない。『厳密でない学問の価値について』の講演をおこなったゲルマニステン大会で、彼は議長としてもう一つの注目すべき講演、『本大会に結集した三つの学問の相互連関と結合について』をおこなっている。三つの学問とは、歴史学と言語学と法学のことである。こうして、〈詩学〉なる言い方は、精神諸科学の統合をめざす際にも用いられることとなる。なぜなら詩的言語は、共通感覚たる民族精神に最も近いものであるからだ。

ヴィーコの場合と同じく、グリムにとっても、詩的言語は法的言語の内に豊かに息づいている。体系的法学ではなく法的実践、学説法ではなく慣習法、法曹の法ではなく民衆の法にあっては、法的言語はそのまま詩的言語であった。法と詩をこのように結びつけるのは、童話の蒐集者のグリムが実は法学者であったことと同じくらい、意外なことかもしれない。ところが、彼の言語学的博識からすれば、法と詩はあっけなく一つのものになってしまうのである。

グリムの『法の内なるポエジー』は、「法と詩の共通の起源」を言語的に解き明かそうとの企てだ。そこで頻繁に駆使されるのは語源学的手法だが、彼はみずからこれを「言葉遊び」（Wortspiel）と呼ぶ。これこそがグリムのレトリックであった。彼は概念で計算するのではなく、言葉でもって法の世界に遊ぶ。グリムはレトリックをそれとして論じるのではなく、レトリックを実践している。たとえば次のようにだ。

「裁き人は、歌い人が発見者であるのと同様に、発見者と呼ばれる。両者は、創り、定め、秩序づけるがゆえに、創造者（もともとはまさに、ギリシア語のポイエータイ）という名前でつなげられる。[40]」

ともに創造者であることによって、「裁き人」（Richter）が「歌い人」（Dichter）につうじるというのは、ほかならぬヴィーコの見方でもあった。すでに紹介したように、『新しい学問の原理』にも、『世界法の原理』にも、ローマ人にとって法は詩歌（carmina）であったことが、繰り返し強調されている。このヴィーコの意図を汲んでであろうか、『世界法の原理』のフランス語訳が、『詩と法の起源』（origine de la poésie et du droit）と題されていることも、今一度付け加えておこう。

ヴィーコの『詩と法の起源』は、グリムの『法の内なるポエジー』をいやおうなく想起させるし、この二人の媒介役を務めたミシュレの『世界法の象徴および形式に見出されるフランス法の起源』をも連想させずにはおかない。この意味でこのフランス語版の翻訳者は、かつてのミシュレと同じように、期せずしてヴィーコとグリムを結びつけ、彼らの〈法の詩学〉を照射することに大いに貢献したといえる。

注

（1）Giambattista Vico, Principi di Scienza Nuova, in: Opere, p.829. The New Science of Giambattista Vico, transl. by Thomas Goddard Bergin and Max Harold Fisch, Cornell U.P., 1984, p.390（§.1037）. ヴィーコ『新しい学』清水純一・米山喜晟訳、中央公論社、一九七五年、五一三頁。

(2) Michael Mooney, Vico in the Tradition of Rhetoric, Princeton U.P., 1985, p.3.
(3) Vico, a.a.O., p.438. The New Science, p.63 (§.138)．訳、一一八頁。
(4) ders., Origine de la poésie et du droit, trandit par Catherine Henri et Annie Henry, Clima Editeur, 1983, p.69.
(5) Friedrich Karl von Savigny, Juristische Methodenlehle, hrsg.v. Gerhard Wesenberg, K. F. Koehler Verlag, 1951, S.17. サヴィニー『法学方法論』服部栄三訳、日本評論新社、一九五八年、二〇頁。
(6) 堅田『法の詩学――グリムの世界――』新曜社、一九八五年、一四三頁以下。同「〈法の詩学〉再考――ヴィーコ、ミシュレ、そしてグリム――」『現代思想』一九八六年六月号、二〇〇頁以下参照。(本書、第一章)
(7) Isaiah Berlin, Vico and Herder, The Viking Press, 1976, p.84. バーリン『ヴィーコとヘルダー』小池銈訳、みすず書房、一九八一年、一七六頁。
(8) ebd., p.50. 訳、一一七頁。
(9) Jules Michelet, Origines du droit français cherchés dans les symboles et formules du droit universel, Ernest Flammarion, p.3.
(10) ebd., p.5.
(11) Correspondance Michelet-Grimm, in: Michelet, Œuvres complétes, t.3, p.586.
(12) Vico, Origines de la poésie et du droit, p.138.
(13) ebd., p.128.
(14) ebd., p.139.
(15) Vico, Principi di Scienza Nuova, p.828f., 571. The New Science, p.390, 168 (§.1036, 500)．訳、五一三、一一四三頁。
(16)『Lex XII Taburarum 十二表法原文・邦訳および解説』佐藤篤士訳、早稲田大学比較法研究所、一九六九年、一六〇頁以下参照。
(17) Michelet, a.a.O., p.6, 75, 81.

(18) Correspondance Michelet-Grimm, p.592.
(19) Jacob Grimm, Über die Alterthümer des deutsches Rechts, in: Kleinere Schriften, Bd. 8, S.550.
(20) Mooney, a.a.O., p. x iii.
(21) ebd., p. x.
(22) ebd., p.223f.
(23) Vico, a.a.O., p.503. The New Science, p.117 (§.376). 訳、一七九頁。
(24) Ernst Cassirer, Symbol, Myth, and Culture, ed. by Donald Phillip Verene, Yale U.P., 1979, p.92, 96. カッシーラー『象徴・神話・文化』神野恵一郎・薗田坦・中才敏郎・半沢穂積訳、ミネルヴァ書房、一九八五年、一二二、一二六頁。
(25) Vico, a.a.O., p.390, 516. The New Science, p.21f., 127 (§.34, 401). 訳、七一、一九二頁。
(26) Mooney, a.a.O., p.207. Cassirer, a.a.O., p.93f. 訳、一二三頁以下。他に、堅田「言語と歴史――ヘルダーとグリムの言語起源論をめぐって――」『新・岩波講座・哲学』第一五巻、一九八五年、二四九頁以下参照。（本書、第四章）
(27) Vico, a.a.O., p.489. The New Sience, p.104f. (§.349). 訳、一六六頁。
(28) ebd., p.452. The New Sience, p.74 (§.205). 訳、一三〇頁。vgl., Ferdinand Fellmann, Das Vico-Axion: Der Mensch macht die Geschichte, Verlag Karl Alber, 1976, S.36.
(29) ebd., p.489. The New Science, p.104 (§.349). 訳、一六六頁。
(30) Theodor Viehweg, Topik und Jurisprudenz, 5.Aufl., Verlag C.H. Beck, 1974, S.17f. フィーヴェク『トピクと法律学』植松秀雄訳、木鐸社、一九八〇年、三〇頁以下。
(31) Ch. Perelman, Logique Juridique, Dalloz, 1976, p.97ff. ペレルマン『法律家の論理』江口三角訳、木鐸社、一九八六年、一八五頁以下。
(32) Vico, a.a.O., p.439. The New Science, p.63 (§.143). 訳、一一八頁。
(33) ebd., p.439. The New Science, p.63f. (§.141-145). 訳、一一八頁以下。

（34） Berlin, a.a.O., p.61. 訳、一三七頁。

（35） Grimm, Über den Werth der genauen Wissenschaften, in: Kleinere Schriften, Bd.7, S.564f.

（36） Vico, On the Study Methods of Our Time, Bobbs-Merrill, 1965, p.13. 清水幾太郎『倫理学ノート』岩波書店、一九七二年、一三七頁参照。

（37） 堅田「『厳密でない学問』としての法学」『へるめす』第五号、一九八五年、一四七頁以下参照。

（38） Savigny, Vom Beruf unsrer Zeit für Gesetzgebung und Rechtswissenschaft, in: Hans Hattenhauer (hrsg.), Thibaut und Savigny, Verlag Franz Vahlen, 1973, S.110, 114. 『ザヴィニー・ティボー法典論議』長場正利訳、早稲田大学出版会、一九三〇年、八一、八六頁。

（39） Grimm, a.a.O., S.565.

（40） ders., Von der Poesie im Recht, in: Kleinere Schriften, Bd.6, S.155.

第三章　ヘルダーとヘーゲル

一　北方のマグス

ヘルダーの墓碑には、「光、愛、生」（Licht, Liebe, Leben）という三つの文字が刻まれている。彼の生涯はけっして輝かしいものではなかったし、さして愛に満ちてもいなかったから、ゲーテが死に臨んで「もっと光を」と叫んだのと比べると、この墓碑銘はいかにもつつましく見えてくる。たしかにゲーテを光とすれば、ヘルダーは影のような存在であった。宮廷牧師としてワイマールの地に招かれて以来、当地でのゲーテの多彩な活躍ぶりを目の当たりにして、ヘルダーはいっそうその感を深くしたにちがいない。だとすれば遺されたこの言葉は、かつては弟子であり友人であったこの人に対する、多少とも恨みがましい告白ではなかったか。

だが「光、愛、生」なる三つの文字は、やはりヘルダーの時代を的確に描写している。というのも、〈光〉が啓蒙主義（Aufklärung）の合理性を象徴するように、〈愛〉と〈生〉はロマン主義的な心情を暗示しているからである。まことに彼の生きた時代は、啓蒙主義からロマン主義への転換期に位置していた。彼の青春はカントやレッシングとともに送られたのだし、ワイマールにおける晩年はイエナのロマン派とともにあった。一七五〇年、ヴォルテールがフリードリヒ大王のもとにやって来たとき、それはあたかもチュートンの森に射す一条の光線のようであったろう。そしてこの普遍的理性という〈光〉に照射されることで、民族的共同性、いわば〈愛〉と〈生〉の意識がドイツ人たちの胸裏に浮上してきたのである。そこにおいては、新しいものと古いもの、理念と現実との葛藤が深刻化せざるをえないが、かえってこうした混沌の内にこそ、固有にドイツ的なものが生み出される素地があったといえる。この意味でヘルダーの「光、愛、生」という言葉は、一つの時代精神として、彼の死後もなおしばらく生命を保ち続けた。たとえば、ここに一篇の詩がある。

「愛する人よ雲霧をふりはらって
　さあぼくといっしょに山嶺にでよう
光のみちあふれるこのエーテルのなかに
　二人して立とうではないか
真偽いりまじって混濁した
　わが胸の思いは
生と愛の息吹にふれて
　はかない霧のように消えうせた[1]」

この詩の作者こそ、ヘーゲルその人であった。一八〇一年からの約六年間、ヘーゲルはイエナの町に住んでいた。おりしもイエナの黄金時代は終わろうとしていたのだが、理想哲学とロマン的心情のなれ合いとしての「フマニスムスの気分」は至る所に満ちていたし、何よりもここにはシラーが、そしてワイマールにはゲーテとともにヘルダーがいまだ健在であった。『精神の現象学』と『ヴィルヘルム・テル』と『ファウスト』とは、ナポレオン軍の迫りつつある中、同じ時にほぼ同じ場所で書き進められた。ヘーゲルは、入れ替わるようにして立ち去ったシェリングに宛てて、イエナとワイマールの近況をかなり詳細に書き送っている。しかしながらこの中にヘルダーの噂は含まれていない。ヘルダーの没する一月前のことなのだが。

もちろん、ヘーゲルはヘルダーを知らなかったわけではない。『キリスト教の既成性《ポジティヴィテート》』（一七九六）と呼ばれる初期の断片や、イエナ時代の『信と知』（一八〇二）などには、悟性批判やスピノザへの共感に関して、わずかではあるがヘルダーに対する好意的な言及が見出される。たしかに、イエナにおけるほぼ二年間、ヘーゲルはヘルダーのごく近辺で生活していたにもかかわらず、彼らのあいだに直接の交渉があったという証拠はない。しかしながら直接の交渉の有無や言及の多少をはるかに越えて、両者の哲学の隠された交錯は、ドイツの思想史に大きな影を投げかけている。

ヘルダーとヘーゲルの関係については、『ヘーゲルとヤーコプ・グリム』という著作が、ある重要な示唆を与えてくれる。この著作の直接のねらいは、グリム兄弟などのゲルマニスティクの系譜にヘーゲル哲学を位置づけようとするところにあるのだが、はからずも、双方の接点としてのヘルダーの歴史感覚を掘り起こすことにもなっている。(2)「ゲルマニスティク」（Germanistik）とは、言語学と文学と歴史学とを民族意識のもとに包括した、それ自体総合的な学問であって、この点ではサヴィニー歴史法学の流れを汲んでいる。サヴィニーの歴史法学は、ヘーゲルの法哲学や歴史哲学の主要な論敵であった。そのせいか、サヴィニー＝グリムの歴史主義とヘーゲル＝マルクスの歴史主義とは、これまで切り離して論じられることが多かった。だがこの二つの潮流がともにヘルダーにまで遡りうるとすれば、彼の思索に依拠して再度「歴史」の意味を問い返すことも可能となる。

もとより、ここでただちにヘーゲル＝グリム問題を論じるわけにはいかない。[3] このためには、従来必ずしも主題的に追求されてこなかったヘルダーとヘーゲルの関係を、あらかじめ適正な地点にまで接近させておかねばならないからだ。なるほどヘルダーは体系的な哲学者ではなかったし、ヘーゲルも感性豊かな詩人ではなかったが、しかし彼ら二人のあいだには、いかにしても打ち消しえない共通の体験がある。それは、「光、愛、生」の混沌の中から固有にドイツ的なものが形成されつつあった時代、誰もが詩人でありえた幸福な時代に、ひとしく生を享受したという事実である。この時代はヘルダーのある旅行によって始められた。

「何処へかは知らないが行くために、私は海に出た」[4]。ヘルダーがリガの港から船出したのは、一七六九年のことであった。彼の言にもかかわらず、パリこそが当初の目的地であったのだが、実際にはこの啓蒙の都からは早々に退散している。彼がそこでどのような失望を味わったのか、それは明らかではない。しかしながら、ヘルダーのその後の思想形成にとって、フランスでの見聞よりはむしろ船中からの景観のほうが、はるかに強烈な印象を残すことになった。「昔のスカルデの歌謡と事行を手にして、それらが起こった土地に接して全心それに没頭する――此処ではあんなに多くの奇蹟が伝わっているオラウスの険崖をすぎり――彼処ではかのオーゼ魔神が星輝ける強い四頭の牡牛を使って鋤き切ったという島を目前にする……」[5]。青年ヘルダーにとって、この北海の船旅は、ノルマン的、ゲルマン的な故郷へのタイム・トラヴェルであり、ドイツ民族としての帰属意識を覚醒させる決定的な契機となった。

フランスから戻ったヘルダーは、翌一七七〇年、シュトラスブルクの地でゲーテと運命的な出会いを経験している。年長のヘルダーは青年ゲーテに向かって、オシアンの古歌やシェイクスピアに対する賛辞とともに、旅先で触れた伝説や風物について熱っぽく語ったことだろう。それはラテン的、普遍的な歴史に、ゲルマン的なもう一つの歴史を対置する企てを意味していた。ヘーゲルの言葉を借りるならば、ヘルダーの望んだのは政治と文化における「ゲルマン諸民族の北方的原理」の復権にほかならなかった。ゲーテはドイツの再生を期待して、フリードリヒ大王を導きの星としての「北極星」になぞらえたことがある。ハーマンもまた、王のヴォルテールびいきを懸念しながらではあるが、やはりこの「北方のソロモン」の実力を承認していた。ところで当のハーマンこそ、その博識と神秘性のゆえに、「北方のマグス（賢者、魔術師）」（Magus in Norden）と称された人物で、ヘルダーの生涯にわたる師友であった[6]。疾風怒濤の時代は、ヘルダーを迎えた北海のように神秘的で荒々しい「北」の徴標のもと、来たるべきロマン主義の先触れとして登場した。ヘルダーとゲーテが出会ったこの一七七〇年という年に、ヘーゲルが誕生している。

ハーマンが「北方のマグス」であるならば、彼の忠実な弟子であったヘルダーも同様に呼ばれねばなるまい。彼の説教は一種デモーニッシュな力をもって人に迫ったといわれる。「聖霊館」なる宿屋の前で黒ずくめの衣装をまとったヘルダーに会ったときから、誰よりもゲーテ自身がその魔力に囚われた。このためかヘルダーをファウスト博士のモデルと解する説まである。もっとも『ファウスト・第一部』（一八〇六）に関するかぎり、シュトラスブルクにおけるヘルダーの感化によって構想されたとしても、とりたてて驚くにはあたらない。というのも、フランスからの帰途、ヘルダーはやはりファウスト劇を書いていたレッシングに会っており、この様子をゲーテに話して聞かせたにちがいないからである。『ファウストとしてのヘルダー』の著者ギュンター・ヤコービは、『ファウスト』を貫く思想に留まらず、表現形式そのものまでもが、ヘルダーのそれに合致することを主張する[7]。たしかに医学から神学におよぶあらゆる学問を修め、しかし救済されないファウスト博士の姿は、ヘルダーの現実像と幾重にも重なり合う。伝説のファウストが錬金術師、つまり魔術師であったように、ヘルダー自身も「北方のマグス」であった。

しかしながらドクトル・ヘーゲルもまた、もう一人のファウストではなかったか。若いころから「老人」とあだ名され、猫背で気むずかしげなヘーゲル、自然から精神にいたるまで、宇宙を一手に把握しようとしたこの博士が、ファウストでないはずがあるだろうか。家庭教師をしていたころ、ヘーゲルはプードルを唄った詩を書いているのだが、これについてローゼンクランツは、「彼は一人の正真正銘のファウストとして、当時一匹のプードルを飼っていた」と証言している。[8] プードル（むく犬）とは悪魔メフィストフェレスの化身であって、つまり飼い主がファウストであることの徴標にほかならない。この時から二年あまりのち、ヘーゲルはイエナに移り住む。したがってゲーテは、ヘルダーとヘーゲルという、二人のファウスト博士と交際していたことになる。ゲーテ自身がさらにもう一人のファウストであったことは、ここでは問わない。

二　視ることと触れること

ヘルダーの船旅の成果が、『言語起源論』（一七七〇）として結実したことはよく知られている。これはプロイセン・アカデミーによる、「人間はその自然的能力に委ねられてみずから言語を発明することができるか」との懸賞課題に応えたものであった。ルソーの言語起源論やジュースミルヒの言語神授説をめぐる論争の渦中にあって、[9] アカデミーのねらいはおそらく、言語を自然でも神でもなく、まさに人間の理性の作物として論証することにあったのだろう。だがヘルダーの論文は、結局この提題の中の「発明する」（inventer）という一点に向けられている。カッシーラーも指摘するように、ヘルダーにとって言語とは単に作られたもの（Gemachtes）ではなくて、人間の内部から必然的に生成したもの（Gewordenes）だからである。[10] 彼の言語起源論は言語と理性の連関を否認するものではないし、ある場合にはその神的起源をも肯定しようとするなど、必ずしも首尾の一貫したものではない。しかし言語を作られたものではなく生成したものとする捉え方は、知覚の自然的所与性と記号の人工的体系との二者択一を越えて、まさに人間の精神的作用の総体性において言語活動を理解することを可能にした。しかもヘルダーのこのような理解は、な

により も彼の独特な感覚論に裏打ちされていた。

ヘルダーは「感覚語」（Sprache der Empfindung）としての言語を人間を含む動物全般に認めたうえで、次に人間に固有の内省意識（反省）から「理性と言語」（ratio et oratio）の結びつきを考える。もとより、恐れや喜びの単なる音声的表現にすぎない感覚語と、思惟の表象としての分節化された言語とのあいだには、きわめて大きな隔たりがある。だが人間の言語活動を総体的に把握するためには、どちらを捨てることも許されない。なぜならここで問われているのは、表象と音声、つまり内的言語と外的言語の媒介の仕組みだからである。そしてこの媒介の働きを感覚器官に求めるしかないとすれば、言語の問題は再び感覚の領野に投げ返されねばならない。

最も言語的な感覚は聴覚である、とヘルダーは考える。これは言語の音声的側面を論じる以上当然の帰結であって、むしろ彼の感覚論の特色は、聴覚のみを分離せず、これを他の諸感覚との連関の中で考察する仕方にこそある。すなわち、ヘルダーによれば、明るすぎる視覚や暗すぎる触覚に比べて、聴覚は情報伝達の距離や確実さなど様々な意味で中間的なものであるから、他の感覚器官の紐帯としてふさわしく、「魂への本来の扉」となることができるのである。[11]とはいえ聴覚の優位は、音声に関するかぎりのあくまでも相対的なものであって、視覚や触覚も補助的ながら言語活動を支えていることを、ヘルダーはけっして看過していない。かえって彼は、対象における視覚と触覚、色と声、匂いと音などの連関に対応して、諸感覚の側にも互いに協働する作用があることに留意し、これを「共通感覚（感官）」（sensorium commune）と呼んでいる。[12]

こうした諸感覚の協働作用を前提とするにしても、言語については聴覚が優位するように、対象によって諸感覚の能力に優劣がつくことはありうる。たとえば物体を識別する場合、触覚に比べて視覚のほうが圧倒的に有利であることは容易に理解できる。視覚が遠くのものを、持続的に、判然と捉えうるのに対し、触覚はただ触れるかぎりのものを、短いあいだ、おぼろげに捉えうるにすぎないからである。たしかに人間の文化は、とりわけ近世以降の合理主義は、もっぱら人間の視る能力に依存し、これを極限化する試みをとおして進展してきた。自然の観察方法にかぎらず、思惟の仕方そのものが、対象を曇りなく明瞭に眺めることを要請し続けてきた。ヘルダーが明るい視覚と暗い触覚とを対比するとき、明るさが明晰性（Klarheit）につうじ、暗さが曖昧性（Dunklheit）につうじる以上、彼もまた視覚の優位という神話から完全に解放されてはいない。

では、「すべての感覚の根底には触覚がある」[13]というヘルダー自身の言明は、何を意味するのだろう。「触覚」（Gefühl）なる言葉がすでに感じること（fühlen）そのものを暗示しているとすれば、人間の認識活動において触覚に与えられた地位はあまりにも低すぎないだろうか。しかし『彫塑』（一七七八）と題する著作の中で、ヘルダーは今度は触覚の優位を宣言することになる。この著作の副題および題辞は次のようになっている。

「彫塑――ピュグマリオンの造形する夢により、形と姿に関して気がついた若干のこと――

美トハ何カ　盲人ニタズネルガヨイ

触覚（彫塑）、視覚（絵画）、聴覚（詩歌と音楽）等に関する同様な試論の未完の序章」[14]

このように彼の彫塑論は、きわめて刺激的な相貌をともなって登場した。これを書いた意図が、従来不当に貶められていた触覚の復権にあることは明らかだ。彼によれば、視覚は平面的、触覚は立体的な感覚であって、単なる姿（Gestalt）を認識することはできても、形（Form）を知覚することはできず、これを可能にするのは、「手さぐりの感覚」としての触覚のみなのである。[15]絵画はともかく、彫刻を鑑賞するには、直接に触れてみなければならないのだ。

題辞に反して、ここでは触覚と聴覚の関係についてはほとんど述べられていないが、その代わりヘルダーは、三つの感覚の特徴をみごとに分類している。すなわち、視覚は本来「横に並んでいるもの」（neben einander）、聴覚は「時間的に前後するもの」（nach einander）を捉えるのに対し、触覚はなによりも「内部的に入り込むもの」（in einander）を捉える感覚なのである。[16] 実は同じようなことは『批評の森・第一集』（一七六九）の中でも論じられていた。結論のみを示すならば、ヘルダーは絵画と音楽と詩歌を比較しながら、詩歌は空間的な絵画と時間的な音楽の中間にあって、ある種の「力」（Kraft）を感じさせるものだ、とする。[17] だとすれば詩歌は彫刻と同様に、むしろ触覚的なものとして分類されるべきことになるだろう。

ヘルダーの彫塑論が、ディドロの『盲人書簡』（一七四九）や、ルソーの音楽劇『ピュグマリオン』（一七七〇）に触発されて書かれたことは疑うべくもない。彼はヴォルテール流の、普遍的理性に裏打ちされた歴史観に強く反発していたが、その分だけディドロやルソーの自然主義には好感をもっていた。あるいは触覚に対する鋭敏さの理由として、彼自身が生涯悪質な眼病に悩まされていた事実を挙げることもできるだろう。だがそれ以上に、ヘルダーの感覚論、とくに視覚に対する触覚の優位性の主張は、はっきりと一人の人物に向けられている。すなわちそれはドイツ啓蒙主義の大立者、レッシングである。というのも、『批評の森・第一集』は直接にレッシングの『ラオコオン』（一七六六）批判であるし、『彫塑』にしても、要するにラオコオン像の美をめぐってのレッシング批判となっているからである。しかしながら触覚の特性が、視覚には不可能な、対象の肌触りやぬくもりや息づかいを触知する点にあるかぎり、彼の感覚論はレッシングを越えて、視覚的な啓蒙的合理性そのものの批判へと向かうはずである。

念のために確認しておくが、ヘルダーは言語論においても彫塑論においても、いわゆる五感のうち嗅覚と味覚については、主題的に述べていない。とはいえヘルダーの著作を概観するならば、彼が最も多く論じているのは、「味覚＝

趣味」(Geschmack)なのである。たとえば有名なものに『種々の民族における趣味(味覚)の低落の原因』(一七五五)が挙げられよう。もちろん食物論ではなくて、民族の習俗を歴史的に論じたものである。つまり触れたり味わったりすることは、ヘルダーにあっては、客観的な認識というよりは、主体的に「生」に近づき接触しその内部に入り込む、ということなのだ。彼が好んで用いる「生の感情」(Lebensgefühl)とか「感情移入」(Einfühlung)といった概念は、まさにこのことを指す。ここからはたしかに、ヴォルテールの『諸国民の習俗と精神についての試論』(一七六九)のような合理的、一元的な歴史観は生じえない。しかしヘルダーによる民族的、個体的な「生」への感情移入は、確実に「もう一つの」歴史感を育むことになった。彼の感覚論は、従来のいわば〈視る〉歴史に〈触れる〉歴史を対置する意図を含んでいたからである。

啓蒙主義の合理性とは、対象を「光」に照らして〈視る〉ことであった。その光源がたとえ啓示の光から理性の光に変わったにしても、それはなお、キリスト教の直線的な世界観の正統な後継者なのである。ちょうど直進する光線のように、あるいは普く降りそそぐ日射しのように、啓蒙主義は絶対的で画一的な時空観念を提示して、この座標系の中に万物を位置づけようとする。ここでは、質的な差異は量的な序列に還元されてしまう。しかしながら、このような観念に囚われているかぎり識別しえないもの、すなわち事物の「個体性」を、ヘルダーは人間の認識活動の内に取り入れようとした。したがって、〈触れる〉とは、ことがらの肌触りやくもりや息づかいを感じとることを介して、その個体性を確認することなのだ。これは結局、内に秘められた「生(命)」を感得すること、まさに魂に触れることではないだろうか。ピュグマリオンの伝説とは、みずからの彫刻した女神像に恋をした男がこれに魂が宿るのを願う、というものであった。ヘルダーとともに言うならば、内なる魂は触れてみねば確かめえない。なぜなら「視覚にあるのは夢、幻で、真実は触覚のうちに存在する」からだ。(18) 今や〈視る〉啓蒙主義は、〈触れる〉ロマン主義に取って代わられようとしている。

三　観察するロゴス

手で〈触れる〉こと、すなわち物を掴まえ、持ち、占有することは、人間の認識活動の基底をなしている。ヘルダーも言うように、事物の概念（Begriff）とは事物を把握すること（begreifen）に始まるからだ。[19] これらはヘーゲルの「概念による理解」と、方法的にはまったく重なり合うようにみえる。というのも、ヘーゲルは感性から切断された理性（悟性）にはほとんど信頼をおかず、むしろ認識を可能なかぎり感覚の次元で捉え返そうとしたからである。だからこそ彼にとって、知覚するとは「真理を掴まえる」（wahrnehmen）ことなのであり、悟性ならぬ本来の理性（Vernunft）とは、言葉を「聞き取る」（vernehmen）ことにほかならない。[20] ではヘーゲルの哲学もヘルダーの場合と同様に〈触れる〉哲学なのだろうか。この問いに答えるためには、ヘーゲルにおける「知」の在り方という、いっそう困難な問題に直面せざるをえない。ここでは深く立ち入らず、おおよその枠組みだけを示しておく。

ヘーゲルは、『精神の現象学』（一八〇六）において、「知」の段階づけをおこなっている。すなわち、「知」は、「感覚的確信」から「観察する理性」を経て「絶対知」にいたる、三つの階梯を有している。この中でヘーゲルは感性的知から理性的知への移行に関して、「把捉」（Auffassen）と「概念による理解」（Begreifen）との質的な差異を強調する。彼によれば、把捉とは対象を単に感覚的に掴むにすぎず、これに対して概念による理解とは、対象の存在を生成の論理を含めて了解することなのである。[21] ヘーゲルにおける理性がすでに感性的知を内に含んだものではあるにせよ、「観察する理性」（beobachtende Vernunft）の優位を主張する以上、ヘーゲル哲学の原理をヘルダーの意味での〈触れる〉ことに据えるわけにはいかない。しかし、これを〈視る〉哲学とすることにも問題がある。彼はなるほど普遍的理性の視点に立っているが、啓蒙主義者たちとは異なって、絶えず具体的、個別的な現実から捉え返しをおこなっているからである。ここからすれば、ヘーゲルが「反省」（Reflexion）という概念を用いるとき、これは「光」による一方向的な照射ではなく、むしろ反射（reflektieren）を意味すると解すべきだろう。彼の場合、理性の光の反射する鏡面とは「生」の現実であり、映し出される像とは現象としての歴史にほかならないからだ。

ヘルダーの〈触れる〉哲学、つまり触覚的に捉えられた「知」の在り方について、ヘーゲルは直接には何ら言及していない。だがそのおよそのところは、ヘーゲルがハーマン論において言及した、「閉じた手」と「開いた手」という卓抜な比喩の中に示唆されている。ハーマンが神と世界と人間の三者を本質的に一致するものと考えるのに反し、ヘーゲルはこうした無媒介的な同一化を批判して、ハーマンの哲学の原理を「閉じた手」と呼ぶのである。他方ヘーゲル自身の哲学は、まさに自然と人倫と神的力の連関の内容にこそ注目するがゆえに、これら相互の連関の論理に向けて、「五本の指をのばして開いた手」でなければならない。[22] ヘーゲルのハーマン論を、直接ヘルダーに適用しようというのではない。だがヘルダーの『神についての対話』（一七八七）の中にも、「力の概念、ならびに物質および思惟の概念は……ただ一個の力である」といった言明が見出されるかぎり、ここにハーマンとの対応を指摘することも許されるだろう。ヘーゲルは彼ら師弟の思想に「一即全」たるスピノザ的汎神論を読みとって、少なからぬ共感を覚えたはずである。とりわけヘルダーの「力」（Kraft）の概念は、万物を統合する神的存在として、ヘーゲル自身の「精神」（Geist）の概念をまさに先取りするものであった。[23] だからこそ問題は信仰の領域から「知」の領域へと移されねばならない。ヘーゲルが『信と知』において懐疑のまなざしを向けたのも、ヘルダーの弁神論を支配するそうした感覚的確信に対してではなかったか。[24]〈触れる〉こと、いわば盲目的な信念にもとづく閉じた手としてではなくて、〈視る〉、つまり理性的に観察しようとするとき、観察者の手はロゴスという新たな「知」に向けて開かれる。

ヘルダーをファウスト博士のモデルとする説については、前に述べた。偶然の一致にすぎないが、ファウスト（Faust）としてのヘルダーの哲学を「閉じた手」（geballte Faust）と呼ぶことができるとすれば、「おれの胸には、ああ、二つの魂が住んでいて／それが互いに離れたがっている」という有名な台詞も意味深長に聞こえてくる。二つの魂、すなわちロゴスとパトスの葛藤に悩むファウストの姿は、まさにヘルダー自身のものであったからだ。つまり彼の〈触れる〉哲学は、この葛藤を経たうえでのパトスの選択であったと解することができる。では、ヘーゲルの場合はどうか。彼そのものがいくぶんかファウスト的であった以上、その「ロゴス」もまた一義的ではありえまい。

「初めにロゴスがあった。ロゴスは神とともにあった。ロゴスの中に生命があった。[25]」

これは周知のようにヨハネ福音書の冒頭の部分であるが、直接にはヘーゲルの『キリスト教の精神とその運命』（一七九九）からの引用である。彼にとってここに言う「ロゴス」（Logos）をどう解釈するかは、すぐれて哲学的な問題であった。ヘルダーもかつてこの福音書を翻訳したことがある。このとき彼はロゴスを「言葉」「思惟」「力」「行為」「意志」「愛」のいずれに訳すかを決しかねて非常に悩んだのだった。[26] そして同様の場面が『ファウスト』の中で再現されていることもよく知られている。この事実はギュンター・ヤコービの「ファウスト即ヘルダー」説にとって有力な傍証となったのだが、それはともかく、ヘルダーとヘーゲルという二人のファウスト博士は、ほぼ時を同じくしてロゴスの問題に直面していたのである。

この概念についての彼らの対応を比べると、これを他の何らかの概念で言い換えようとするヘルダーの仕方のほうが開かれていて、ロゴスをロゴスとしか表現しないヘーゲルの仕方は、かえって閉じた体系となっているようにみえる。しかしながらヘーゲルによれば、ロゴスのように多様な相貌をもった概念を特定の何かで置き換えることは、その普遍性を喪失させることにつながるのだ[27]。こうして、神もしくは精神であり、生命の源であり、そして観察する理性でもあるロゴスを、ヘーゲルはそのまま「ロゴス」と繰り返すのである。にもかかわらずあえて別の表現を求めるならば、彼の言う「ロゴス」とは結局「言葉」のことにほかならない。初めに言葉ありき、とは彼の論理を貫く大前提であるからだ。だが急いで付け加えておこう。ヘーゲルの論理（Logik）は閉じた分析的論理ではなく、開かれた弁証法（Dialektik）であった[28]。

初めに言葉ありきとは、『言語起源論』以来のヘルダーの原理でもあったが、ヘルダーとは異なってヘーゲルはもはや言語の起源それ自体を問おうとはしない。少なくとも人間の言語能力を、神にせよ自然にせよ理性にせよ、そのいずれかに帰属させようとはしないのだ。そうではなくて、言葉と世界のあいだに横たわる関係、すなわち言葉の意味にこそヘーゲルは注目するのである。「ロゴスは……事物と発話との、事態（Sache）と言葉（Sage）との本質……である」という言明は[29]、このように解することができる。言葉の意味とはいっても、自然言語において言葉と事態が一義的に対応しているわけはなく、そこには意味の広がりと厚みが介在している。そして意味のこうした集積は、つまりは意味の歴史にほかならないのである。ヘルダーにおいてもヘーゲルにおいても、言語とはすぐれて歴史的な存在であったが、ヘルダーはこれを主として感覚の領野で把握し、ヘーゲルは意味の領野で理解しようとする。マイネッケの図式を借用するならば[30]、ここからヘルダーにおける「歴史的感覚」（geschichtliche Sinn）と、ヘーゲルにおける「歴史の意味」（Sinn der Geschichte）とを指摘することもできよう。しかし歴史の意味とはいっても、時と所により枠づけられた個々の歴史的感覚から形成されるかぎり、歴史と意味（感覚）とは、実は相補的な関係にある。ヘルダーとヘーゲルにおいて、意味の全体性と感覚の個体性とを接続する時と所こそ、ほかならぬ「生」の地平であった。

ここで再び想起されるのは、ヘルダーの墓碑に記された「光、愛、生」という三つの言葉である。これは彼が生前愛用していた捺印用の指輪にちなむものであった。この印章は尻尾を口にくわえた蛇の形をしていて、内側にはAとΩの文字があり、これを囲むように「光、愛、生」の言葉が配されていた。(31)アルファとオメガ、つまり神の創造と救済の歴史を構成する〈光〉と〈愛〉と〈生〉、そしてこれらすべてを包囲する蛇。これによって取り巻かれた空間は、まさにヘルダーの「知」の領域を示している。彼がワイマールで晩年を送っていたころ、ヘーゲルの「ロゴス」はイエナの町にあって、ヘルダーの世界が閉じられていくさまを観察していた。

青年時代のヘーゲルにおいても、まぎれもなく〈光〉と〈愛〉と〈生〉から構築された世界があった。ノールの編集した『ヘーゲル初期神学論集』所収の諸断片に現れているように、この三つの言葉はそのままにヘーゲルの思索の歩みを映している。青年ヘーゲルの宗教論とは、彼の知的関心が啓蒙主義的合理主義からキリスト教的愛を経由して現実そのものへと向けられていく、その行程でもあるからだ。ヘルダーにとって啓蒙の〈光〉はなによりもヴォルテールに体現されるものであったが、ヘーゲルにとってのそれはカントの道徳主義を意味していた。つまりヘーゲル独自の思想は、既成の宗教の教義体系とカントの定言命法との、構造上の類似性を発見することから出発したのである。なぜなら教義や命令として言葉が自立し、人間にとって疎遠なものと化してしまうかぎりでは、両者のあいだには何らの相違も存しないからである。同様のことは、〈愛〉に裏付けられたイエスの説教についても言えるだろう。生命を失ったロゴスは、ヘーゲルにすれば「死せる形式」でしかなかった。

カントのように「単なる理性の限界内」に宗教を封じ込めること、あるいはイエスの「愛による運命との和解」は、いわば個的人間の実存的な決断として、この世における一種の救済であるにはちがいない。だが人間の共同性、より端的には民族の共同性に目をやるならば、現実の「生」を離れた「和解」などはありえない。青年時代のヘーゲルにあって理想的な「生」とはポリス社会のそれであって、必ずしも北方神話に見出されるべきものではなかったが、ディルタイも言うように、ヘーゲルにおける民族と宗教の結びつきには、明らかにヘルダーの影響が認められる。(32)直接の言及こそ見られないものの、青年ヘーゲルの「生の弁証法」にはヘルダーの「生」の哲学が大きな影を投げかけている。

四　在るものと成るもの

ゲーテがまだヘルダーの弟子であったころ、ゲーテは師の歴史哲学を、「歴史の塵芥を生きた植物へと変形させる」ものとして称揚したことがある。(33)ゲーテ自身やがて『植物の変態を解明する試み』(一七九〇)を書くのだが、さすがにヘルダーの歴史感覚を的確に捉えている。まことに人間の歴史を植物の生長過程として語ることこそ、ヘルダーの主要な関心事であった。彼の場合、歴史の進展と植物の生育とを結びつけるのは、単なる比喩的な関係に留まらない。かえって植物と「理性的動物」たる人間とがひとしく生命体である点に着目することで、物理的自然とは質的に区別された生物的自然の現実相を問題にするのである。これは端的には、一定の土地とそこに生きる生物との有機的な連関を叙述することを意味する。「人間史のための一般植物地理学」といったヘルダーの構想は、ここから生まれた。

こうして、ヘルダーによる二つの主要な歴史哲学、すなわち『人間形成のためのもう一つの歴史哲学』(一七七四)および『人間の歴史哲学の理念』(一七八四—九一)の意図も明らかになる。ヘルダーは人間の歴史を、これを取り巻く自然との連関のもとに、個別的、相対的に把握しようとするのである。同種類の植物ではあっても、生育する土地によって形態上さまざまな差異が認められるように、人間の文化的営為にも地域によって多様な在り方が見出される。しかしこの多様性は、ある直線的な歴史観による先後や優劣の関係を決定するのではなくて、むしろ各々の文化の地域的な独自性の証明なのである。ヘルダーによれば、ある一義的な価値基準としての「人間」なるものは何処にも存在しない。ヘルダーが「人間（性）」について語るとき、それは北欧人や南米人やアジア人が各自の自然環境に応じながら、如何にしてそれぞれの文化を形成してきたのかを叙述することにほかならない。そしてこの「形成」（Bildung）にしても、自覚的に作り上げられるべき「教養」というよりは、植物や動物の自然の生長といった意味合いが強い。

ヘルダーの歴史哲学は、ビュフォンの『自然史』（一七四九―一八〇四）とともにモンテスキューの『法の精神』（一七四八）に多くを負っている。だが彼においては、ビュフォンの博物誌的研究も、資料としての有用性を越えてその進化主義的な思想内容にまで立ち入っているわけではないし、モンテスキューについても、いわゆる「風土」理論に大いに触発されながら、風土と法制度の関係を問うまでにはいたっていない。ではヘルダーが皮肉を込めて「もう一つの歴史哲学」（auch eine Philosophie der Geschichte）を対置したとき、その直接の相手とは誰だったのか。彼がことあるごとに引き合いに出して批判していることからすれば、それがヴォルテールの啓蒙主義的な歴史観を指しているのは確実である。

「われわれの世紀には遺憾ながら！　光が多すぎるのだ！」[34]。ヴォルテールに代表される啓蒙主義の風潮を、ヘルダーはこのように糾弾した。啓蒙主義者たちは博愛主義の仮面をかぶって、世界中に美徳や幸福を広めようとするが、それは実は彼らだけの判断基準にしたがって、各民族の習俗を秩序づけることにほかならない。彼らは自分たちを裁判官だとでも思っているのだろうか[35]。ヘルダーの口調はきわめて厳しい。彼からすれば啓蒙主義者たちの言う歴史とは、ある高みに立って世界を普遍的な理性の「光」で満たそうとするものであり、これに反して彼自身の考える歴史は、各民族の個別的な習俗に立ち入ってその「生」を感得しようとするものである。彼の感覚論を援用すれば、啓蒙主義の歴史観を〈視る歴史〉、またヘルダー自身の歴史感を〈触れる歴史〉と呼ぶことができるだろう。〈視る歴史〉

はグローバルな視点に立っているが、個々の歴史の固有な意味を見落としがちなものである。しかし〈触れる歴史〉は一定の土地で営まれる一定の文化を、まさに個体性として把握する。

歴史ないし文化の個体性を捉えるとは、それぞれの文化史を、誕生から成熟期を経て死にいたる各段階において、つまりは生成の行程として物語ることにほかならない。ヘルダーの〈触れる歴史〉に内在する存在の論理を、ヘルムート・イェンドライエクは『ヘーゲルとヤーコプ・グリム』において、「在るものは成るものである」(was es ist, das ist es geworden) という原理として定式化している。[36] まことにヘルダーの歴史哲学は、現在の内に生成の行程を読みとることにほかならず、こうした歴史感覚こそロマン派との交渉を介して、サヴィニーやグリムと同様に、ヘーゲルが受け継いだものであった。

在るものは成るものである、というヘルダー的原理は、ヘーゲルの場合、青年時代の「既成性」(Positivität) 概念の中で受けとめられている。既成性とは、疎外されたロゴス、生命を失って骨化したロゴスの存在様式のことだ。ヘーゲルはこれをユダヤ教の律法主義だけではなくて、キリスト教の教義体系やカントの道徳律の在り方にまで拡張する。しかし「律法」が行為の意味づけの体系であるならば、既成的な存在態は、宗教にかぎらず法律にも国家にも、それればかりか社会的制度のあらゆる場面に見出される。だとすれば問われるべきは、既成的な存在態の内に隠された生成のプロセス、ということになる。『フィヒテ哲学とシェリング哲学の体系の差異』(一八〇一) において、ヘーゲルは次のように言う。

「分裂がすでに与えられているとき、固定したものと化した主観性と客観性の対立を揚棄し、叡知的世界と実在的世界という既成の存在 (Gewordensein) を生成 (Werden) として、所産 (Produkt) としてのその存在を産出過程

（produzieren）として把握することは必然的な試みである。その生成と産出の無限の能動性において、理性は、分離されたものを合一し、絶対的な対立を、根源的な同一性によって制約される相対的な対立におとしめるのである。[37]」

既成的なもの、現に在るものの内部に、生成のプロセスを探るということは、すでに歴史の解釈という企てを含んでいる。この当時のヘーゲルは、カントやフィヒテの主客二元論をシェリングの同一哲学の立場から克服しようとしており、いまだ存在のロゴスそのものを論証するにはいたっていない。しかし既成性概念の展開として、在るものと成るものの有機的な連関に注目している点は忘れられるべきでない。そしてここにはまたもヘルダーの影が認められる。在るものは成るものである、という発生論的な図式と、これを支える歴史感覚こそは、まぎれもなくヘルダー自身のものだったからである。

青年時代が終わろうとするころ、ヘーゲルは既成宗教に対する即自的な批判から一歩進んで、既成態を生成の行程として再解釈しようと試みた。当時は「生」にとって外的な存在様式として、否定的な意味合いで用いられていた「既成性」（Positivität）概念は、のちの『法哲学綱要』（一八二一）になると、むしろ肯定的な位置づけのもと、「実定性」（Positivität）概念へと変貌している。[38]律法の体系と法律の体系、教団の制度と国家の制度の、構造上の並行性を承認するかぎり、「ポジティヴィテート」概念に対するヘーゲルの意味づけの逆転は、きわめて興味深い問題を提示してはいないか。ここには、文化や制度の存在を、自然的に生成したものというより、特定の目的意識によって人為的に定立されたものと構成するねらいが秘められている。もちろん「実定性」の中にもヘルダーの存在論的な原理は貫徹している。だがこれは、もはや彼の自然主義を離れて、社会の固有な存在構造の原理へと変容している。[39]

自然的に成ったものではなくて人為的に作られたもの、換言すれば「定立されて在る」（gesetzt sein）ものの存在とはいったい何か。仮に感覚的に把握しうるものだけを「存在」とするならば、実定的（positiv）なものは、触れることも視ることもできないフィクショナルなもの、ということになろう。にもかかわらず実定的な存在様式について語りうるとすれば、それはもっぱら社会の共通の約束事として、いわば意味の塊として在る、ことにほかならない。いうまでもなく、「意味」（Sinn）の塊とは、「感覚」（Sinn）に根ざしながらも、これに対しては外的、客観的な定在のことである。そしてヘーゲルにおいて意味の凝集を保障するものこそ、開かれたロゴス、観察するロゴス、すなわち弁証法的ロゴスなのだ。

後期のヘーゲルにおいても、芽の内部には樹木のすべてが含まれているといった、ヘルダーを思わせる言いまわしが見出される。しかしこれは、植物の自然的な生長過程そのものではなくて、理念と実在との意味的な連関を述べているのである。[40] 同様にヘーゲルの実定性概念も、定立された意味として、すでにその内に意味の生成のプロセスを含んでいる。このかぎりでは後期のヘーゲルの中にも、ヘルダーの存在論的な定式はなお維持されているとせねばならない。現在を定立された意味として捉えるならば、現実的なものは理性的である、とは要するに「現在は有意味である」ということにほかならず、これは例の「在るものは成るものである」の、ヘーゲルによる再構成とすることもできるからだ。現に在るものとしての実定的なものは、個々の人間からは自立しており、疎外態としてあたかも「物」のように立ち現れる。だがこの疎外態と感覚の次元とを、意味定立の行程を介して結びつけることが可能なら、〈触れる歴史〉の主感性と〈視る歴史〉の客観性との懸隔は、越えがたいほどに大きなものではないはずである。

五　歴史、法、言語

ヘルダーの歴史感覚が植物の生長過程をモデルにしたものであることは、前に述べた。草木が一定の土地で発芽し開花し枯死するように、彼は人間の文化史をいわば自然史として叙述する。ここには、習俗にせよ法律にせよ一般に文化というものを、人間が作ったものではなく自然に成ったものとして捉えようとする強い傾向が見出される。技巧的な詩文よりは素朴な民謡を、市民の規律よりは民族の自由を、ヘルダーは好んだ。彼の歴史主義は、イエナを中心としたロマン主義の文芸運動に大きな影響をおよぼすことになる。もっとも、感覚を理論化することの困難さによるのか、それとも未来を語りうるそもそもの前提に欠けていたためか、ヘルダー自身をも含めてロマン主義の語る歴史は、概してゲルマン的過去への憧憬以上のものではなかった。

隣国フランスでのアンシャン・レジームの崩壊に接して、自己の歴史哲学がもはや近代的なな制度論、とりわけ法制度論へと到達しえぬことを自覚したのだろう。ヘルダーはドイツに「もう一人のモンテスキュー」を求めたことがある。(41)これに応えたのは、ロマン主義者たちと密接に関わりながらなお彼らから一線を画していた三人の人物、すなわちヘーゲルとサヴィニーとヤーコプ・グリムであった。サヴィニーは歴史法学の提唱者であって、ヤーコプおよびヴィルヘルム、つまりグリム兄弟の師でもあった。ヘルダーの「もう一つの歴史哲学」は、サヴィニーならびにヤーコプ・グリムの歴史法学と、ヘーゲルの歴史哲学ないし法哲学との内に、それぞれの仕方で継承された。

サヴィニーはヘルダーと同様に、構成されたもの、作られたもの、生命のないものに対して深い嫌悪を感じていた。少なくとも法実証主義に純化する以前の彼は、「生の総体」「有機的なもの」「個体性」といった明らかにヘルダーの用語によって、みずからの法的世界を描いていた。(42)したがってサヴィニーによれば、「法は民族とともに成長し、民族とともに完成し、そして最後に、あたかも民族がその個性を失うように、死滅する」ものであって、(43)法が歴史的存在であるとは、このことにほかならなかった。民族としての自己同一性が何よりも言語と習俗によって保障されるかぎり、サヴィニーは近代的民法典の制定を阻止せねばならない。ナポレオン法典のように市民法の原理を明文化することは、サヴィニーからすれば、言語と習俗から生命を奪うことにほかならなかった。

法が歴史的存在であるとは、ヘーゲルの哲学を構成する根本命題でもあった。『歴史哲学講義』における「世界史の地理的基礎」という方法が、モンテスキューの風土理論に由来することは周知のとおりである。またこの著書の序文で編者のガンスが、ヘーゲルの先駆者としてヴィーコやフリードリヒ・シュレーゲルとともに、ヘルダーの名を挙げていることも指摘しておこう。[44] ヘーゲルの場合、歴史哲学が歴史の側から習俗や法を叙述するものであったとすれば、法哲学は習俗や法の側からの歴史叙述であった。これを可能にしたのは、歴史の中で定立された法、すなわち実定法(positives Recht)自体が意味の集積であるとの認識だが、すでに繰り返し述べたように、こうした彼の実定性(既成性)理解は、ヘルダーによる生成の論理を踏まえてこそ可能となったのである。ヘーゲルにとっては、法典の編纂とは、法の定立というプロセスの必然的な帰結点であった。

一八一四年の法典論争は、法本来の存在形式を実定法と慣習法のいずれに求めるか、という争いであった。この意味では、法は作られるものではなく成るものだとの立場から、慣習法の側に立ったサヴィニーのほうが、ヘルダーの方法に忠実であった。しかしサヴィニーはたしかにロマン主義者として、民族的慣習を擁護したとはいえ、反面、頑固なローマ法学者として、慣習とは切断されたところで、法概念の論理計算に没頭していた。このような彼の二面性は、やがて歴史法学派そのものを、ロマニステンとゲルマニステンとに分裂させることになる。

ゲルマン民族に固有の法慣習が、主としてゲルマニステンによって研究されたことはもちろんである。彼らの指導者こそ、ヤーコプ・グリムであった。グリムによる慣習法の組織化は、期せずしてヘーゲルの法哲学と多くの点で重なり合う。とりわけグリムにおける法の歴史性とヘーゲルにおける法の実定性とは、法を意味定立の行程として捉えるかぎり、メダルの裏と表のように呼応している。ヘーゲルの実定法は、それ自身の内なる慣習法を顕在化させたものであるし、グリムが慣習法を分類整理するとき、これはすでに意味づけの作業そのものであるからだ。しかしこのことは、あくまでも「民族」という枠組みを前提としての対応関係である。グリムにおける慣習法の蒐集は、慣用的表現法や伝説ないし民話の蒐集と一体になって、民族という個体性を内面から検証するものであった。そしてこうした試みの中心には、生涯にわたる言語研究が位置していた。このかぎりでは、ヤーコプ・グリムこそヘーゲルの正統な後継者であったとさえいえる。

ヘルダーの『言語起源論』は言語一般の起源を普遍的な人間性に即して問うものであったが、彼の言語理論の総体からすれば、それは「民族言語」を探求するための一つの階梯にすぎなかった。彼が民族と言語の一体性を主張するとき、北欧諸民族の文化の再生を期してのことではあるが、これは必ずしも偏狭なナショナリズムにもとづくものではない。ヘルダーの意図は、もっぱら民族的「生」の個体性を確認することであった。「詩は人類の母国語である」とはハーマンの言葉だが、ヘルダーはここに「民族」なる要素を挿入することで、文芸批評の領域に「民族歌謡（民謡）」（**Volkslieder**）といったまったく新しいジャンルを切り拓いたのである。

ヘルダーの編集した『民謡集（歌謡における諸民族の声）』（一七七八—七九）は、おりしもフランス革命の勃発に遭遇して、ドイツ人の民族意識を根底から揺さぶるものであった。ちょうど生まれつつあったロマン主義の文芸運動に対しては、民族の歴史という現実の課題を提示することにもなった。歌謡集として名高い『少年の魔法の角笛』（一八〇六—〇八）は、クレメンス・ブレンターノとアヒム・アルニムにより、こうした中で編まれたのである。この二人のロマン主義者がともにサヴィニーの義兄弟であったことや、彼らに豊富な資料を提供したのが、サヴィニーから法学を学んだグリム兄弟であったことを想起するとき、ヘルダーとグリム兄弟との運命的なつながりを指摘しないわけにはいくまい。ヤーコプ・グリムの手になる『ドイツ文法』や『ドイツ伝説集』、そしてあまりにも有名な『子供と家庭の童話集』はもちろん、『慣習法令集』でさえも、これらはことごとくヘルダーの遺産なのである。

ヘルダーとヤーコプ・グリムとの関係が顕在的であるのに比べて、ヘルダーとヘーゲルの関係は思想史の奥深くに隠されてしまっている。だがヘルダーの感覚論にヘーゲルの「観察するロゴス」を対置することは、ひるがえってグリムの実証主義の内実をも問うことになるだろう。彼ら三人の思索を貫くものは、歴史に対する強い関心であった。彼らの「歴史」は、それぞれの「言語」によってしっかりと支えられていたのだ。ヘルダーの思想的出発点が言語の起源の探索であったことは、すでに述べた。またヘーゲル哲学を支配するのも、「初めにロゴス（言語）ありき」という原理であった。だとすれば、ヘルダーとヘーゲルの言語理論がグリムの言語研究につうじていることも、疑いのないところであろう。というのも、グリムによる『ドイツ語辞典』の扉絵において、天使が掲げているカードには、またしても「初めに言葉ありき」と記されているからである。

注

（1）J.Hoffmeister (hrsg.), Briefe von und an Hegel, Bd.1, Philosophische Bibliothek, S.352.『現代思想』一九七八年一二月臨増号より、加藤尚武・小栗浩訳を借用。

（2）Helmut Jendreiek, Hegel und Jacob Grimm, Berlin, 1975, S.73ff.

（3）ヘーゲルとグリムの関わりについては、文字どおり輪郭にすぎないが、考察を試みたことがある。堅田「ヘーゲル、サヴィニー、グリム」『現代思想』前掲、三〇七頁以下参照。（本書、第五章）

（4）Herder, Journal meiner Reise im Jahr 1769, Werke (Matthias), Bd. 1, S.287.

（5）ders., Auszug aus einem Briefwechsel über Oßian und die Lieder alter Völker, 1773, Sämtliche Werke (Suphan), Bd.5, S.169. ヘルデル『民族詩論』中野康存訳、一四頁。

（6）ゲーテ『詩と真実』第三部第一一章。小林健夫訳、五二頁以下。クーノ・フィッシャー『ヘーゲルの生涯』玉井茂・磯江景孜訳、二三九頁以下。ディルタイ『フリードリヒ大王とドイツ啓蒙主義』村岡哲訳、五四頁。
（7）Günter Jacobi, Herder als Faust, Leipzig, 1911. Robert T.C.Clark Jr., Herder: His Life and Thought, University of California Press, 1955, p.127ff. zit., Isaiah Berlin, Vico and Herder, The Viking Press, 1976, p.216. 相良守峯「ヘルデルとゲーテの『ファウスト』」、『独逸人のこころ』所収、一五七頁以下参照。
（8）Hoffmeister（hrsg.）, Dokumente zu Hegels Entwicklung, 2.Aufl., Stuttgart, 1974, S.383. Karl Rosenkranz, Hegels Leben, 1744, S.83.
（9）Rudolf Heym, Herder, Nach seinem Leben und seinen Werken, Berlin, 1958, Bd.1, S.429.
（10）Ernst Cassirer, Philosophie der symbolischen Formen, Bd.1, Die Sprache, Berlin, 1923, S.96.
（11）Herder, Abhandlung über den Ursprung der Sprache, SW, Bd.5, S.64ff.
（12）ebd., S.60f.
（13）ebd., S.61.
（14）ders., Plastik, SW, Bd.8, S.1f. 登張正実訳、『世界の名著』続7、二〇三頁以下。
（15）ebd., S.5f.
（16）ebd., S.15.
（17）ders., Kritische Wälder, Erstes Wäldchen, W, Bd.1, S.257f. vgl., H.-G. Gadamer u. G.Boem（hrsg.）, Philosophische Hermeneutik, Suhrkamp, 1976, S.95f.
（18）ders., Plastik, S.9.
（19）ebd., S.7.
（20）Hegel, Phänoimenologie des Geistes, Werke（Suhrkamp）, Bd.3, S.92. ders., Wissenschaft der Logik, W, Bd.6, S.550.
（21）ders., Phänomenologie des Geistes, S.82.

(22) フィッシャー『ヘーゲルの生涯』二三八頁以下。
(23) Herder, Gott, SW, Bd.16, S.453.
(24) Hegel, Glauben und Wissen, W, Bd.2, S.357f.
(25) H.Nohl (hrsg.), Hegels theologische Jugendschriften, Tübingen, 1907, S.306.
(26) Herder, Erläuterungen zum Neuen Testament aus einer neueröfnenten Morgenländischen Quelle, 1775, SW, Bd.7, S.370. 相良守峯「ヘルデルとゲーテの『ファウスト』」一八〇頁以下参照。
(27) Nohl (hrsg.), Hegels thelogische Jugendschriften, S.306.
(28) 「閉じた手」と「開いた手」の比喩は、それぞれ「ロジック」と「レトリック」の象徴として、ゼノン以来の論理学および修辞学の伝統の中で語りつがれてきた。ヘーゲルがこれを踏まえてハーマン批判をしたかどうかは明らかでないが、「開いた手」としてのヘーゲルの弁証法が、「ロジック」ではなく「レトリック」だとすれば、彼における論理と歴史の相関に新たな展望を拓きうるだろう。vgl., W.S. Howell, Logic and Rhetoric in England, New York, 1961, p.14f.
(29) Hegel, Jenaer Realphilosophie, 2, hrsg.v. Hoffmeister, 1931, S.183f. カール・レーヴィット「ヘーゲルと言語」松井正樹訳、『思想』一九七〇年一〇月号、一〇二頁。
(30) フリードリヒ・マイネッケ『歴史的感覚と歴史の意味』中山浩一訳、三頁参照。
(31) Haym, Herder, Bd.2, S.876.
(32) ウィルヘルム・ディルタイ『ヘーゲルの青年時代』久野昭・水野建雄訳、三七頁以下参照。
(33) カッシーラー『啓蒙主義の哲学』中野好之訳、四四五頁。レーヴィット『ヘーゲルからニーチェへ』第一巻、柴田治三郎訳、二二七頁。
(34) Herder, Auch eine Philosophie der Geschichte zur Bildung der Menschheit, SW, Bd.5, S.524.
(35) ebd., S.511.
(36) Jendreiek, Hegel und Jacob Grimm, S.75.

（37）Hegel, Differenz des Fichteschen und Schellingschen Systems der Philosophie, W, Bd.2, S.22. 加藤尚武「青年期ヘーゲルにおける『生』の弁証法」『思想』一九七〇年九月号、六七頁参照。

（38）Hegel, Grundlinien der Philosophie des Rechts, W, Bd.7, S.34.

（39）ebd., S.361.

（40）ders., Vorlesungen über die Ästhetik, W, Bd.13, S.145.

（41）Herder, Ideen zur Philosophie der Geschichte der Menschheit, Ausgewählte Werke（Lautenbacher）, Bd.5, S.81.

（42）Erik Wolf, Friedrich Carl von Savigny, in: ders., Grosse Rechtsdenker der deutschen Geistesgeschichte, 4.Aufl., J.C.B. Mohr, 1963, S.474f.

（43）Savigny, Vom Beruf unsrer Zeit für Gesetzgebung und Rechtswissenschaft, in: J, Stern（hrsg.）, Thibaut und Savigny, Berlin, S.78.

（44）vgl., Hegel, Vorlesungen über die Philosophie der Geschichte, Sämtliche Werke（Glockner）, Bd.11, S.5ff.

第四章　ヘルダーとグリムの言語起源論

一　言語の起源、人間の起源

一八五一年、ベルリンのアカデミーにおいて、ヤーコプ・グリムは、『言語の起源について』と題する講演をおこない、言語学と歴史学とのいっそう緊密な結合を訴えた。その冒頭で、彼は八十年前に獲得された成果に触れるのだが、ここで称えられているものこそ、ヘルダーの『言語起源論』（一七七二）にほかならなかった。ここにいうグリムとは、グリム兄弟の兄ヤーコプのことである。彼は童話集の編者としてだけではなく、当代きっての言語学者として、名実ともに学界の指導的地位にあった。

そのグリムが、ヘルダー擁護の講演をするにいたった経緯はこうである。ヘルダーの『言語起源論』は、ベルリン・アカデミーのかつての受賞論文であった。けれども、発表直後になされた師友ハーマンからの批判に屈して論者自身その主張を変えたとの見方から、おりしも、ヘルダーの受賞を取り消して、言語の起源に関しあらためて議論を喚起しようとの、老シェリングらの動きが現れていたのである。グリムの真意もまたヘルダーの言語哲学を乗り越えんとするところにあった。だが皮肉なことに、自身の言語研究を振り返りながらなされたこのときの講演は、かえってヘルダーの偉大さを再確認する結果になっている。

言語学者としてのグリムの仕事は、『ドイツ語辞典』において集大成されるはずであった。言葉を集め、その語源と用例をつうじて民族の歴史を探るとの壮大な企ては、彼の存命中にはついになしえなかったけれど、この企ては「真の語源辞典」を求めてやまなかったヘルダーの遺志を継ぐものとすることもできる。

真の語源辞典というのは、直接には「神の言葉」たるヘブライ語に関して述べられたものだが、ここにはヘルダー一流の皮肉が込められている。というのも、ヘブライ語ほど多彩な意味が錯綜した言葉はなく、語源を遡及すればするほど、神の創造物にふさわしくない不完全さが明白になる、と彼は言っているからである。[1] 一方、グリムの辞典の扉には天使が描かれていて、その手は「初めに言葉ありき」と記した銘板を掲げている。だがヘルダーにとってと同様、グリムにとっても言語は民族の歴史の所産なのであり、神から授けられたものとは考えられていない。この聖書の一句は、むしろ言語の視角から歴史を展望するとの、グリムの方法の表明なのである。

言語と歴史の不可分の関係は、ヴィーコを別とすれば、ヘルダーの『言語起源論』によって初めて提示された。そしてそのきっかけとなったのが、ベルリン・アカデミー内での言語の起源をめぐる論争であった。

当時のアカデミー総裁はモーペルテュイであったが、彼の『言語の起源と言葉の意味に関する哲学的省察』(一七五六)は、言語が人間の発明になることを論じたものであった。ところがこれに対して神学者のジュースミルヒは、『最初の言語は人間にではなく、創造主のみに起源を有することの証明の試み』(一七六六)を発表して、いわゆる言語神授説を主張した。この二人の争いを調停するためにアカデミーは懸賞論文を公募し、それに応じたのがヘルダーであったというわけだ。

この問題は、もう少し広がりをもっている。というのも、隣国フランスにおいてはこれに先立って、コンディヤックの『人間認識起源論』(一七四六)や、ルソーの『人間不平等起源論』(一七五四)があり、人間と動物を比較しながら、感覚主義的な言語理論を展開していたからである。

アカデミーから論文の課題が示された直後、ヘルダーはフランスへの船旅に出発したが、途中で友人に手紙を送って、「この卓越した、偉大で真に哲学的な課題は、まさに私のために与えられたように思えます」と書いている。(2) 彼の論文はシュトラスブルクで完成されたのだけれども、この地でヘルダーと出会い、原稿を読み聞かされたゲーテの感想は、ヘルダーの興奮ぶりに比べていかにも冷静である。だがさすがに的確な判断をくだしている。

「人間が神に起源をもつものなら、言語そのものもやはりそうであったわけで、また人間を自然のなかに考えて、一自然物であるとするならば、言語も同様に自然の生むものであった。この二つの事柄を、私は霊と肉のように決して分けて考えることはできなかった。(3)」

たしかに、人間と言語を切り離して考えることは、きわめて困難なことだろう。この間の事情を、フンボルトは、「人間は言語によってのみ人間である。だが言語を発明するためには、彼はすでに人間であらねばなるまい」と要約している。(4) したがって、言語を単純に人間の発明品と解するのでないかぎり、言語と人間の堂々巡りを脱するためには、言語の起源を人間以外のもの、すなわち神か動物に求めるしかない。言語起源論争は、一見すると人間的起源説と神的起源説の対立にみえるけれども、少なくともヘルダーにとって検討に値するのは、ジュースミルヒの神的起源説とルソーの動物起源説の二つのみであった。

しかしながら、分かちがたいのは人間と言語の関係ばかりではない。言語を無前提に理性的存在とする仕方も、ヘルダーの時代にはあまねく受け入れられていた。啓蒙主義者たちは、人間の理性を称揚することで神から解放されたかに錯覚していたが、神学者からすれば、人間の理性は神の理性が分有されたものにほかならないのである。「理性とは言語、つまりロゴスである」とハーマンは言ったが、(5) 理性即言語(ratio et oratio)の立場は、疑うべからざる真理のごとくであり、この袋小路には、ルソーやヘルダーでさえしばしば迷い込まねばならなかった。

要するに、人間と理性と言語とはほとんど同義語であったわけで、こうした三位一体を解体するために、ヘルダーは、人間的理性ならぬ動物的感性の次元から、言語の起源を考察したのである。これがルソーの方法であったのはいうまでもない。ルソーは自然人の感情の叫びに、言語の萌芽を見出しているからだ。もっともルソーの場合、言葉を使用するには言葉が必要だとの理由のもとに、感情の叫びは唐突にも分節化された言語となり、自然人もいつのまにか理性を備えた社会人と化してしまう。この飛躍を促すのが「共同の同意」であるけれども、もちろんこれは社会契約の別名にほかならない。(6) 人間ないし言語の自然状態の説明を、すでに確立した社会状態でもっておこなうのは、なにもルソーにかぎったことではないが、ヘルダーはここにルソー理論の弱点を発見したのであった。

これに比べれば、ジュースミルヒの言語神授説のほうがはるかに素直な理論であるともいえる。エデンの園で神が始祖に言葉を教えたとの説は、親が幼児に向かって言語教育をする様子と明らかに対応しており、ルソー自身の教育観とも合致する。だが神的起源説が前提とする言語は、最初から理性的で完成した体系なのであって、それは動物の鳴き声はもとより、幼児の言葉ともあまりに掛け離れている。けれども神に起源をもつはずのヘブライ語自体がそうであったように、人間の言語は不断に変化し成長してきたのではなかったか。こうしてヘルダーは再びルソーの動物起源説に着目して、これをより徹底させたところに解決の糸口を見つけようとする。

ヘルダーの『言語起源論』は、結局、人間ではなく動物、理性ではなく感性の領野で、言語の起源を探ろうとする試みである。したがって言語も、分節化される以前の単音の叫び声にまで遡らねばならない。『人間不平等起源論』を読んで、ヴォルテールは四つ足で歩きたくなったと嘲笑したが、ヘルダーにすれば、自然人ではまだ足りないのだ。ルソーの真意には反そうとも、ヘルダーは自然人を、あえて人間以前のサルと読み替える。

　そもそも言語起源論争が、ヨーロッパ人とオランウータンとの衝撃の出会いの中でおこなわれたということは、もっと強調されてよいのではあるまいか。ルソーにとって、森の人オランウータンを、人間と動物のいずれの範疇に入れるべきかは、相当にやっかいな問題であったようだ。外見からは人間と区別するのがむずかしいこの存在は、なるほど人間の言葉を話すわけではないものの、教育次第でそれは可能となるかもしれない。彼らは、人間と同様の発声器官をもっているではないか。

　むろんここには、未開人や幼児の在りようが二重映しにされている。ルソーの自然人が、オランウータンそのものであるというのではない。むしろ彼の場合、人間が言語的動物であることは自明の理なのであって、自然人も早晩言語を習得することが約束されている。そのためか、言語的動物としての人間の側面はやがて置き去りにされてしまい、彼もまた人間と言語の悪循環に陥るのである。

　もっとも、ヘルダーはコンディヤックをも引き合いに出しながら、コンディヤックは動物を人間に還元し、ルソーは人間を動物に還元すると批判している。[7] だがヘルダーは、人間と動物は判然と区別されるべきだから、彼らのように両者を同一視するのは正しくない、と考えるわけではない。そうではなくて、同一視をもっと徹底させることで、ぎりぎりのところで人間の起源を問おうというのである。というのもヘルダーによれば、人間の起源は同時に言語の起源でもあるからなのだ。

二　詩的言語の発見

ルソーとオランウータンの屈折した関係に言及したのはほかでもない。ヘルダーもまた、ルソーの自然人を意識しながら、サルが人間になるにあたっての言語の役割につき、詳しく述べているためである。

「サルはいつもサルまねをするけれど、意識的に模倣したことはかつてない。《意識的に模倣して、私の種族をもっと完全なものにしよう》などと、内省意識を働かせて自分に話しかけたことはかつてない。なぜなら、サルがこんなことをいつかおこなったとしたら、一回でも模倣を自分のものとし、これを選択と意図にもとづいて、彼の種族の中に永遠に伝えていったとしたら、ただの一度でもそのような反省について考えることが出来たとしたら、――その瞬間に彼はもはやサルではなくなってしまうからだ。あらゆる点でサルの格好をしており、舌を用いて一音も発しないにしても、彼は内面的には言語をもつ人間なのであって、遅かれ早かれ自己の外面的な言語を発明したにちがいない。――もっとも、人間の発声器官のすべてを備えていながら、かつて一語でも人間の言葉を話したオランウータンがいただろうか。[8]」

この個所は、サルと人間の決定的相違を論じているというよりは、むしろ両者の連続性を示唆していると読まれねばなるまい。さすがにヘルダーも、サルと人間は同一の類ではないとするけれども、同時に、相違はあまり拡大されるべきではないとも言っている。[9]『言語起源論』では、人間を「言葉を話す動物」（redendes Tier）と表現する近東の言語が紹介されるが、ヘルダーにとっての人間とは、ルソーの自然人にもまして、文字どおり言語的動物としての起源をもっている。

ヘルダーの『言語起源論』の第一行目には、「人間はすでに動物として言語をもっている」と書かれている。いまだ動物である人間の野性の叫び声を、感情語もしくは「自然語」（Sprache der Natur）として、言語の中に組み入れるところから、彼の議論は出発する。[10]もちろん、こうした原初的な言語が、分節化され高度な文法をもつ「人工語」（künstliche Sprache）へと発展する歴史的過程をこそ、ヘルダーは論証しようとするのだが、神学者や啓蒙主義者の多くとは異なって、言語を簡単に理性的なものとみない点に、彼の言語理論の特色がある。

ヘルダーによれば、サルが言語を習得して人間になるときに、肝心なのは外部に向けて音声を発することではなく、意味が成立するための内面的反省がなされていることであった。「反省」（Reflexion）なる言い方が、単なる理性の働きと誤解されかねないからだろうか、彼はこれを「内省意識」（Besonnenheit）という独特の用語で言い換えている。[11]そしてこれこそ、人間が言語を発明しえた秘密なのであり、人間を動物から分ける指標なのである。

この「内省意識」を、ヘルダーは、「人間の全能力の統合、すなわち、人間の感覚的本性と認知的本性、あるいは認知的本性と意思的本性からなる全機構」と規定したうえで、動物においては本能と呼ばれ人間においては理性と呼ばれる、と付け加えている。[12]彼は人間を、本能を欠いた哀れな生物とするのだが、つまり本能の欠落を補うべく、人間は内省意識によって言語を発明したというわけなのだ。

実はやっかいなことに、内省意識を定義づけるにあたって、彼自身が、悟性とも理性とも好きなように呼んでくれ、と言ったりしている。また別のところでは、例の理性即言語説に肯定的な素振りを示したりもする。にもかかわらず、それを性急に理性そのものと解釈してはならないだろう。ヘルダーおよびフンボルトの各々について研究書を著したルドルフ・ハイムは、ヘルダーの内省意識を「理性の生誕地」と表現する一方で、言語は「理性本能」の活動だとのフンボルトの理解を紹介することにより、微妙な言い回しながら、理性それ自体との相違を示唆している。[13] 言語の発祥の地としての内省意識は、むしろ可能なかぎり感性の次元で捉えられるべきではないだろうか。ヘルダーにとって、人間は「思考する共通感覚」(ein denkendes sensorium commune) であるけれども、[14] だとすれば諸感覚の統合の場に内省意識を位置づけ、したがってそこに言語の発生を求めることも無理ではないはずだ。実際ヘルダーは、言語を感覚に結びつけて、以下のように述べている。

「(一) すべての感覚は、魂の様々な表象の仕方にほかならないのであるから、もし魂が明白な表象、つまり徴《しるし》をもってさえいれば、この徴によって、魂は内的言語をもつことになる。

(二) すべての感覚は、とりわけ人類の幼児期にあっては、一つの魂の様々な感じ方にほかならないのであって、しかもすべての感覚は、動物的本性の感情法則にしたがって、直接に各々の音声をもっているのであるから、この感覚が徴という明白なものに高められさえすれば、言葉はそこで外的言語となる。[15]」

要するに、「内的言語」(innere Sprache) とは、感覚器官をつうじての精神の表象作用のことであり、「魂の言葉」とか「内的な徴《しるし》語」などと言い換えられているものである。感覚 (Sinn) から意味 (Sinn) を取り出す彼の手法は、まことに巧妙である。たとえば、「メーという響きは、人間の魂によって羊の記号として知覚されるが、この意識の働きによって、それは羊の名前となった」との言い方で、ヘルダーは、音声と概念の対応のうちに内的言語の発生を論じている。[16] ヘルダーの内的言語が、フンボルトの「内的言語形式」として継承されたのは、エルンスト・カッシーラーの指摘するとおりである。[17] また「外的言語」(äußere Sprache) とは、内的言語が発声器官を介して、再び音声として外界に送り出されたものといえるが、彼の場合、これは必ずしも言語の本質ではない。内的言語を習得したサルは、たとえそれを口に出して話さずとも、すでにして言語をもった人間なのである。

ところで、内省意識といい共通感覚といい、これを支えるヘルダーの感覚論とは、一体どのようなものなのか。『言語起源論』の中で、彼は言語と感覚の関係につき、かなり詳細な考察をおこなっている。

ヘルダーにしたがえば、触覚や視覚ではなく聴覚こそ、最も言語的な感覚である。なぜなら、知覚の範囲、明断さや鮮明さの程度、作用時間の長さ、表現の能力、発生の順序、といったあらゆる点で、聴覚は中間的な感覚であり、ゆえに他の二感を媒介すべく位置づけられているからである。[18] 内的言語が、音声を知覚することによるその概念化である以上、聴覚が中心的な役割を果たすのも当然なことと思われる。

中庸をえた聴覚に比べると、触覚は曖昧にすぎるし視覚は明晰にすぎる、と彼は言う。三つの感覚のこうした配列自体は平凡だけれども、ヘルダーの真意は、人間の認識活動における視覚の偏重を批判して、視覚よりは聴覚を、さらに聴覚よりは触覚の意義を問おうとするところにあるのではないか。むろんここには、視覚本位の啓蒙主義に対し、原初的な感覚である触覚を復権させようとの、ロマン主義的なねらいが込められていよう。諸感覚の協働が前提ではあるが、ヘルダーにとっては、なお触覚こそが本来の感覚なのであって、「すべての感覚の根底には触覚がある」との立場が貫かれているのである。[19]

『言語起源論』に遅れて、ヘルダーは、「触覚（彫塑）、視覚（絵画）、聴覚（詩歌と音楽）等に関する同様な試論の未完の序章」なる題辞を掲げた、『彫塑』（一七七八）という著作を発表する。これは直接には美学論だが、ここで彼は再度、三つの感覚の特徴を整理している。それによれば、視覚は「空間的に並置されるもの」、聴覚は「時間的に前後するもの」を捉えるが、触覚はなによりも、「内部的に入り込むもの」を捉えるのに適した感覚とされる。[20]

触覚が内部的であるというのは、それが生の感覚であって、ヘルダーの用語にしたがえば、「感情移入」(Einfühlung)のための感覚であるからだ。つまり触覚は、精神の内奥に立ち入ってその琴線に触れることで、人間の生に最も密着した働きをする。ヘルダーは、聴覚が「魂への本来の扉」だと言うが、その奥には最も根底的な感覚としての触覚がある、とせねばならない。[21]

こうして、触覚を根底にして諸感覚の配置換えをする試みは、ヘルダーにあっては、言語を可能なかぎり原初的な領野に立ち戻って考えようとする企てと並行している。神の理性か人間の理性かはともかく、理性即言語の立場は、ともすると言語を初めから完成した体系として解しがちである。だがヘルダーにとって、言語はけっして完成されたものではない。それは感情語の時代から漸次的に多様性をもって発展してきたのであり、すぐれて歴史的な存在なのである。そもそも人間の言語は、動物の鳴き声と同じく自然な感情に由来するという点で、さらに言語は一つではなく民族により各々異なっているという点で、そうしてそれぞれの言語には少なからぬ曖昧さや無駄が含まれているという点において、いまだ不完全な存在である。

けれども、こうした混沌の中に、かえって言語表現の豊かさが見出されるのも、疑いようのない事実である。「言語が原初的であればあるほど、そのような感情が言語の中で交錯していればいるほど、ますますこの感情は、厳密かつ論理的に秩序づけしがたくなる。言語というものは、同義語を豊富にもつ。同義語がまったく貧弱な場合であっても、言語はきわめて多くの無駄な表現をもっている」[22]。ヘルダーは、当時として集められるかぎりの、まことに多彩な民族語を比較し、またそれぞれの歴史的変化を辿ることによって、このように述べている。

無駄というのはもちろん逆説的にではあるが、たしかに人間の言語には、同義語や各種の比喩や、その他一見無意味にみえる表現形式が多い。言語が厳密性や論理性を犠牲にして、多義性や曖昧性を残していること自体、彼によれば、それが理性の所産ではない証拠なのだ。古い言語ほどその状態が著しいことは、言語の本来の姿が、論理的な言語よりは詩的な言語、あるいは散文よりは詩歌であったことを示している。

「詩歌は散文よりも古い」「人類の最初の言語は歌謡であった」、とヘルダーは言う。[23] 彼の師であったハーマンも、詩は人類の母語である、と語ったことがあるし、ルソーの『言語起源論』（一七八一）にも、幾何学者の言語に先立って詩人の言語があったことが、述べられている。[24] さらにヴィーコも、同じことを言っている。ヴィーコは、デカルト流の論理的な言語を排して、〈詩的言語〉による新しい歴史哲学を提唱した。この試みは、フランスにおいてはミシュレの歴史学につながり、ドイツにおいてはヘルダーの歴史哲学と、グリムおよびフンボルトの言語学へと継承される。ヘルダーは、感情の言語が魂の辞書に蓄えられるとするけれど、「魂の辞書」（Wörterbuch der Sprache）とは、神話や叙事詩や寓話のことなのであり、それはヴィーコとヘルダー、そしてグリムとフンボルトにとって、共通の関心事だったものである。

すでにヴィーコが指摘したように、〈詩的言語〉の復権、あるいはこれを用いての歴史叙述の方法は、十八世紀のヨーロッパでは、むしろ新鮮な響きをもって現れた。詩歌と歴史の結合について、ヘルダーも次のように述べている。「人間の魂の最初の辞書が、物語りかつ行為する自然という、生き生きとした叙事詩であったように、最初の文法は、この叙事詩をもう少し秩序のある歴史にしようとする、哲学的な試みにほかならなかった」[25]。ヘルダーにとって、詩歌（Gedichte）こそ歴史（Geschichte）であったとするならば、彼の歴史哲学は、〈詩的言語〉の文法学であったとすることができよう。

三　歌謡、伝承、慣習

ヘルダーの『言語起源論』から八十年が経過した時点で、アカデミー内部にその再検討の動きが出てきたことは、前に紹介したとおりである。たしかに、十九世紀を迎えて、ドイツの言語学は著しい発展をみた。それはおおむね、従来の哲学的な言語理論に代わって、実証的な学問としての言語科学を構築しようとするものであった。ところが、フンボルトとともに当時こうした傾向を推進していたはずのヤーコプ・グリムは、他の誰にもまして、ヘルダーの哲学的考察に関心を寄せていた。

『言語の起源について』の講演の中で、グリムは、言語の起源をめぐる模索を純然たる問題として提示する資格が私にはある、と言明している。(26) このときの講演は、ヘルダーの言語哲学をグリムの立場から吟味するものでありながら、ヘルダーの名は最初に挙げられるだけで、それ以降は一度も触れられていない。ヘルダーの業績を無視するかのようなグリムの態度は、ヘルダーを乗り越えんとする意欲に満ちたものであった。このころすでにグリムは、『ドイツ文法』（一八一九—三七）と、『ドイツ語の歴史』（一八四八）を世に問い、『ドイツ語辞典』の第一回配本を目前に控えていた。彼の矜持も故なしとしないのである。

にもかかわらず、グリムの立論の仕方は、ヘルダーを克服するどころか、これを祖述する結果に終わっている。アカデミーでの講演の経緯からして当然といえばそれまでだが、実証的であろうとするグリムの姿勢は、かえってヘルダーの哲学的言語学の価値を浮上させることになる。

たとえば、言語の発生と人間の創造とを相即的なものとするのは同じだが、グリムはヘルダー以上に、人間と動物の質的断絶を強調する。(27) グリムは、サルがサルまねする（Affen nachäffen）というヘルダーの駄洒落を繰り返しながら、人間との相違について述べている。すなわち、他の点では驚くほど人間に似ているサルではあるが、人間から身振りを学ぶことはあっても、けっして言語までサルまねすることはない、と言うのである。もっともヘルダーの場合、サルと人間の相違は、内省意識なる精神作用を介して、内的言語つまり意味的表象の成立を論じるために用いられたのだが、グリムはそれを外的言語としての音声の次元で受けとめる。サルは歯をむき出しているから唇音は無理にしても、言語を学ぶのであれば、母音と舌音と歯音は習得せねばならない、などと彼は生真面目に説いている。(28)

総じてグリムの関心は、内的言語よりは外的言語、言語の起源よりはその変遷のほうに向けられていた。言語学者としての彼を有名にしたものに、いわゆる「グリムの法則」の定式化があるが、これはインド＝ゲルマン語族内の音声の推移を実証的に跡づけたものであった。しかし単なる音声の変化ではなくて、言語が有する本質的な歴史性に関しても、ヘルダーの影響を看過するわけにはいかない。

グリムばかりでなくヘルダーにおいても、言語の起源とともに言語の変遷は、解明されるべき主要な課題であった。『言語起源論』では、アカデミーによる、人間は独力で言語を発明（invernter）しえたかとの問いに、人間がこれを発明（erfinden）したと答えているわけだが、カッシーラーも言及するように、ヘルダーにとって、言語とは「作られたもの」（Gemachtes）であるよりは「生成したもの」（Gewordenes）なのである。(29)しかも人間の言語は画一的にではなく、各民族、各時代に固有の言語として捉えられている。したがって、民族語の生成の過程を辿ることは、民族共同体そのものの歴史を確認する作業にもつうじるのである。

言語の歴史の中に民族の歴史を見る仕方は、ヘルダーがその言語哲学と歴史哲学をつうじて、一貫して固執した方法であった。アイザイア・バーリンは『ヴィーコとヘルダー』において、それが言語の象徴形式に着目したヴィーコの考えを継承するものであることを示唆する。(30)彼らにとって、詩的言語は史的言語にほかならなかったのだが、だとすればこの理解は、グリムによっていっそう自覚的に展開されることとなる。言語の歴史的変遷を要約して、グリムは次のように言ったことがある。

「最古の言語は、旋律をもってはいたが、冗長で不安定なものであった。中期の言語は、簡潔で詩的な力に満ちたものとなった。今日の言語は、美の減少を補うのに、まさしく全体の調和をもってしようとするのだが、つまりは少ない手段で多くのことをなそうとするわけだ。[31]」

この個所は、グリムによるヘルダー批判を含んでいると読めないことはない。ヘルダーは、やはり牧師であったということだろうか、ヘブライ語を最古の言語として、その美的価値を賞讃していた。だがグリムは、中期の言語としての中世のゲルマン語を、最高に美的であり詩的であったと考える。この意味では、ヘルダーのもっていた地球的視野を、グリムはいくぶんか狭めてしまったかもしれない。とはいえ、言語を民族に固有の歴史を映すものと捉え、そのゆえに言語の詩的性格を強調するグリムの態度は、まぎれもなくヘルダーと共有するものである。

人類の最初の言語は歌謡であった、とヘルダーは述べたが、グリムもまた、音楽は言語の昇華物であり言語は音楽の沈殿物である、と言っている。[32] 彼らにおいて言語としての歌謡や音楽は、民衆の歴史との関連で再解釈される。『言語起源論』を書いたのち、ヘルダーは各国の「民族歌謡」(Volkslied)の蒐集に着手する。これはやがて、『歌謡における諸民族の声』(一七七七―七八)と題して出版されるのだが、この仕事が詩人たちに与えた影響には絶大なものがあった。とりわけゲルマン系諸民族の歌謡の発掘は、古典語にもまさるドイツ語の美的価値を見直させることになり、ロマン主義の文芸運動が始まるきっかけとなった。グリムの言語研究も、この風潮に触発されたものであったことはいうまでもない。

ヘルダーによる民族歌謡の蒐集は、ロマン派の詩人たちに受け継がれて、『少年の魔法の角笛』（一八〇五―〇八）として結晶する。これはアルニムとブレンターノの編集になるものだが、同じころヤーコプとヴィルヘルムのグリム兄弟も民族歌謡を集めており、これがブレンターノらに提供されたことはあまり知られていない。のちに再説するが、グリム兄弟は師のサヴィニーをつうじて、彼らと家族的な交際をしていたのである。民族歌謡のほうは詩人たちに譲って、グリム兄弟は民間伝承の蒐集に取り組んだ。その成果が、ほかならぬグリムの童話集、つまり『子供と家庭の童話』（一八一二―二二）であり、『ドイツ伝説集』（一八一六―一八）あったというわけだ。いずれも、民族歌謡にもまして、言語と歴史の有機的な連関を示すものであった。

童話と伝説を中心とする民間伝承を集めるにあたって、弟のヴィルヘルムは若干異なるが、少なくとも兄のヤーコプ・グリムは、これを民俗学の資料として扱うとの意図を当初からもっていた。民間伝承が詩的言語に満ちているがゆえに、また史的言語の宝庫でもあることを、彼は誰よりも知っていた。歴史が民衆の生活を映し出し物語るものであるならば、そのための言語は、論理的であるよりは詩的なほうが似つかわしい。『言語の起源について』の中で、グリムは正当にも、「我々の言語は同時に我々の歴史だった」と述べたが[33]、民間伝承において、たしかに言語と歴史は幸福な結合をなしていたのである。

民族の歴史を物語る〈詩的言語〉が、童話や伝説の中に見出されることはあまりにも当然だ。もっともグリム自身は、童話（Märchen）と伝説（Sagen）とを区別して、「童話は詩的だが、伝説は歴史的だ」と言ったことがある[34]。昔ある所に、で始まる童話と、特定の時代や場所に規定されたものとしての伝説とは、様式的にも明確に分けられている。けれども、この差異は相対的なものにすぎまい。童話はけっして歴史を超越しているのではないし、伝説も充分に詩的に語られているからだ。ともに詩的であり史的であるからこそ、グリムはそれを民俗学的資料たりうるとみたのであった。

ところで、民間伝承に劣らぬ〈詩的言語〉の宝庫として、グリムは、ゲルマン系諸国の慣習法を紹介している。ここで法を持ち出すのはいかにも唐突であり、そもそも法と詩とは最も相容れがたいものとするのが一般通念かもしれないが、実は彼は、たとえば『法の内なるポエジー』（一八一五）とか、『ドイツ法古事誌』（一八二八）とか、『慣習法令集』（一八四〇―六三）といった、きわめて貴重な慣習法研究を遺している。とりわけ『法の内なるポエジー』は、比較的短いものであるけれども、法的言語の詩的性格を明らかにしようとの意図を、かえって簡潔に示しえているように思える。

「法をポエジーの視点から捉え、ポエジーによって、法の生き生きとした姿を確かめる」というねらいで書かれたこの論文は、[35]その構成からいっても、「詩と法の共通の起源」を、まさに言語と歴史の視点のもとに示そうとするものだ。『法の内なるポエジー』は全部で十四の節から成るのだが、グリムはまず、詩と法とが古来不可分の関係にあることを指摘し（一―二節）、このことの証明を、法用語や法成句などの法的言語によって（三―一〇節）、さらには、信心深さや残酷さや実直さや快活さといった、ゲルマン人の生活心情によって（一一―一四節）、なそうと試みる。

グリムにしたがって例を挙げるならば、「死手」（todte Hand）つまり死者の手なる法用語は、教会の譲渡不能の財産を有する法的人格を意味するし、「諸子均分割」（Einkindschaft）つまり子供の一体化とは、異腹の子供にも同等の相続分を与えるべく取り決められた夫婦財産契約のことである。あるいはローマ法に由来する、「遺産は剣から紡錘に行く」という法成句は、剣の親族（Schwertmage）である男系親が、紡錘の親族（Spillmage）たる女系親よりも、相続権において優先的地位にあることを意味するのだという。[36]

注目すべきは、法用語や法成句が、グリムによって〈法的象徴〉として総括され、しかもこれが〈象徴的行為〉にまで拡張されている点だろう。「法的象徴」（Rechtssymbol）というのは、「剣」や「紡錘」をはじめ、「指輪」や「鍵」や「血」や「ぶどう酒」などのように、日常的にありふれた言葉でありながら、ある状況に置かれたとき特定の法的意味を帯びるものをいう。

〈法的象徴〉が、言葉の次元から一定の振る舞いにまで拡げられると、そこに「象徴的行為」（symbolische Handlung）が現れてくる。[37] たとえば、中世のドイツには「耳引っ張り」（Ohrenziehen）なる珍妙な慣習があって、法廷の中で証人たる者は、記憶を引き出すためであろうか、証言するあいだずっと耳を引っ張られていなければならなかった。[38]

多様な法的言語を、〈法的象徴〉ないしは〈象徴的行為〉として括ったうえで、グリムは、法的言語と生活心情の有機的連関に言及する。彼は法的言語を、民衆の生活から隔離されたものとはみていない。現に近代以前の社会にあっては、法は民衆の言葉で語られていた。それは裁判の場面でも例外ではなかったと、グリムはある都市における判決文を引用する。

「汝は審理と法によって、殺人追放に処せられる。故に私は、汝の身体ならびに財産を保護から引き離し、これを無保護のもとに置く。また汝には名誉もなく権利もないことを宣言し、汝が空に放たれた鳥となり、森の中の獣となり、川の中の魚となることを宣言する。[39]」

民衆の言葉は、民族歌謡や民間伝承や、そして慣習法の中に息づいている。グリムはそれを詩的であり象徴的であると言うけれども、これは中世への単なる憧憬からではない。〈詩的言語〉もしくは象徴的表現は、民衆の生活において語られたものであることによって、そのまま民衆の歴史を物語る。論理的で散文的なものの典型とされがちな法的言語でさえ、意外に詩的で象徴的であることを強調しながら、彼は法の中に詩とともに歴史を見出そうとする。法はけっして普遍的なものではなく、すぐれて歴史的な存在なのだ、と主張する歴史法学がグリムの時代に生まれたが、ヤーコプ・グリムこそは、その中心的な担い手であった。

四　歴史と法と言語の時代

言語と歴史を慣習としての法によって有機的に結びつける仕方を、ヤーコプ・グリムは法学者のサヴィニーから学んでいる。グリムがマールブルク大学の法学部に入学したときの指導教授が、このサヴィニーであった。サヴィニーは法の歴史的研究の必要を早くから主張していたけれども、グリムは彼の私的な助手として、法制史関係の資料蒐集に同行したこともある。ブレンターノらロマン派の詩人たちとグリム兄弟との交流のきっかけを作ったのもサヴィニーであった。

サヴィニーは、「歴史法学」(historische Rechtswissenschaft) の創始者として知られている。その方法的枠組みは、『立法および法学に対する現代の使命』(一八一四) に明らかだが、法の歴史性を論じるに際し、しばしば法と言語のアナロジーを用いている点に着目したい。彼によれば、法と言語はともに民族精神の所産にほかならず、したがって、言語能力の欠けたところに法の定立を期待しても無理なのである。こうした理由から、サヴィニーは啓蒙主義的自然法の立法化を批判して、民族的で歴史的な法としての慣習法の意義を強調したのであった。彼はさらに、法的慣習の中にみられる「象徴的行為」や「形式的行為」にも言及しており、これによって法的諸関係が現れたり消えたりするとして、「法の固有の文法」(die eigentliche Grammatik des Rechts) という呼び名を与えてもいる。[40]

グリムの『法の内なるポエジー』は、このサヴィニーの論文とほぼ同時期に書かれているのである。ここには、師のサヴィニーから弟子のグリムへという、一方的な影響関係だけでは解決しえない問題があるが、それはともかく、歴史法学の成立事情は、グリムの位置づけをめぐって再検討されねばなるまい。ところが、童話集の編者としての、あるいは言語学者や歴史学者としてのグリムについて語られることはあっても、彼の法学者としての側面は、ルドルフ・ヒュープナーによる『ヤーコプ・グリムとドイツ法』を別とすれば、主題的にはほとんど論じられることがなかった。

ところで、ヒュープナーのこの本には、付録として、グリムに宛てられた五十通ほどの書簡が収められている。[41]その中で興味をそそるのは、隣国フランスの民衆史家ジュール・ミシュレからの手紙である。グリムとミシュレのあいだに書簡の遣り取りがあったこと自体、あまり知られていないけれども、どうやらグリムにとって、ミシュレこそ同時代の最良の理解者であったらしいのだ。[42]

考えてみれば、ミシュレがグリムに関心を寄せたのは、自然のなりゆきであったのかもしれない。ミシュレはすでに、ヴィーコの『新しい学問の原理』（一七四四）を、『歴史哲学原理』（一八二七）と題してフランス語訳していたが、また親友のエドガール・キネは、ヘルダーの『歌謡における諸民族の声』および『もう一つの歴史哲学』（一七七四）の翻訳者であった。ミシュレはキネをつうじてヘルダーの歴史哲学を知り、まもなくグリムの歴史法学にも接触したのである。こうして、ミシュレがグリムに手紙を送ることにより交際が始まった。その直接のきっかけになったのは、『世界法の象徴および形式に見出されるフランス法の起源』（一八三七）という、ミシュレの著書の出版であった。だがこれは、実質的には、グリムの『ドイツ法古事誌』のフランス語訳だったのである。

ヴィーコにとってもそうだったが、グリムにとっても、翻訳者ミシュレはまことに最良の読者であった。晩年になっても、ミシュレは次のように述懐している。

「ヴィーコが私に感じさせてくれた激しいときめきを、私は後年、大冊の『ドイツ法古事誌』を繙いたときにも感じたのだった。まことに大変な本である。ドイツ語のあらゆる方言、あらゆる時代の言葉でもって、さまざまな階層のドイツ人たちが人間生活の一大事（誕生、結婚、死、遺言、売買）のときに使った象徴や形式の数々が網羅されているのだ。[43]」

「象徴先生」ミシュレが、生涯におよぶ感激をもって翻訳した『ドイツ法古事誌』は、『法の内なるポエジー』の増補改訂版であるということができる。慣習法に用いられた法的言語をつうじて、民衆の歴史を描き出そうとするグリムの方法を、ミシュレは正当にも「法の象徴学」（le symbolique du droit）と呼んだ。法の象徴学にみられる言語観は、ヴィーコとヘルダーの言語哲学や歴史哲学にもつうじる。そもそも法学における歴史的方法の導入についても、彼らを先駆者とすることも可能ではあるけれど、グリムは法的視点をいっそう強化して、歴史と法と言語のトリアーデ（三肢構造）のもとに民衆の生活を捉えようとした。この意味でグリムによる法の象徴学は、法の詩学であり、また法の史学であった。

ところで、グリムの言語学の理解者をドイツ本国に求めるとすれば、ヴィルヘルム・フンボルトを無視することはできない。フンボルトはグリムより一世代ほど年長ではあるけれど、互いに意識しながら並行して言語研究をおこなっている。たとえばフンボルトは、明らかにグリムの『ドイツ文法』（一八一九―三七）を指して、これがフランツ・ボップのサンスクリット研究とともに、インド＝ゲルマン語族の解明に大いに寄与したことを称えている。[44]他方、当の『ドイツ文法』はもとより、『言語の起源について』をも含めて、グリムの言語哲学とフンボルトのそれとの基本的一致を主張する向きもある。[45]

だがグリムとフンボルトの言語哲学の検討は、やはりヘルダーにまで遡らねばならない。フンボルトは「ヘルダーの肩の上に立ち」「ヘルダーの根本思想をくりかえした」と言ったのはハイムだが、問題を言語研究にかぎれば、なるほどヘルダーの思想は、フンボルトにより継承され発展したとすることができる。[46] 比較言語学の成立に関して、グリムはヘルダーの世界的視野を、民族主義的にやや狭めた観があるものの、フンボルトはヘルダー以上に大規模な言語比較をおこなって、『人間の言語構造の相異性、および人間の精神的発展に対するその影響について』（一八三六）、いわゆる「カヴィ語序論」を遺している。カヴィ語とはマレー語の一種で、サンスクリットの影響の濃い雅語である。すなわち、グリムがゲルマン系の諸語を研究したのに対して、フンボルトはカヴィ語にまで論を進めて、結局この二人は、インド＝ゲルマン語の系譜の両端に立って、それぞれの比較言語学を展望していたということになる。

フンボルトは言語を乗り物にたとえて、これに乗って世界の多様性を疾駆する、と豪語したことがある。これには彼自身の外交官としての経歴や、弟のアレクサンダー・フンボルトの世界探検家としての活動が反映していよう。けれどもヘルダーが、言語を「人間的思惟の乗り物」（ein Vehiculum menschlicher Gedanken）と名づけたのは、必ずしもそうした視野の量的拡大を志向してのことではない。[47] 人間は言語で思索する存在であるがゆえに、かえって人間も言語も無前提に普遍的であるのではなく、さしあたりは民族性に規定された個別的なものなのだ、というのがヘルダーの真意ではなかったろうか。

この意味では、民族性の枠組みの中で、歴史と法と言語を相関的に追求したグリムのほうが、ドイツ・ロマン主義の提唱者であったヘルダーにいっそう近いといえる。

グリムの言語学は、ヘルダーの言語哲学の精神を受け継ぎながらも、現代のより実証的な言語科学を準備するものであった。ここで実証的（positiv）というのは、精神的な事象を自然的な実体とみなす科学的（wissenschaftlich）傾向のことだ。同様の傾向は、歴史学や法学の場面にも現れるが、グリムはロマン主義から実証主義への過渡期にあって、そうした移り行きの証人となっている。グリムが生きたドイツは、ようやく国民国家の形成が現実化しつつあったときで、歴史や法やそして言語そのものの位置づけが問われていたのである。

こうした中で、グリムは『厳密でない学問の価値について』、および『本大会に結集した三つの学問の相互連関と結合について』と題する講演をおこなった。厳密でない三つの学問とは、要するに歴史学と法学と言語学のことなのだが、彼は「民族とは、同一の言語を用いる人間の総体である」と言明したうえで、三つの学問の有機的な連関を訴えている。(48) この講演は、一八四六年のゲルマニステン大会における議長としての発言であり、二年後のフランクフルト国民議会にもつうじる、多分に政治的なものではあったが、ここでの学問論は、ヴィーコの『新しい学問の原理』を想起させるものであった。デカルトの敵ヴィーコは、蓋然性やレトリックを方法的指針として、人間の精神文化を対象とする学問の独自の価値を提唱していた。

ヴィーコは〈詩的言語〉で語られる歴史の範を示したが、それはヘルダーの歴史哲学を経て、グリムの童話集や伝説集として結実した。またヴィーコはローマ法の詩的な表現に着目し、ヘルダーはそのモンテスキュー論において、歴史と法の関わりから法の形而上学を説いた。ヴィーコとヘルダーの試みを、グリムは、ゲルマン法をもとに「法の象徴学」として再構成した。さらにグリムは、ヴィーコとヘルダーの「精神の語彙集」を、『ドイツ語辞典』の中に実現しようとした。

こうして歴史と法と言語とは、言語自体の詩的な性格によって、あるいは「ポエジーの金の糸」によって縒り合わされた。ヤーコプ・グリムがヘルダーの言語起源論を擁護したのは、およそこうした背景にもとづくものであった。

注

(1) J.G. Herder, Abhand ung über den Ursprung der Sprache, in: Sämtliche Werke, hrsg. v. B.Suphan, Bd.5, Hildesheim, 1967, S.71ff. ヘルダー『言語起源論』大阪大学ドイツ近代文学研究会訳、法政大学出版局、一九七二年、八四頁以下。他に、木村直司訳、大修館書店、一九七二年、を適宜参照した。

(2) R. Haym, Herder, Bd.1, Osnabrück, 1978, S.401.

(3) ゲーテ『詩と真実』第二部、小林健夫訳、岩波文庫、一九四一年、二四八頁。

(4) W. Humboldt, Ueber das vergleichende Sprachstudium in Beziehung auf die verschiedenen Epochen der Sprachentwicklung, in: Gesammelte Schriften, Bd.4, Berlin, 1968, S.15.

(5) vgl., E. Cassirer, Philosophie der symbolischen Formen, 1. Teil, Darmstadt, 1977, S.94. カッシーラー『象徴形式の哲学』第一巻、生松敬三他訳、竹内書店、一九七二年、一一四頁。

(6) ルソー『人間不平等起源論』本田喜代治・平岡昇訳、岩波文庫、一九五七年、五九頁以下。

(7) Herder, a.a.O., S.21f. 訳、一二一頁。

(8) ebd., S.44f. 訳、四九頁以下。

(9) vgl., P. Salmon, Herder's Essay on the Origin of Language, in: W. Koepke (hrsg.), Johann Gottfried Herder, Bonn, 1982, S.23.

(10) Herder, a.a.O., S.5, 6f. 訳、一二、四頁。

(11)「内省意識」との訳語は、木村直司訳による。

(12) Herder, a.a.o., S.28f., 94. 訳、三〇、一一二頁。

(13) Haym, a.a.O., S.673. ders., Wilhelm von Humboldt, Osnabrück, 1965, S.496.

(14) Herder, a.a.O., S.61. 訳、七〇頁。ヴィーコの「共通感覚」につき、中村雄二郎『共通感覚論』岩波現代選書、一九七九年、一六一頁以下参照。
(15) Herder, a.a.O., S.64. 訳、七四頁以下。
(16) ebd., S.36. 訳、四〇頁。
(17) カッシーラー『言語と神話』岡三郎・岡富美子訳、国文社、一九七二年、五一頁以下。
(18) Herder, a.a.O., S.64ff. 訳、七五頁以下。
(19) ebd., S.61. 訳、七〇頁。
(20) Herder, Plastik, in: Sämtliche Werke, Bd.8, S.15. ヘルダー『彫塑』登張正実訳、世界の名著、続7、中央公論社、一九七五年、二二七頁。
(21) ヘルダーの触覚論につき、堅田「ヘルダーとヘーゲル」『思想』一九七九年一〇月号、九九頁以下。（本書、第三章）他に、坂部恵『「ふれる」ことの哲学』岩波書店、一九八三年、一三二頁以下。
(22) Herder, Abhandlung über den Ursprung der Sprache, S.75. 訳、九〇頁。
(23) ebd., S.56f. 訳、六四頁以下。
(24) ルソー『言語起源論』小林善彦訳、現代思潮社、一九七六年、二一頁。
(25) Herder, a.a.O., S.80. 訳、一〇一頁。
(26) J. Grimm, über den Ursprung der Sprache, in: Kleinere Schriften, Bd.1, Hildesheim, 1965, S.259.
(27) ebd., S.264, 268.
(28) ebd., S.267.
(29) Cassirer, a.a.O., S.97. 訳、一九八頁。
(30) vgl., I. Berlin, Vico and Herder, New York, 1976, p.165. バーリン『ヴィーコとヘルダー』小池銈訳、みすず書房、一九八一年、三二六頁。

(31) Grimm, a.a.O., S.284.
(32) ebd., S.296.
(33) ebd., S.290.
(34) Brüder Grimm, Deutsche Sagen, München, 1965, S.7. 高橋健二『グリム兄弟・童話と生涯』小学館、一九八四年、一八六頁以下参照。vgl., M. Lüthi, Volksmärchen und Volkssagen, 3.Aufl., Bern u. München, 1975, S.7, 22ff.
(35) Grimm, Von der Poesie im Recht, in: Kleinere Schriften, Bd.6, S.153.
(36) ebd., S.164ff.
(37) カッシーラーの『象徴形式の哲学』に刺激されて、ケネス・バークは『文学形式の哲学』を書いたが、その主題は、グリムとは直接結びつかないものの、「象徴的行動」(symbolic action) 論である。バーク『文学形式の哲学』森常治訳、国文社、一九七四年、一六頁以下。この点につき、森常治『ケネス・バークのロゴロジー』勁草書房、一九八四年、三八頁以下参照。
(38) Grimm, a.a.O., S.178ff.
(39) ebd., S.169.
(40) F.C. v. Savigny, Vom Beruf unsrer Zeit für Gesetzgebung und Rechtswissenschaft, in: H. Hattenhauer (hrsg.), Thibaut und Savigny, München, 1973, S.102ff. 『ザヴィニー・ティボー法典論議』長場正利訳、早稲田法学会、一九三〇年、七四頁以下。
(41) vgl., R. Hübner, Jacob Grimm und das deutsche Recht, Göttingen, 1895, S.168ff.
(42) 堅田「グリムとミシュレ、あるいは法の象徴学」『思想』一九八二年九月号、五一頁以下参照。
(43) J. Michelet, Histoire de France, t.1, Lausanne, 1965, p.59. ミシュレ「雄々しい心」真崎隆治訳、『現代思想』一九七九年五月号、四九頁。
(44) Humboldt, Über die Sprachen des Südseeinseln, in: Gesammelte Schriften, Bd.6, S.43.
(45) vgl., W. Scherer, Jacob Grimm, 2.Aufl., Berlin, 1885, S.167.

(46) Haym, Herder, S.408.

(47) vgl., Cassirer, a.a.O., S.99. 訳、一三三頁。

(48) Grimm, Über die wechselseitigen Beziehungen und die Verbindung der drei in der Versammlung vertretenen Wissenschaften, in: Kleinere Schriften, Bd.7, 1966, S.556ff. ders., Über den Werth der ungenauen Wissenschaften, ebd., S.563ff.

第五章　ヘーゲル、サヴィニー、グリム

一　ベルリンのヘーゲル

一八一八年一〇月、冬学期を前にして、ヘーゲルはベルリンの町に現れた。フィヒテ亡きあとのベルリン大学哲学部の講座を引き継ぐために、文化大臣アルテンシュタイン直々の招請を受けて、ハイデルベルクを発ってきたのであった。そのころベルリン大学では、フリードリヒ・カール・フォン・サヴィニーの率いる法学部が、歴史法学派の拠点となって内外からの脚光を浴びていた。それに対して、フィヒテを失った哲学部では、しばらくその主《あるじ》の座が空いたままになっていたのである。ヘーゲルを迎えたベルリンは、地理的にこそ北方にあるものの、政治的にも経済的にもそして文化的にも、文字どおり全ドイツの中心となっていた。しかし大学が開設される以前には、この都市は、軍隊と商人の町というのがせいぜいで、文化をリードしていたのは、むしろ田舎町のイエナのほうであった。

フリードリヒ・シュレーゲルの妻ドロテーアは、ベルリンとイエナを比較して次のように言ったことがある。

「ベルリンの軍隊と商人とはイエナの学生に比べて粗野です。イエナではフマニスムスの気分が流行して、どこに行っても『ヴィルヘルム・マイスター』、先験哲学、韻律の語られるのが聞こえますし、さらに付け加えれば、すべ

ての家からギターとヴァイオリンの音が流れています。(1)」

イエナはゲーテのいたワイマールの隣にあって、文化的にもちょうど古典主義とロマン主義の接点をなし、新しい世紀を迎えるまでは、ドイツにおける学芸の中心地となっていた。シラーがここの大学で歴史学を教えたのは、一七八九年からの一〇年間であったが、当時イエナはまさに絶頂期にあった。アウグスト・シュレーゲルおよびフリードリヒ・シュレーゲルのサロンには、ノヴァーリスやシュライエルマッハーなどが集まっていた。彼らは前期ロマン派の文芸運動を展開していた。クレメンス・ブレンターノとベッティーナ・ブレンターノの兄妹も、その主要なメンバーであった。そのうえ、ラインホルト、フィヒテ、シェリングと受け継がれたカント哲学によって、イエナは「ドイツ観念論のフィレンツェ」と呼ばれていた。フーフェラントとアンゼルム・フォイエルバッハは、法学にカントの哲学を取り入れようとしていた。それだけではない。イエナの大学行政を担っていたのは、ほかならぬゲーテその人であった。彼は姉妹都市のワイマールからしばしばここを訪れていた。ベルリン大学の創設時に文化大臣であったヴィルヘルム・フンボルトも、この町で学生生活を送ったことがある。

ところがイエナの黄金時代は、一七九九年の「無神論論争」をきっかけに、突然閉じることになる。神をもって道徳的な世界秩序とみなす論文を書いて、ザクセンやワイマールの政府と争っていたフィヒテが、とうとう大学の教壇を追われることになったからである。この事件と呼応して、以後数年のあいだに、多くのロマン主義者たちが相次いでイエナを去っていった。フィヒテ自身の場合もそうであったが、彼らの多くが赴いたのはベルリンであった。『ヴィルヘルム・マイスター』と「先験哲学」の町から、軍隊と商人の町へ、である。立ち去るフィヒテを、ゲーテは冷やかに見送った。一八〇一年の初頭、ヘーゲルがイエナにやって来たときには、イエナはもうなんの変哲もない町になっていた。

「一八〇六年一〇月一三日、月曜、イエナにて。イエナがフランス軍に占領され、皇帝ナポレオンがその城壁に足を踏み入れた日」。その日の様子を伝えるヘーゲルの手紙は、こんな文句で始まっている。『精神の現象学』として出版されるはずの最後の原稿を書き上げたまさにこの日、ヘーゲルは「馬上の世界精神」（ナポレオン）に出会った。ナポレオンの姿は、若きヘーゲルの心に強烈に焼き付いたのであった。時代は変わろうとしていた。イエナの会戦に勝利を収めたナポレオンは、二週間後にはベルリンに入城する。

一八〇六年のベルリン陥落に先立って、サヴィニーはパリに滞在していた。サヴィニーはヘーゲルより一〇歳も年下だが、『占有権論』（一八〇三）を著してすでに新進気鋭の法学者として注目されていた。そのときのパリ行きも、中世ローマ法研究の資料を集めるためであった。と同時に、その旅行は、クニグンデ・ブレンターノ――彼女はクレメンスの妹でベッティーナの姉である――とのハネムーンを兼ねていた。サヴィニー夫妻の馬車がパリの町に着いたのは、一八〇四年一二月二日、ナポレオンの戴冠式の当日であった。しかしサヴィニーは、この皇帝について何も書いていない。マールブルクからヤーコプ・グリムを呼び寄せ、彼とともに、連日図書館通いを続けていた。ときどきは、新妻と「フランス座」に芝居を観にいったりもしている。

イエナを追われたフィヒテは、一八〇七年にはベルリンに来ていた。町はまだナポレオンの軍隊に占領されていた。そういう情勢の中で、フィヒテは王立アカデミーで『ドイツ国民に告ぐ』の講演をおこない、民族精神の覚醒と高等教育の再建とを訴えた。講演は、この年の一二月に始まって翌年の四月まで続けられた。この講演の影響は、一八一三年の解放戦争と一八一〇年のベルリン大学創立におよんでいる。

ベルリン大学の創立メンバーとなったのは、文化相ヴィルヘルム・フンボルトをはじめ、哲学部のフィヒテ、神学部のシュライエルマッハー、そして法学部のサヴィニーなどであった。彼らは皆、若いころにイエナのロマン派の洗礼を受けていた。初代の総長には、フンボルトは友人のサヴィニーを推したらしいが、わずかの差でフィヒテが選ばれた。プロイセン王室の庇護のもと、王子たちの宮殿であった建物で、ベルリン大学は発足した。かつてシラーは、イエナ大学の自由な空気をさして「学者共和国」と呼んだ。ところがベルリン大学は、はじめから「国家の大学」の観を呈していた。その中心になったのは、必ずしもフィヒテの哲学ではなくて、サヴィニーの法学であった。

サヴィニーは、国王の信任によって、一八一二年に二代目の総長になる。その後、哲学部の講座は、フィヒテからヘーゲルを経てシェリングへと受け継がれたが、その間もサヴィニーは法学部にあって、一貫して大学行政に携わっていた。彼が担当したのはローマ法の講座であるが、一八一四年に始まる「法典論争」が、その名声をさらに高めた。法典編纂の必要性を強く主張したアントン・ティボーに反論して、サヴィニーはこの年『立法および法学に対する現代の使命』を書き、翌年には『歴史法学雑誌』を創刊して、「歴史的方法」に基づく法学の樹立を提唱した。パリにおける例の資料蒐集も、同年『中世ローマ法史・第一巻』として結実した。こうしてサヴィニーは、並ぶ者のない地位を、法学と大学において築いた。

一八一四年にはフィヒテが病死したが、その後任人事は容易に進まなかった。シュライエルマッハーやアルテンシュタインの奔走もあって、ようやくヘーゲルのもとに招請状が届けられた。ヘーゲルに対しては、サヴィニーも歓迎の意を手紙で伝えている。一八一八年一〇月二二日、ベルリン大学における教授就任演説の中で、ヘーゲルは、ドイツの中心にある大学には学問の中心である哲学こそがふさわしいとして、ここに「精神の夜明け」を宣言した。

ベルリン大学の講義でヘーゲルが最も力を入れたのは、「自然法と国家学」についてである。この講義そのものは一八一七年にハイデルベルクで始められたのだが、翌年彼がベルリンに移ってからも、一時期を除いて、一八三一年まで冬学期ごとにおこなわれている。その間の一八二一年に、この講義の概要は『法哲学綱要』として出版された。「自然法と国家学」というテーマは、それ自体がすでにサヴィニーの法学に対する挑戦であった。サヴィニーの「歴史法学」は何よりも「反自然法」を表明していたし、そのうえ彼は国家学に対しては終始懐疑的な態度を取り続けていたからである。この講義は、サヴィニーの言う「歴史的な法学」に、ヘーゲル自身の「哲学的な法学」を対置することを意味するものであった。当時学界の主流をなしていたサヴィニーの法学を、いわば学部の枠を越えて批判することで、ヘーゲルは自己の立場を鮮明に打ち出そうとしたのである。もっとも、グスタフ・フーゴーやカール・ハラーに投げつけた激しい非難とは対照的に、ヘーゲルは名前を挙げてサヴィニーを批判することはしていない。にもかかわらず、ヘーゲルの講義は、根底的なところでサヴィニーを意識し、サヴィニーに対抗してなされたのである。ヘーゲルがベルリンにやって来たとき、ティボーとサヴィニーの「法典論争」そのものはすでに終わっていたが、そこに孕まれた問題を、ヘーゲルは別の形で再び提起することになる。

二　ヘーゲルとサヴィニー

ベルリン大学における「自然法と国家学」の講義の中で、つまり著書『法哲学綱要』において、ヘーゲルは法の存在構造について次のように述べた。

「法は内容からいえば、以下の三つのことによって実定的（positiv）な要素を含んでいる。

（α）民族の特殊な国民的性格と、その民族の歴史的発展段階と、自然必然性に属するすべての諸関係の連関とによって。

（β）定立された法（gesetzliches Recht）の体系なるものは、普遍的な概念をもろもろの対象と事件の特殊的な、外からわかる性質に適用することを含まざるをえない、という必然性とによって……。

（γ）現実における決定のために必要なもろもろの末端規定によって。[2]」

すなわち、「法の定立」と「定立された法の体系」と「法の決定＝適用」、この三つを段階的に捉え、それによって、ヘーゲルは総体としての法の在り方を考察するのである。この場合、法を決定＝適用することは、定立された法が一つのシステムとして存在することを前提とし、また法の定立過程を前提とする。そのうえ、法の決定＝適用は、広い意味での法の定立と考えることができる。したがって法にとっては、定立される過程こそが最も基本的なものとなる。ヘーゲルによれば、法が実定的（positiv）であるとは、法（Recht）が「定立されて在る」（gesetzt sein）こと、換言すれば法律（Gesetz）として、客観的な現存在を得ていることにほかならない。彼はこのような法にのみ、「実定法」（positives Recht）という名称を承認する。これが、ヘーゲルにおける法の「実定性」（Positivität）なのである。[3]

ところで、ヘーゲルが法の実定性の基盤として挙げているのは、民族の「国民性」と「歴史性」と「自然性」である。すなわち、それはある民族の地理的・歴史的な位置とそこで培われた民族の共同の生活との、渾然一体となったものをさしている。彼はかつて、これを「世界史の地理的基礎」というかたちで、『歴史哲学講義』の方法論に採り入れたことがある。もっと遡れば、モンテスキューの『法の精神』にみられる、「風土」（climat）なる方法に到達することもできる。だが、そのような民族の有り様を最も的確に言い表しているのは、「民族精神」という概念であろう。「民族精神」とは、ドイツ・ロマン派の合言葉であった。たとえば、フンボルト家の家庭教師であったヨアヒム・カンペは、『ドイツ語の純化と醇化』（一七九四）において「民族精神（Volksgeist）および民族感情（Volkssinn）の教化」

を主張していたし、彼の編纂したドイツ語辞典には、ジャン・パウルの「民族精神ないし時代精神（Volks-und Zeitgeist）」という用例がみられる。さらに、クレメンス・ブレンターノとアヒム・アルニム——アルニムの妻はベッティーナ・ブレンターノだから、要するに二人ともサヴィニーの義兄弟である——が編集した民謡集『少年の魔法の角笛・第一部』（一八〇六）にも、「生ける民族精神」（lebendiger Volksgeist）という表現が見出される。(4)

ヘーゲルは彼らよりも早く、すでに一七九三年に、『民族宗教とキリスト教』と題された論稿の中で、「民族の精神」（Geist des Volks）について述べている。(5) これは、歴史と宗教と政治体制を内容とするものである。そして彼の場合、それはモンテスキューの「国民の一般精神」（L'esprit général d'une nation）を念頭に置いて用いられている。ところで、青年時代のヘーゲルは、ロマン主義者たちと同様に、「民族精神」を感情や意識といった主観的、心情的なレヴェルでしか捉えていない。すでに『法の精神』でモンテスキューは、国民の一般精神こそがその民族に固有な法制度を産み出すと考えたが、当時のヘーゲルはまだ制度論への通路を切り拓くにはいたらなかった。もっとも、同じころに執筆された『キリスト教の既成性』や『キリスト教の精神とその運命』においては、「生」と「愛」の視点からではあるが、ユダヤ教の律法主義やキリスト教の教会制度を、「既成的なもの」「与えられたもの」「外的なもの」などと規定している。しかもこれは、「精神」にとっての「運命」のように必然的なものと考えられている。青年ヘーゲルにおいて、制度論の構築はもう一歩のところまで来ていたわけである。(6) 律法主義が法律主義につうじるように、宗教の「既成性」（Positivität）は、容易に法の「実定性」（Positivität）へと転化しうるからだ。やがてそれを可能にしたのは、『精神の現象学』で展開された「外化」（Entäußerung）ないしは「疎外」（Entfremdung）という概念であった。(7)

サヴィニーはヘーゲルとは異なって、「民族精神」を終始きわめて心情的なレヴェルで捉えていた。サヴィニー自身ロマン主義者ではあったものの、実際にこういった用語を使い始めたのはかなり遅かった。サヴィニーは、一八一四年の『立法および法学に対する現代の使命』になって、ようやく「民族の共通の確信」(die gemeinsame Überzeugung des Volkes)とか「民族信念」(Volksglauben)との言葉を用いている。「民族精神」(Volksgeist)にいたっては、『現代ローマ法体系・第一巻』(一八四〇)の中ではじめて見出される。しかも、これは実はヘーゲルからの借用だと解されている。[8] サヴィニーはヘルダーの影響を強く受け、「作られたもの」(Gemachtes)や「構成されたもの」(Konstituiertes)や「生命のないもの」(Inlebendiges)に対して、終始強い嫌悪を示し続けていた。[9] ティボーの法典編纂論に対しても、サヴィニーはこのような視点から自己の立場を表明したのであった。

「親愛なる神聖ローマ帝国よ、いかなれば汝はなお存立するや」。一八〇六年春、『ファウスト・悲劇第一部』を書き上げたゲーテは、その中で酔っぱらった学生にこう歌わせた。ヴォルテールがいったい何が神聖で何がローマで何が帝国だ、と言って揶揄した「ドイツ国民の神聖ローマ帝国」は、この年ナポレオンによってあえなく解体された。

ドイツは、プロイセンとオーストリアとライン同盟の三つに分解した。それと相前後して、これらの地域には三つの新法典が現れた。すなわち、プロイセン一般ラント法典(一七九四)、オーストリア一般民法典(一八一一)、そしてコード・シヴィル(ナポレオン法典)(一八〇四)の三つである。このうち前二者は、それぞれの領邦を基礎とするラント法(Landrecht)であったが、同時に全ドイツに効力のおよぶ普通法(gemeines Recht)の要素をも備えていた。法典編纂の推進論者たちは、新法典を軸に法の統一を実現し、そのことをとおしてドイツの統一を達成しようとしていたのである。ただし、事実上ナポレオンの統治下にあったライン同盟傘下の諸邦にとって、コード・シヴィルは征服者の法にほかならなかったのであるが。

一八一四年、ハイデルベルク大学のアントン・ティボーは『ドイツ一般民法典の必要性』を書いて、市民相互の交通に対応する「統一民法典」編纂の必要性を説いた。[10] これに対して同年、ベルリン大学のサヴィニーは『立法および法学に対する現代の使命』を書いて反駁した。サヴィニーにとって、法の存在は民族精神に、つまり「民族の共通の確信」に基礎を置くものであって、法とは言語や習俗や国家制度と同じく、民族に固有の性格を有するものだからである。「法は民族とともに成長し、民族とともに完成し、そして最後に、あたかも民族がその個性を失うように、死滅する」と、サヴィニーは述べている。[11] 彼によれば、ドイツでは法の主体はいまだ「市民」ではなくて「民族」である。

分裂した状態においてドイツが性急に法の統一を図ることは、かえって現状を是認し固定化することになりかねない。このような政治的配慮もあったが、それとは別に、サヴィニーが法典編纂論に反対するのには二つの理由があった。その一つは、法を民族の共通の確信に密着したものとして捉える立場から、法を制定することが法の生命を奪うことにつながる、とするものである。他の一つは、法学者としての立場から、そもそもドイツの法曹にもドイツの民衆にも、少なくとも現在では法を制定する能力が欠けている、とするものであった。これはそれぞれ、ロマン主義者としての立場とローマ法学者としての立場、というように言い換えることができる。サヴィニー自身において、法を一方では民族の共同生活の内部に、他方では法曹による特殊な学問の内部に見出そうとする、この二つの立場はしだいに矛盾を深めていった。

ヘーゲルは、「自然法と国家学」の講義において、サヴィニーの名前を一度も挙げていない。しかし、ローマ法学者としてのサヴィニーとロマン主義者としてのサヴィニーを、ヘーゲルはそれぞれグスタフ・フーゴーとカール・ハラーに仮託して批判した。

フーゴーは高名なローマ法学者であり、法源の歴史的な探求を提唱したことから、しばしば歴史法学の先駆者とされる。このために、フーゴーはよくサヴィニーと結びつけられた。たとえば、サヴィニーによって、出来たばかりのバイエルン刑法典（一八一三）を批判されたアンゼルム・フォイエルバッハも、明らかにサヴィニーを意識しながら、フーゴーのことを「法学者のうちで愚かで思い上がったメフィストフェレス」と呼んでいる。ヘーゲルはフーゴーのローマ法学に言及して、国民や法曹身分から法典編纂の能力を奪うのは彼らに対する最大の侮辱であると述べたが、これが実はサヴィニーの編纂反対論に向けられていたことは、あらためて指摘するまでもないだろう。[12]

ヘーゲルにとって重要な意味をもったのは、むしろハラーに対する批判のほうであった。政治的ロマン主義者として知られるハラーは、『国家学の復興』（一八一六）の中で、「自然的な法」を重視する一方、「書物に記された自由」（auf Büchern urkundliche Freiheiten）を単なる幻想として嘲笑した。これに対してヘーゲルは、彼を「法典の敵」（Feinde von Gesetzbüchern）と決めつけて強い調子で非難している。[13] これも、法典の敵という批判で誰しもが真っ先に思い浮かべるのは、ハラーであるよりはサヴィニーその人であったにちがいない。サヴィニーは、政治的ならぬ非政治的なロマン主義者であったが、彼ほど根底的に法の制定に反対した者はいなかったのだから。

ハラーへの批判は、ヘーゲルとサヴィニーの相違点をはっきり示している。すでに述べたように、ヘーゲルの場合には、法が実在するとは、法が「定立されて在る」（gesetzt sein）ことを意味していた。したがって、彼にとっては、定立された法、すなわち「実定法」（positives Recht）こそが法の本来の姿であった。しかしサヴィニーにおいては、法とは立法者の意思によって作られるものではなくて、まずもって「習俗」（Sitte）の内に見出されるものであり、「慣習法」（Gewohnheitsrecht）こそが第一次的な法なのである。[14] ハラーへの批判を媒介にしてサヴィニーとの相違を確認するならば、ヘーゲルの実定法とは「書かれた法」であり、これに対してサヴィニーの慣習法とは「見出される法」であることになるだろう。

青年時代のヘーゲルは、宗教が既成的（positiv）なものにならないためには、教義が「できるだけ文字で書かれないようにする」（wenig als möglich Veranlassung zu geben an dem Buchstaben）ことが必要だと考えていた。[15] ということはつまり、既成性（実定性）（Positivität）の概念は、この当時からすでに文字で書くことに結びつけられていたわけである。イギリスの不文法（ungeschriebenes Gesetz）のような例もないではないが、法が客観的な現存在を得るためには、つまり公に知られるためには、「法を宣言する」（Rechtsprechen）だけではなくて、「法を記述する」（Rechtschreiben）ことが要請される。ナポレオン法典は「書かれた理性」と称えられたが、まことに法は法典に書き記されてはじめて、一定の権威を獲得するのである。

もちろん、ヘーゲルとても、慣習法の法的性格を否認しているのではない。慣習法はいまだ定立された法ではないが、反面、民族の歴史や自然に、つまり「生」に密着しているものとして、法の故郷を指し示している。それはともかく、自然的な「生」（Leben）に愛着をもつあまり、「既成的（positiv）なもの」、人為的に作られたものを拒絶するのは、ロマン主義の時代に一般的な風潮であった。サヴィニーは、そのゆえに慣習法を採って実定法を退けたが、ヘーゲルは、既成的なもののうちに生成の行程を読みとることによって、実定法と慣習法を重層的に把握しようとしたのである。

三　ヘーゲルとグリム

「お前はサヴィニー先生から法典に関する論文を受け取っただろう。あれは大変気に入った。あれは私たちの意見にも一致するものであり、また私たちの意見を承認するものでもある。……私はサヴィニーがあの論文を書いたことを大変喜んでいる。先生の論文はまったく先生そのものだ。[16]」

一八一四年一一月一日、ヤーコプ・グリムは弟のヴィルヘルム・グリムに宛てて、こう書き送った。サヴィニーの論文とは、例の『立法および法学に対する現代の使命』のことであり、グリム兄弟の意見とは、師のサヴィニーから継承した「歴史的方法」のことであった。この手紙は、ウィーンから出されている。そのころヤーコプは、ヘッセン公国の書記官として、戦後処理のためウィーン会議に出席していた。

一八〇二年とその翌年、グリム兄弟が相次いでマールブルク大学に入学してきたとき、そこには新進の法学者として評判の高かったサヴィニーがいた。サヴィニーとの出会いは、グリム兄弟の生涯にほとんど決定的な影響をもたらした。グリム兄弟にとって、六歳と七歳しか年の違わないサヴィニーは、恩師であるとともに友人であった。またのちには、――ヴィルヘルムの息子はベッティーナおよびアヒムの娘と結婚したから――サヴィニーとは親族関係までできた。

一八〇五年、パリに滞在していたサヴィニーは、資料蒐集の助手としてヤーコプ・グリムを招いた。パリでのサヴィニーの生活は、義兄となったクレメンス・ブレンターノによれば、非常に優雅なものであった。パリのサヴィニーは、新妻のクニグンデと有能な助手のヤーコプのほかに、二輪馬車と、数頭の馬と、たくさんの使用人と、広壮な邸宅と、数え切れないほどの本をもっていた。[17] サヴィニーは、生まれも育ちも正真正銘の貴族であった。彼の徹底したナポレオン嫌いと懐古趣味とは、そのことを抜きにして理解することはできない。彼はマールブルクにおいて、「優美法学派」(elegante Rechtsschule) のフィリップ・ヴァイスに師事して、ローマ法とその研究方法とを学んだ。この学派は、法源の探求を重視して、立法よりは法学に関心をもっていた。ヴァイスのもとで、二四歳のサヴィニーが書き上げた『占有権論』(一八〇三) は、内容もさることながら、明快な叙述と優雅な語り口によって、法学界に新風を吹き込んだ。サヴィニーは、法学者であると同時に、また詩人でもあった。

ハインリヒ・ハイネこのようなサヴィニーをからかって、「にやけた、伊達者の、パンデクテンの吟遊詩人」(der

äußliche, gelechte Troubadour der Pandecten）と呼んだことがある。[18] いうまでもなく、パンデクテン（学説彙纂）とはローマ法大全の一部をなすものであり、個々の紛争事例に対する法学者の解答集であるが、たしかにこの記録（Digesta）も一つの「物語」（historia）であるにはちがいない。聖人伝や叙事詩を歌いながら中世の町から町を遍歴したトゥルバドゥールのように、サヴィニーはパンデクテンを小脇に抱えて、パリやイエナやベルリンの町に現れる。ハイネの批評は、サヴィニーにおけるパンデクテンと吟遊詩人との、換言すればローマ法学者サヴィニーとロマン主義者サヴィニーとの、二重性に対する皮肉であると解することもできる。可能なかぎり純化したローマ法の体系に依拠しようとする方法と、ゲルマンの古来の慣習を発掘しようとする方法とは、彼の場合、法源の探求という一点で辛うじて結びつけられている。その二重性は、「体系的方法」と「歴史的方法」として、「歴史法学派」（historische Rechtsschule）の内部に未整理のまま持ち込まれた。

グリム兄弟がサヴィニーから継承したのは、「歴史的方法」、つまりロマン主義者としてのサヴィニーの側面であった。サヴィニーは、法ばかりではなく民族の歴史や文学に深い関心を抱いており、その蔵書には中世のミンネ歌集などドイツ文学史にとって貴重な資料が豊富に含まれていた。サヴィニーの書斎は、またクレメンス・ブレンターノやアヒム・アルニムらのロマン派の世界に直接つながっていた。彼らが『少年の魔法の角笛』というドイツ民謡集を編集したことはすでに触れたが、この作業にはグリム兄弟も多くの資料を提供している。グリム兄弟による民謡や民話の蒐集は、ブレンターノたちの作業と並行して進められ、とりわけヤーコプの卓越した資料吟味と分類の能力によって、やがて他の研究を凌駕していった。

ヤーコプ・グリムは、『ドイツ伝説集・第一部』（一八一六）の序文において、みずからの方法を次のように要約している。

「童話（Märchen）は詩的で、伝説（Sagen）は歴史的である。童話は、その本来の開花と完成の姿をとって、ほとんどそれ自身のうちにしっかりと根ざしている。伝説は、色彩の多様性に乏しく、何か既知のもの、意識されているものに、ある場所、または歴史によって確かめられている名に結びつくという特殊性をもっている。[19]」

「伝説」は根本的に時と所とに規定されており、一時代、一地方のものである。それだけに民衆の生活にしっかりと根を下ろしてはいるが、その代わり自由な想像力をかき立てることは少ない。また表現も素朴であって、洗練されてはいない。反面「童話」は、時間と場所の束縛から解放されていて、より普遍的な広がりをもっているし、表現も繊細である。だがそのことは、実際の生活から離れて抽象的なものに化す危険を含んでいる。ヤーコプは、「童話」を甘くて濃厚な「蜜」に、「伝説」を「より良い食物」にも例えている。だがグリム兄弟は、この二つのものを切り離して考えていたのではない。むしろ彼らは、「伝説」を繰り返し吟味し再構成することによって、独特の「童話」の世界を作り上げていったのである。ロマン派の懐古趣味的な歴史観と並んで、十九世紀後半のドイツにはビーダーマイアーの風潮が支配していた。「ビーダーマイアー」（Biedermeier）とは、もともとは無骨者というほどの意味であるが、転じて、実用と簡素を旨とする当時の文学様式を指すようになった。ブレンターノらによる民間伝承の蒐集も、このような背景のもとでおこなわれた。しかし、グリム兄弟は語り伝えられた話をそのまま記録したのではなく、初稿から決定稿にいたるまで幾重にも手を加えたうえで、彼らの童話集に収録した。こうして伝説もまた特定の故郷を離れて、「昔ある所に」で始まるグリム童話集が作られたのである。

民衆の生活の中に素朴なかたちで埋もれているものを発掘し、これを記録することによって、ある普遍的な意味をもった体系を作り上げる、という仕方は、弟のヴィルヘルムよりも兄のヤーコプの得意とするところであった。童話集ほど意識的にではなかったにせよ、ヤーコプのこの方法に近いものは、広く慣習法論やドイツ文法論やドイツ語辞典の編纂などにも採り入れられた。それは、一民族の文化に客観的な意味づけを与える途を拓くものであった。

それだけではない。ヤーコプ・グリムによる、「童話」と「伝説」とのこのような段階的な理解は、「実定法」と「慣習法」との関係に対応するものをもっている。慣習法とは、まさに時間と場所に直接規定された法であり、それに対して、実定法とは、慣習法を再編成することによって、ここから相対的に自立した法だからである。サヴィニーの場合、慣習の内に見出される法、つまり慣習法を第一次的なものと考え、しかも彼は法が定立されることを容易に認めないから、慣習法と実定法とは切断されている。だがヘーゲルの場合には、定立された法、すなわち実定法こそが法の本来の在り方であり、習俗に基礎を置きつつ人為的に作られたものとしているので、慣習法も法定立のプロセスの中に組み込まれるのである。すなわち、ヘーゲルにとって実定法とは、慣習法を再構成することによって獲得される法のことを意味するから、これはちょうど、童話をもって伝説を再構成したものとするヤーコプの捉え方と結びつくのである。

慣習法とは、伝説と同様に、民衆の生活の内部で伝えられてきた法である。けれども、これはもともと一地方、一時代の法であるから、それ以上には普遍的な広がりをもつことはできない。普遍的な広がりをもつためには、あたかも童話集を編纂するときのように、単に語り伝えられたにすぎないものを記録して、実定法の体系として法典化することが必要なのである。ヘーゲルの言い方を用いれば、法が公に知られる、つまり客観的な現存在を得るということは、法が定立されて在る、ことにほかならない。実定法の体系として存在することによって、はじめて、法は時と所の制約から脱して自立し、何時でも何人に対しても、適用されるようになる。それはちょうど、童話が「昔ある所に」

という一般化された表現で始まるのと似ている。

もちろん、法が時と所の制約から脱し自立するとはいっても、それらとまったく無縁なものになるわけではない。慣習法の実定化とは、いわばそこに伝えられている歴史を、物語として記録することにほかならないからである。サヴィニーが「歴史法学」(historische Rechtswissenschaft) と言うとき、その「歴史」とは、要するに習俗の内部で展開された、特定の時間と場所とを備えた、ある出来事 (Geschehen) を意味する。ところが、ヘーゲルはこのような出来事を、実定法というかたちで書かれた記録 (Geschichte) として留めようとしたのであった。ヘーゲルにおいて、実定法 (positives Recht) を対象とする法学が「歴史記述的な学」(historische Wissenschaft) であるとは、まさにこのことを指している。それはまた、「実証的な法学」(positive Rechtswissenschaft) の前提でもある。[20]

四　作られたものと見出されるもの

法は作られるものではなくて見出されるものである、とサヴィニーは考えた。すでに述べたように、自然的な「生」への愛着と、人為的なもの、「既成的なもの」への嫌悪とは、ロマン派の時代に一般的な風潮であった。「生」(Leben) とは、もともと「生命」と「生活」との双方を含んだ概念であるが、そのことが示すように、そうした「生」への愛着は、人間的事象を自然的事象のごとく解釈すること、さらに言えば、人為的な秩序を自然的な秩序の一部として取り込む態度となって現れる。それはヘルダーの有機体説に典型的にみられる態度であり、そこでは自然と社会とは、二重映しになって捉えられている。「生」について言いえたのと同じことは、「精神」(Geist) についても言いうる。有機体説が民族精神論としてこの時代の青年のあいだに急速に広まっていったのは、理由のないことではない。

ところで、「民族精神」(Volksgeist) という考え方の先駆の一つは、モンテスキューやヴォルテールの「国民の(一般）精神」（l'esprit (général) d'une nation）またはルソーの「一般意志」（volonté générale）にも求めることができる。ただし、彼らの場合には、自然的なものと人為的なものとの渾然一体となった状態から、人為的なものを秩序として抽出し組織するために、「精神」だとか「意志」だとかいう観念が用いられたのであった。つまり、そこには制度論的な視覚がみられるわけで、心情的なレヴェルで捉えられた民族精神論とは一線を画している。

イエナにおけるヘーゲルの課題は、要するに、自然的な秩序と人為的な秩序との、つまり自然の体系と人倫の体系との連関をいかに理解するか、ということであった。彼は、この課題に対して二つの方向から取り組んだ。一方では、人倫の体系を精神的自然として構成し、これを本来の自然、すなわち物理的自然に準じる「第二の自然」と解釈することによってであり、他方では、精神の実体を「自由」に求め、「精神は自然よりも高次である」と説明することによってであった。この二方向からの問題接近は、人間の制度のもつ二つの側面をうまく表現しているが、しかし「制度」の在り方そのものに関しては、なお不明確な点を残していた。このようなイエナ時代の思想的営為のうえに、ベルリン時代のヘーゲルは、法の「実定性」（Positivität）の問題を提起したのであった。すなわち、イエナ時代に先立って抱かれていた宗教の「既成性」（Positivität）についての考え方と相まって、彼の『法哲学』にみられる制度論が形づくられたのである。およそヘーゲルの制度論の特色は、既成的なものの中に生成の行程を読み取ること、定立行為の帰着点に実定的なものを据えることにあり、「生」のレヴェルと「制度」のレヴェルとは、このようにして連続的に把握された。この連続性が、同時代の中で実定法と慣習法の連関や、ヤーコプ・グリムの言う童話と伝説の連関と響き合っていることは、すでに述べたとおりである。

「定立されて在る」（gesetzt sein）というヘーゲルの説明は、「法律」（Gesetz）というものの在り方を端的に示している。この捉え方は、法制度のみならず、他の社会制度や国家制度など、人間を取り巻く制度一般にも当てはまる。もともと「制度」（Institution）とは打ち立て（statuieren）られて在るものであり、「国家体制」（憲法）（Verfassung）とは文書に記載（verfassen）されて在るものだからである。そのうえ、「文化」（Kultur）そのものが、自然を耕す（kultivieren）ことによって形づくられたものである。定立したり、打ち立てられたり、文書に記載したり、耕したりして、作られたものは、自然の中に単に見出されるものとは、その存在様式を異にしている。習俗の内に抽象的に見出される法を、具体的なものに作り上げる過程は、伝えられた伝説を童話として書き上げる過程にも照応している。サヴィニーは、法を自然の産物と解する立場から、「法を作る」（Rechtmachen）よりも「法を見出す」（Rechtfinden）ことを主張して、法典編纂に反対した。それに対してヘーゲルは、法をすぐれて人為的な作物とする立場から、「法を宣言する」（Rechtsprechen）だけでなく、「法を記述する」（Rechtschreiben）ことを要求して、法典の編纂に賛成したのであった。一八一八年の一〇月、サヴィニーの前にヘーゲルが現れたとき、ロマン主義の時代は終わり、ここに実定＝実証主義の時代が始まった。

もっとも、サヴィニーにも実定＝実証主義的な理解がなかったわけではない。彼にロマン主義者としての側面とローマ法学者としての側面とがあったことは、前に述べた。この二つの側面は、歴史法学における「歴史的な方法」と「体系的な方法」とにほぼ対応していた。[21] ヘーゲルも、早くに方法論について語ったことがある。すなわち、彼は『自然法の学問的取り扱い方』（一八〇二）という小論文を書いて、法学の「形式的な方法」と「経験的な方法」を検討している。それによれば、「形式的な方法」とは要するに演繹的な方法であり、「経験的な方法」とは帰納的な方法である。[22] これをサヴィニーの場合と重ねて捉えてみるなら、「歴史的な方法」は経験的であり、「体系的な方法」は形式的なものであるということになるだろう。ヘーゲルにおいては、実定法の体系は法の定立過程を前提としているがゆえに、二つの方法を統一することができた。しかしサヴィニーにおいては、立法と法学とが分離していたために、彼の法学における実証主義は、結局はローマ法学の古文書に厳密な検討を加えて、そこから多くのものを取り入れ、のちに「概念法学」と呼ばれるような、法概念の精緻な体系を構築することに向けられた。そして、これは皮肉にも、伝統的な自然法学の方法に合致するものだったのである。

このように、歴史法学が体系的な整合性を追求していくにしたがって、当初の歴史主義＝反自然法主義はその実質を失っていった。その矛盾の中で、歴史法学派は、ローマ法学の体系的な整合性をいっそう純化させようとするロマニステンと、ゲルマン民族の伝統的な習俗を研究するゲルマニステンとに分裂する。前者にはサヴィニーがおり、後者にはグリム兄弟がいた。しかもこれは単に歴史法学派内部での問題ではなくて、実は政治観の対立でもあった。ロマニステンは、メッテルニヒ体制の推進者ないし静観者からなっていた。それに対して、ゲルマニステンには、自由主義者が多数を占めていた。ゲルマニステンの指導者は、ほかならぬヤーコプ・グリムであった。

ベルリン大学におけるサヴィニーの権威が揺らぎはじめたのは、一八二五年のことである。この年、ヘーゲルの強力な推薦によって、エドゥアルト・ガンスが法学部の員外教授としてやって来た。すでに述べたように、ヘーゲルは講義でサヴィニーを批判する場合でも、直接にサヴィニーの名前を挙げることはなく、代わりにフーゴーやハラーの名前を挙げた。ところが、ガンスはその点についてまったく遠慮しなかった。他方、サヴィニーの弟子のプフタも、あからさまにヘーゲルの哲学を攻撃した。ヘーゲルとサヴィニーの対立は、文化大臣アルテンシュタインと、皇太子を中心とする宮廷ロマン主義者との対立にまで拡大した。ヘーゲルは、一時、「自然法と国家学」の講義をガンスに委ねたことがある。しかし皇太子から、ガンス教授は学生全部を共和主義者にしてしまうと警告されたために、ヘーゲルが再びみずから講義を担当するという一幕もあった。しかしそれも束の間、一八三一年、ヘーゲルはコレラに罹って倒れた。それ以後、歴史法学派に対する批判は、もっぱらガンスを中心に推し進められることになる。

一八三七年、ハノーファー王国の反動政策に対して自由主義的な教授たちが抗議したのをきっかけに、いわゆるゲッティンゲンの七教授事件が起こった。この七人の内には、グリム兄弟が含まれていた。やがてヤーコプ・グリムは、ゲルマニステン大会の議長やフランクフルト国民議会の議員となって、自由主義的な改革運動の先頭に立つことになるのである。

一八三七年三月二二日、七教授事件の最中、ベルリンでは学生たちによる支援集会が開かれていた。集会の場所は、ガンス教授の住居がある建物の内庭であった。この日は彼の誕生日であった。学生たちは集会に顔を出したガンスに向かって、嵐のような万歳を叫んだ。万歳を唱える群れの中には、法学部学生、カール・マルクスの姿もみえる。

注

（1）グスタフ・ラートブルフ『一法律家の生涯―P・J・アンゼルム・フォイエルバハ伝―』菊池栄一・宮沢浩一訳、著作集、第七巻、東京大学出版会、一九六三年、二〇頁。
（2）Hegel, Grundlinien der Philosohie des Rechts, in: Werke (Suhrkamp), Bd.7, S.34 (§3). ヘーゲル『法の哲学』藤野渉・赤沢正敏訳、『世界の名著』35、中央公論社、一九六七年、一八〇頁。
（3）a.a.O., S.361 (§210,211). 訳、四三八頁。
（4）Hermann Kantorowicz, Volksgeist und historische Rechtssdhule, in: Historische Zeitschrift, Bd.108, S.300f.
（5）Hegel, Volksreligion und Christentum, in: Hermann Nohl (hrsg.), Hegels theologische Jugendschriften, Frankfurt / Main, 1966, S.27. ノール編『ヘーゲル初期神学論集』久野昭・水野建雄・中埜肇訳、I、以文社、一九七三年、四七頁。
（6）ders., Die Positivität der christlichen Religion, Der Geist des Christentums und sein Schicksal, in: Nohl, a.a.O., S.136ff., 241ff. ノール、前掲書、I、一一九頁以下。II、一九七四年、一〇七頁以下。
（7）Georg Lukács, Der junge Hegel, Suhrkamp, Bd.1, 1973, S.56ff., 134ff., 359ff. ルカーチ『若きヘーゲル』上、生松敬三・元

浜清海訳、白水社、一九六九年、七六頁以下、一六〇頁以下、四〇〇頁以下。

(8) Friedrich Carl von Savigny, Vom Beruf unsrer Zeit für Gesetzgebung und Rechtswissenschaft, in: Jacques Stern (hrsg.), Thibaut und Savigny, Berlin, 1914, S.75.; Kantrowicz, a.a.O., S.319.

(9) Erik Wolf, Friedrich Carl von Savigny, in: ders. (hrsg.), Grosse Rechtsdenker der deutschen Geistesgeschichte, 4.Aufl., Tübingen, 1963, S.474ff.

(10) Anton Thibaut, Über die Nothwendigkeit eines allgemeinen bürgerlichen Rechts für Deutschland, in: Stern, a.a.O., S.52.

(11) Savigny, a.a.O., S.76, 78.

(12) Hegel, Grundlinien der Philosophie des Rechts, S.363 (§211). 訳、四四〇頁以下。

(13) a.a.O., S.402ff. (§258). 訳、四八五頁以下。

(14) Savigny, a.a.O., S.79.

(15) Hegel, Volksreligion und Christentum, S.17. 訳、I、三一頁。

(16) Briefwechsel zwischen Jacob und Wilhelm Grimm, S.371f. Stern, a.a.O., S.14.

(17) Wolf, a.a.O., S.489.

(18) a.a.O., S.471.

(19) 高橋健二『グリム兄弟』新潮社、一九六八年、一五六頁。

(20) Hegel, Grundlinien der Philosophie des Rechts, S.365 (§212). 訳、四四二頁。

(21) 河上倫逸「ドイツ型市民思想と法理論」『法学論叢』第九五巻一号、一九七四年、六九頁以下。

(22) Hegel, Über die wissenschaftlichen Behandlungen des Naturrechts, in: Werke, Bd. 2, S.440ff., 453ff. ヘーゲル『自然法学』平野秩夫訳、勁草書房、一九六三年、九九頁以下、一一八頁以下。

第六章　サヴィニーとグリムの歴史法学

一　歴史法学の成立

ドイツの歴史法学は、いわゆる法典論争を契機に成立した。すなわち一八一四年に、ローマ法学者のティボーが『ドイツ一般民法典の必要性』（Über die Notwendigkeit eines allgemeinen bürgerlichen Rechts für Deutschland）と題するパンフレットを公表して、民法典編纂を梃子にしたドイツの統一を提唱したのに対して、同じくローマ法学者であったサヴィニーはただちにこれに反駁して、『立法および法学に対する現代の使命』（Vom Beruf unsrer Zeit für Gesetzgebung und Rechtswissenschaft）を書き、立法よりは法学の樹立こそが急務であることを主張した。法典論争というとき、この二人のあいだに交わされた遣り取りを指すのが通例であるが、実はこの論争には、間接的にとはいえ、哲学者のヘーゲルや言語学者のヤーコプ・グリムなども深く関わっている。このことの思想史的意義についてはのちに述べることとして、ここではティボーとサヴィニーのそれぞれの論点を概観するに留めておく。

ティボーのねらいは、商取引の安全を確保するために、ドイツの各領邦に共通する一般民法典を早急に編纂し、こうした法的統一によって民族の政治的統一を期すことにあった。当時のドイツでも啓蒙主義に立脚した法典はすでに作られてはいたが、ティボーに決定的な衝撃を与えたのは、ナポレオン法典、つまり一八〇四年のコード・シヴィルであった。ティボーによる先のパンフレットは、要するに、ドイツにもナポレオン法典に相当する民法典が必要だとの提案にほかならない。しかもこの提案は、ナポレオンにより、南西ドイツに実際にコード・シヴィルが適用されていた経緯を踏まえての、いわば経験ずみのものであった。

民族の統一を望む点ではティボーに同意しながらも、サヴィニーは法典編纂をいかにも時期尚早として反対した。彼にとって、コード・シヴィルに代表される啓蒙主義的な法典は、革命の象徴にほかならなかった。サヴィニーは神聖ローマ帝国の終焉をも肯んじようとしなかったほどで、ナポレオンの存在すら否認したといわれる。(1)ティボーが指摘したように、サヴィニーの立法慎重論は、「革命への恐怖」に支配されていたのである。(2)

もっとも『現代の使命』そのものは、政治的論争の書というよりは、おおむね学術論文の体裁が採られている。そこでの主張の基調は、ドイツ民族にはいまだ立法能力が欠けているから、その欠陥を補うための法学の整備こそが法曹の任務だ、ということである。立法能力の欠如ということの中には、法とは恣意的に作られるものではなく歴史的に生成するものだという趣旨が込められており、法学の整備が意味するのは、究極的には歴史からも切断された、固有の論理体系としての法学の必要性である。ここには、法の認識をめぐって重大な矛盾が内在しているけれども、サヴィニーはみずからの方法を、やや強引に歴史法学(historische Rechtswissenschaft)と名づけることで、この矛盾を隠そうとした。彼の当面の論敵は、啓蒙主義的立法論を支える非歴史的な自然法学であった。

啓蒙主義的ないし自然法学的な法典としてサヴィニーが挙げるのは、当時相次いで制定された、プロイセン一般ラント法、コード・シヴィル、オーストリア一般民法典、の三つの法典である。彼の批判は、これらの法典が誇る普遍性(一般性)に向けられている。三法典の根底には、人間の普遍的理性と普遍的に妥当する自然法の理念が見出されるが、これはサヴィニーの民族主義的な歴史感覚とは相容れなかった。

サヴィニーが普遍的自然法に対置するのは、民族的慣習法である。法は言語や習俗とともに民族に固有のものである、あるいは、「法は民族とともに成長し、民族とともに成熟し、やがて民族が個性を失っていくように死滅する」といった命題は、『現代の使命』における彼の法認識をよく表している。[3] だがもっと重要なのは、次の言明ではあるまいか。

「あらゆる法は、けっして適切ではないが一般的な用語では慣習法（Gewohnheitsrecht）と呼ぶ仕方で生成する。すなわち、法は先ず習俗や俗信によって、次に法学によって生み出されるのであり、そのゆえに結局、内的で静的な力によって生み出されるのであって、立法者の恣意によって生み出されるのではない。[4]」

サヴィニーは自然法を否認して、法を民族の内的で静的な力、換言すれば「民族の共通の確信」の所産として、慣習法の名のもとに捉える。[5] しかし、それだけではない。彼はここではっきりと、法学によって生み出される法についても言及しているのである。慣習法が習俗や俗信として民族（民衆）の生活と有機的連関をもつものだとすれば、法学によって生み出される法は、けっしてこの意味での慣習法ではない。これは、立法者ならぬ法学者によって定立される法であって、むしろ実定法に近いものである。慣習法と実定法という言い方は、ベーゼラーのようにその担い手に着目して、「民衆法」（Volksrecht）と「法曹法」（Juristenrecht）と言い換えることもできる。サヴィニーにおいては、法はこのような「二重の生活」を営むものとして、当初から構想されていた。

サヴィニーは、自然法を批判するに際して慣習法を持ち出すけれど、彼にとっての究極の法とは、学説としての実定法にほかならない。先に掲げた諸言明を含む章を、彼は「実定法の生成」と題しているが、たとえばヘーゲルとは異なって、慣習法が実定化される論理的かつ歴史的な過程を提示しえているわけではない。サヴィニーの言う法の二重の生活は、慣習法と実定法の関係をきわめて曖昧にしており、まさにこのことが歴史法学そのものの両面性として残ることになる。

サヴィニーの歴史法学に内在する方法論的な両面性についてはしばしば指摘されるが、これは彼の学問に初めから備わっていたとすることができる。法典論争より十余年前、若きサヴィニーは、マールブルク大学で法学の方法論をめぐる講義をしたことがある。その内容は、そのとき彼の学生であったヤーコプ・グリムの筆記録をもとに、およそ百五十年もたってから『法学方法論』(Juristische Methodenlehre) として公刊された。それによれば、サヴィニーは、法学の方法に関して、文献学的研究、歴史的研究、体系的研究の三つを挙げていたことがわかる。もっとも、文献学的研究が歴史的研究の中に含まれることは彼自身の認めるところであるから、結局は、「歴史的方法」(historiche Bearbeitung) と「体系的方法」(systematische Bearbeitung) とが対比されることになる。[6]

サヴィニーによれば、歴史的方法とは、文献考証をとおして法源を歴史的に辿る試みである。また体系的方法とは、法的諸概念を論理的に整合する作業である。彼は、体系的方法をときとして哲学的なものとしているけれど、ここにいう哲学的とは演繹的ということであろう。のちに概念法学的傾向を強めていくサヴィニーは、法的諸概念を数学的論理をモデルに整序しようとするからだ。それはともかく、歴史的と体系的という二つの方法は、『現代の使命』の第六章「立法に対する現代の使命」における、以下の記述とも対応している。

「法律家には二重の感覚が不可欠である。すなわち、各々の時代ないし各々の法形式の特徴を鋭く把握するための歴史的な感覚と、各々の概念ないし各々の法文を、全体との生ける結合や相関のもとで、換言すればそれだけが唯一真実で自然なものである関係のもとで顧慮するための体系的な感覚とである。[7]」

これを前に引用した法の認識論と重ね合わせると、どうなるだろうか。サヴィニーによれば、法は先ず習俗によって、次に法学によって生み出されるのであった。習俗に由来する法は、言語と同様に、民族の個別性との有機的な連関のもとにあり、法学によって作られる法は、概念間の論理的整合性に支配されている。だとすれば、この二つの法に応じて、彼の法理論の中に「有機的に進展する法学」と「固有で真正の体系的な法学」という、二つの方向性を見出すのも不可能ではあるまい。(8) しかも、これまで述べたことからすれば、前者が扱うのは民族的慣習法であり、後者の対象となるのは学説的実定法である。いうまでもなく、歴史的感覚もしくは歴史的方法は、有機的に進展する法学にこそふさわしい。

『法学方法論』そのものが立法学に寄与することを目的としていたように、サヴィニーの真のねらいは、立法に先立って論理的な法学を準備しておくことにあった。固有で真正の体系的な法学とは、より端的にいえば実定法の解釈学なのである。『法学方法論』の初めのほうで、サヴィニーは、解釈は如何にして可能であるかとの問いを設定して、「解釈はそれ自身歴史的および体系的に研究されうるものと認められねばならない」と答えている。(9) このかぎりでは、歴史的方法と体系的方法とは、なお一体のものとみえる。だが、それはあくまで両者が法の解釈に奉仕するとの前提があるからであって、具体的立法のいかんによっては、この二つの方法は早晩乖離せざるをえない。

ティボーとの論争のあとで、サヴィニーはみずからの法学を樹立すべく、ゲルマン法学者のアイヒホルンらとともに、『歴史法学雑誌』（Zeitschrift für geschichtliche Rechtswissenschaft）を刊行した。この雑誌の寄稿者および彼らの同調者は、これ以来、歴史法学派（historische Rechtsschule）と総称されることになる。しかしすでにみたように、その創立者であるサヴィニーの法研究には、当初から二つの方法が混在していた。なるほど、法の歴史的研究は体系的研究に包摂されるものだと解すれば、この間の矛盾は一応解消されよう。けれどもこの場合には、歴史的方法は、体系的法学を構成する諸概念を発見するための、法源探索の手段に矮小化されてしまう。しかも、この作業がゲルマン的慣習法ではなくてローマ的学説法を主たる対象とするかぎり、法は民族の個別性の所産であるとの認識に立っていたはずの歴史的方法は、法学の体系化が進展するにしたがって、ますます疎外されてしまうのである。

サヴィニーは、もともとローマ法学者であった。彼の愛惜した神聖ローマ帝国は、大ローマ帝国の正統な後継者たることを自任していた。ローマ法の帝国主義的で個人主義的な特質を考えるとき、サヴィニーがこれを純粋化することで近代的な法学を創ろうとしたことは、それ自体けっして不思議ではない。哲学からも自然法学からも切断された、固有な論理体系からなる「学問としての法学」（Rechtswissenschaft）は、サヴィニーが初めて確立したとされる。[10] だがこれは、あたかも数学のように法的諸概念を演繹的に配置し、まさに「概念によって計算する」（mit Begriffen rechnen）形式論理学であって、[11] もとより歴史とは無縁のものであった。むしろ、演繹的な論理体系とは彼が排斥したはずの自然法学の方法なのであって、このゆえに、サヴィニー法学の中に「隠された自然法」を指摘する見方さえあるほどなのである。[12]

ところがサヴィニーは、みずからの法学を歴史法学と呼んで、あたかも歴史的方法の確立こそが目標であるかのように論じる。『歴史法学雑誌』第一巻の巻頭論文「この雑誌の目的について」は、『現代の使命』とともに歴史法学の綱領論文と言われるものだが、ここでも彼は、「歴史学派」と「非歴史学派」とを区別して、前者の学問的優位を強調する。[13] こうした態度は、かえって歴史法学の非歴史性として、すでに当時から多くの批判を受けねばならなかった。論争の直接の当事者であったティボーはもちろん、ヘーゲルやマルクスもこれを指摘しているし、さらには歴史法学派の内部からも、サヴィニー法学の両面性はしだいに露わにされることになる。

以下では、サヴィニーの法学に対する批判のうち最も示唆に富むものとして、ヘーゲルの法哲学とグリムによる法の象徴学の試みに触れながら、歴史法学の新たな可能性を探ってみたい。ヘーゲルとグリムの思想的立場は著しく異なっているけれども、サヴィニーの歴史的方法の限界を、それぞれの仕方で突破しているように思えるからである。

二　サヴィニーとヘーゲル

ヘーゲルの『法哲学綱要』(Grundlinien der Philosophie des Rechts) が、サヴィニーの歴史法学に対する重大な批判を含んでいることは、しばしば言及されるところである。民族(国民)の法典編纂能力をめぐる以下の記述は、それと名指しこそしてはいないが、明らかにサヴィニーその人に向けられている。

「一文明国民ないしはその国民のうちの法律家身分に法典を作る能力を認めないというのは、一国民ないしその法律家身分に加えられうる最大の侮蔑の一つといえよう。(14)」

「ごく最近、諸民族には立法の使命などはない、とだれかが言ったが、これはただに侮辱であるだけではなく、そこには愚にもつかない想定が含まれている。(15)」

『立法および法学に対する現代の使命』におけるサヴィニーの主張を想起するとき、右に引用した個所が彼の立法慎重論を非難したものであることは説明を要しないだろう。むしろ興味を向けるべきは、ヘーゲルがサヴィニーの名を挙げずに批判を加えている点、およびここに隠された両者の人的関係のほうではなかろうか。『法哲学綱要』が公刊された当時、サヴィニーはベルリン大学の法学部の教授であり、そしてヘーゲルは同じ大学の哲学部の教授であった。

とはいえ、すでに総長職を経験し国王の信任も厚かったサヴィニーに比べて、ヘーゲルがまだまだ新参者であったことは否めない。ヘーゲル法哲学とサヴィニー歴史法学の争いは、いまだ水面下でなされていたということだろう。[16]

だが、この問題に立ち入るには、若干の前提を踏まえる必要がある。それは法典論争時におけるヘーゲルの立場にほかならない。この論争にヘーゲルが直接の関わりをもったわけではないが、ティボーはかつて「重要な文献上の問題」について、友人を介してヘーゲルに照会したことがあるし、[17]のちにハイデルベルク大学においてこの二人は同僚となる。しかもティボーをこの大学に斡旋したのはなんとサヴィニーであったから、サヴィニーは期せずして、ヘーゲルとティボーの出会いを用意したことになる。ヘーゲルとティボーの共通の学生としてはガンスがいるが、こうしてハイデルベルクは、一時期、反サヴィニー法学の牙城の観さえ呈することになった。

ヘーゲルの『法哲学綱要』は、「自然法と国家学」と題するベルリン大学での講義をもとに書かれたものであるが、この講義は実はハイデルベルク大学で始められたのであった。ベルリンに移ってからも、この講義は彼の死の直前までほとんど毎年開講されている。哲学者であるヘーゲルをして、これほどまでに駆り立てたのは一体何だったのか。「自然法と国家学」というテーマは、自然法学を批判し国家的権威による立法をも否認したサヴィニーに対する、当てこすりと聞こえないこともない。

そもそも、ヘーゲルの哲学的法学は、サヴィニーの歴史法学を克服すべく提唱されたのであるまいか。サヴィニーは私法学者で非政治的な資質の持ち主であったけれど、ヘーゲルの法哲学とは、つまるところ国家哲学であり、私法的諸関係の公法化、換言すれば制度化の試みであったとすることもできる。だとすれば、先に挙げたサヴィニー批判は、まさに法の制度化、つまりは立法化をめぐるものであったがゆえに、ヘーゲル法哲学の核心に関わっているのである。

ヘーゲルによるサヴィニー批判の眼目は、法の実定性の問題であった。すでにみたように、サヴィニーも「実定法の成立」に言及してはいるが、そこでは立法者の介入を否定する結果として、実定法の概念は慣習法に置き換えられていた。しかもそこには、法学者の学説を法の実質的な内容にするねらいも込められていた。いずれにせよ、サヴィニーにおいて、法の実定性は、歴史的慣習法と体系的学説法のあいだできわめて曖昧なままに放置されていたのである。

ところが、ヘーゲルは法の存在論的構造を解明するために、この法の実定性を『法哲学綱要』の中心的な主題にまで高める。

「法は、一つの国家において妥当性をもっているという形式によって、総じて実定的（positiv）である。そして、このような法律的権威が、法の知識つまり実証的な法学（positive Rechtswissenschaft）にとっての原理である。」

これに続けて、内容としての実定的な要素が三つ挙げられる。すなわち、①民族の国民的性格・歴史的発展段階・自然必然性であり、②法体系における普遍的な概念の個別的な事例への適用の必然性であり、③法的決定のために必要な末端規定である。[18] 要約すれば、第一の要素は歴史的なものであるし、第二と第三の要素は体系的なものといえるだろう。ヘーゲルはサヴィニーと同じく、法の内に歴史と体系との二重構造を認める。そしてそのうえで、法律としての法を慣習としての法から区別し、併せてサヴィニーの立法慎重論を非難するのである。

というのも、ヘーゲルによれば、法の客観的現実性は実定性をつうじて獲得されるからだ。この意味で、法の究極の姿は実定法なのである。

「即自的に法であるところのものがその客観的現存在において定立されると、すなわち思想によって意識に対して規定され、法であるとともに効力をもつところのものとして周知されると、それが法律である。そして法はこうした規定によって実定法一般なのである。[19]」

ヘーゲルにとって、法（Recht）とは法律（Gesetz）、すなわち定立された（gesetzt）法、にほかならない。彼の言う実定法（positives Recht）とは、法律的権威としての国家によって、客観的に定立された法のことなのだ。これはしかも、法典の形式で「書かれ集められた」法であるから、イギリス流の判例法はもとより、サヴィニーの言う慣習法でもけっしてない。このようにみてくるとき、法典編纂に対するヘーゲルの立場は、おのずから明白であろう。ヘーゲルがティボーに全面的に賛同していたというのではないが、少なくともこのかぎりでは立法促進論の側にいるのである。

とはいえ、ヘーゲルによる法の実定性の理解は、法典論争の域をはるかに越えたものであった。青年時代の彼には『キリスト教の実定性（既成性）』と題された小論があるが、この当時から、法の実定性概念は、社会制度一般の成立の秘密を明らかにするものとして準備されていた。『法哲学綱要』では、教会に代わって国家の成立が論じられているけれど、律法がすなわち法律であるように、規範の客観化の必然性は、宗教の場合も国家の場合も変わりはないのである。

ヘーゲル法哲学の対象は、彼の哲学体系の中の客観的精神の領域に相当するが、これは抽象的法が法律として具現する論理的かつ歴史的な過程にほかならない。客観的精神の領域とは「第二の自然」としての社会制度の考察であるし、抽象的法とは結局は自然法のことである。つまり『法哲学綱要』は、自然法が国家によって実定化される必然的過程を叙述したものと解することができる。そしてヘーゲルが実証的な法学と言うとき、それはいうまでもなく、こうした実定法を対象とする学問を意味するのである。

他方サヴィニーの場合、法は先ず習俗によって、次に法学によって生み出されるものであったことは、すでに述べた。だが彼の法学は、やがて法の歴史性を捨象して、もっぱら法概念の論理的整合性を追求することとなる。このようにして樹立された法学は、法源の文献学的な研究を土台とし、ここから構築された学説法の体系であるとの意味で、たしかに実証的な法学ではあるけれど、もはや歴史的な法学とはいえないものであった。

ところがヘーゲルは、「実証的な法学」（positive Rechtswissenschaft）は「歴史記述的な学」（historische Wissenschaft）であると言明する。彼によれば、法学は、所与の法的諸規定の適用のされ方や細分化のされ方ばかりでなく、それらの歴史的変遷を実証的な資料から推論するという任務を有している。[20] それというのも、法はその実定的な要素の第一のものとして、民族の国民的性格や歴史的発展段階や自然必然性、といった歴史的な内容を包含しているからである。前二者はともかく、自然必然性を歴史的なものとするのは奇妙にみえるかもしれないが、これを風土と解すれば、まさに精神的自然に属するものとして、法の歴史性と不可分であることがわかる。現にモンテスキューなどは『法の精神』の中で法と風土との関わりを主題にしたし、ヘーゲルの『歴史哲学講義』では「歴史の地理学的基礎」が論じられている。

民族の国民的性格や歴史的発展段階や自然必然性とは、一言でいえば民族精神のことである。「民族精神」（Volksgeist）なる用語は、これもモンテスキューの「民族の一般精神」（l'esprit général de la nation）に由来するが、ドイツでの最初の用法はヘーゲルの内に見出される。[21] そしてこれは、折からの歴史主義的ないしはロマン主義的な風潮のもと、たちまち一種の流行語となった。サヴィニーもまた、綱領論文において、法は「民族の共通の精神」（die gemeinsame Überzeugung des Volkes）との言い方を用いているのである。[22]

だがたびたび言及したように、サヴィニーの場合、法の歴史性の認識は法学の実証性と有機的に結合しえていない。これを媒介すべき法の実定化の必然性について、立法に慎重でありすぎたためか、実定化には否定的であり続けたからである。これに対してヘーゲルは、法の実定的な要素の中に、体系性のみならず歴史性をも取り入れることによって、実定的な法を対象とする実証的な法学こそが、本来の歴史法学であることを主張する。たしかにサヴィニーにあっても、法の歴史性は慣習法の領域で捉えられている。しかしヘーゲルに言わせれば、慣習法はいまだ主観的な法であり、実定化されないかぎりは学問的考察の対象とはなりえないものなのである。

法学は実証主義的な学問であると同時に歴史主義的な学問である、というヘーゲルの考えは、早くも青年時代の『自然法の学問的取り扱い方』（Über die wissenschaftlichen Behandlungsarten des Naturrechts）に現れている。これはサヴィニーの『法学方法論』に比較されるべき多くの論点を含むが、とりわけヘーゲルの言う「経験的方法」（empirische Behandlungsart）と「形式的方法」（formelle Behandlungsart）とは、それぞれサヴィニーの歴史的方法と体系的方法を想起させる。[23] ここでサヴィニーとは異なって、ヘーゲルが法を経験的かつ形式的な仕方で把握しうるのは、ヘーゲルの論じる自然法の実体がいわば歴史的自然法としての慣習法であるからだが、これはいずれは国家によって実定化されねばならない。法の実定性に内在する歴史性を承認しようとする「自然法と国家学」講義は、こうした研究の発展として開始されたのである。

ベルリン大学でのサヴィニーとヘーゲルの仲は、サヴィニー自身の認めるように、けっして芳しいものではなかった。法哲学の講義における、名指しこそ避けてはいるが明らかにそれとわかる批判を耳にして、サヴィニーが快く感じたはずはない。ただし、サヴィニーにとって重要なのは、ヘーゲルによる「専門外の学問への高慢で皮相な批判」よりも、大学行政上の対立であったようだ。[24] これはガンスの人事をめぐって、頂点に達する。ガンスは、ハイデルベルクでティボーとヘーゲルに教えを受けた法学者であり、ヘーゲル全集の編者としても知られているが、彼のベルリン大学法学部への招聘に際して、サヴィニーは強硬に反対した。ヘーゲルをベルリンに迎えたサヴィニーではあったが、みずからの膝元である法学部にヘーゲルの弟子を招き入れるわけにはいかなかったのである。

サヴィニーの抵抗にもかかわらず、ヘーゲルの強力な後押しにより、結局ガンスは法学部に入り込むことに成功した。ガンスは、ヘーゲルとは異なって法学者の立場から、しかも公然とサヴィニーの歴史法学を論難した。ガンスはヘーゲルの歴史哲学を承けて、独自の比較法学を構想していた。このかぎりでは、ヘーゲル学派の中でもガンスは歴史法学派に最も近い位置にいたはずなのだが、かえってこのゆえに、サヴィニー批判はより激しいものとなっている。ガンスの講義には、ヘーゲルの息子のイマニュエル・ヘーゲルや若きマルクスも出席していたという。

ガンスによるサヴィニー批判は、基本的にはヘーゲルのそれを踏襲している。たとえば、ヘーゲルの死後におこなわれた「自然法と普遍法史」と題する講義には、次のような言い方が見出される。

「現代は立法の使命を有さないという命題は、二十年前サヴィニーによって立てられたものだが、今日では何らの妥当性をも保持しなくなった。かえって法典は続々と現れているではないか。法は法律であることによって、実定的なもの、合法的なものになるのである。[25]」

ヘーゲル法哲学の後継者たることを自任していたガンスにおいて、批判の枠組みが師に似ているといっても、それだけで驚くには当たらない。だがここには、ヘーゲルがなしたような法の実定性の哲学的深化はみられない。法学者としてのガンスの関心は、むしろサヴィニーの著述内容そのものに向けられている。すなわちガンスは、サヴィニーの代表作である『中世ローマ法史』の書評をおこなったり、『占有権論』に対して「ローマ法の研究と体系」を書いて、サヴィニーの歴史的方法と体系的方法のそれぞれに疑念を呈しているのである。(26)

あるいは、マルクスの場合はどうだろうか。彼がベルリン大学法学部の学生としてまともに聴いたのは、サヴィニーとガンスの講義だけであったという。マルクスによるヘーゲル法哲学への接近も、ガンスをつうじてなされたものだったろう。マルクスはのちに「歴史法学派の哲学的宣言」という論文を書いて、間接的にではあるが、サヴィニーの法源研究を現実を見失うものと非難している。(27)

つまり、ヘーゲルの弟子たるガンスと孫弟子たるマルクスは、サヴィニー法学における歴史と体系の二律背反と、両者をかろうじて結合している法源研究の意義とを問題にするのだ。しかしながらガンスとマルクスには、ヘーゲルにみられるような、法の存在論的構造それ自体からする、換言すれば法の実定性の視点からする、根源的な検討は欠けている。ところがこうした内在的な批判は、ヘーゲル法哲学とはまったく異なった立場からのものではあるけれど、ほかならぬ歴史法学派の内部にも見出されるのである。しかもこれは、サヴイニーの慣習法論そのものを衝くとの意味で、きわめて示唆に富むものを含んでいる。それはすなわち、サヴィニーの愛弟子グリムによる、ゲルマン法学、あるいは法の象徴学の試みである。

三　サヴィニーとグリム

法典論争に際して、グリムがサヴィニーに全面的な賛意を示したことはあまり知られていない。ここにいうグリムとは、童話集の編者として有名なグリム兄弟の兄のほう、言語学者のヤーコプ・グリムのことである。ヤーコプは弟のヴィルヘルムとともに、マールブルク大学法学部でのサヴィニーの最初の弟子であり、彼の生涯にわたる友人でもあった。

ヤーコプ・グリムは、サヴィニーの歴史的方法の成果といわれる『中世ローマ法史』に対して、有能な助手として史料蒐集面での協力をおこなっているし、『歴史法学雑誌』にもいくつかの論文を発表している。そればかりか、グリムは慣習法研究に関して、『ドイツ法古事誌』をはじめ何冊もの大著を遺してもいるのである。法は言語とともに民族精神の所産である、とはサヴィニーの綱領論文の基調だが、まことにグリムこそは、当のサヴィニー以上にこの考えを実践したといえよう。

サヴィニーの『法学方法論』がグリムの講義筆記録をもとに出版されたことは、前に触れておいた。サヴィニーの法研究は歴史的方法と体系的方法の二つのものを含んでいたのだが、グリムには諸概念の論理的整合性を不可欠とする体系的思考はみられない。これに代わるグリム独自の方法があるとすれば、それはひたすら史料を集めるということに尽きる。彼は、ときとして「ガラクタへの畏敬」とからかわれるほどに、童話や伝説を集め、法慣習を集め、ついには言葉そのものを集めた。これらものは一見ばらばらではあるけれども、全体として古ゲルマン以来のドイツの歴史を表している。つまりグリムは、民俗学的な諸史料を蒐集することで、結局、ドイツ民族に固有の歴史そのものを集めたのである。

グリムのこのような仕方が、ロマン主義の影響のもとにあるのはいうまでもない。グリムは、クレメンス・ブレンターノや妹のベッティーナ、彼女の夫となったアルニムなど、ロマン派の詩人たちと親交があったが、彼らをグリムに引き合わせたのは、ほかならぬサヴィニーであった。サヴィニー夫人のクニグンデも、クレメンスの妹であったからである。そればかりではない。マールブルクのサヴィニーの書斎には、中世の宮廷詩人や職匠詩人の多くの歌集があり、これらすべてのものをグリムは利用することができた。(28)

詩人たちをグリムに紹介したサヴィニーも、ロマン主義的な気質を兼ね備えていた。法や言語を民族の歴史的所産とする見方は、ヘーゲルの民族精神論とも相まって、ロマン主義者の歴史感覚をよく表している。その後のサヴィニーによる法学の体系化作業をみるとき、彼の歴史的方法はロマン派への「口先だけの帰依」にすぎないとの説もあるが、(29)これはいささか言い過ぎであろう。少なくとも法典論争までのサヴィニーには、体系的方法と歴史的方法とが併存していたとするべきである。ただ彼は、自身の提唱した歴史的方法では学問としての法学を創造しえないと考えて、研究の対象としてゲルマン的慣習法ではなくローマ的学説法を選択したにすぎない。ハイネはサヴィニーを指して、いみじくも「パンデクテンの吟遊詩人」と呼んだ。(30)たしかにサヴィニーは、パンデクテン（学説彙纂）の純粋化と引き換えに、戻るべき故郷を失ってしまったのかもしれない。

師のサヴィニーに代わって、歴史的方法はまさにグリムによって継承されたといえる。『立法および法学に対する現代の使命』の公表にあたって、ヤーコプは、ヘッセン国の外交官として参加していたウィーン会議の最中に、弟のヴィルヘルムに宛てて手紙を送り、サヴィニーの見解との一致を確認している。(31)問題は、グリムがサヴィニーの見解のどこに賛成したかであるが、それは、その後のグリム自身の研究が示しているように、師の歴史的方法であったことは疑いない。

『歴史法学雑誌』の創刊号において、グリムは早くも、「殺人賠償なる古ゲルマン独特の慣習法について」という論文を寄せているし、これ以後この雑誌に掲載されたものだけでも、「古い北欧の掟の文学」「果実が隣地に垂れかかること、および隣地に突き出た枝を刈り込むことについて」「ザクセン法による自由民の殺人賠償金についてのシャウマンの論説に対する覚書」といった論考を挙げることができる。

グリムの関心は一貫してゲルマン系諸民族の法的慣習に向けられており、サヴィニーの実際の研究がもっぱらローマ法を対象としたのと著しい相違を示している。グリムによるこうしたゲルマン的慣習法の研究は、ドイツ語についての比較言語学的探索と一体のものであり、総体としてドイツ民族の固有の歴史を提示している。民族の歴史の固有性というヘルダー以来の歴史主義は、ロマン派の文学運動を介してグリムにまで連なっているわけだ。サヴィニーは法と言語は民族の歴史の所産だと言ったけれど、むしろグリムの中にこそ、歴史と法と言語の三位一体の在りようが、いっそう具体的に見出される。(32)

グリムにおける歴史と法と言語の三位一体を考えるとき、見逃しえないのは『法の内なるポエジー』（Von der Poesie im Recht）という刺激的な論文であるだろう。これもまた、『歴史法学雑誌』の第二巻に書かれたものだが、この標題そのものが、グリムのロマン主義的な傾向とともに、サヴィニーの概念主義的な方法への批判を示唆している。

この論文のねらいは、ゲルマンの慣習の中に法と詩（ポエジー）の共通の起源を確認し、これをドイツ人の民族的な気質との連関にまで説きおよぼそうというものである。グリムは、語源学的な知識を存分に活かしながら、法の内に詩的な韻律の美しさを認めたり、逆に詩的物語の内に法的戒律を発見したりする。彼にとって法的用語は、民衆の生活から切り離された概念であるのではけっしてなく、むしろ詩的な姿で遺された慣習的生活それ自体なのである。

たとえば、「遺産は剣から紡錘に行く」という法諺が、相続の際に剣の親族（Schwertmage）としての男系親が紡錘の親族（Spillmage）である女系親に優先すべきことを意味するように、あるいは、「朝の贈り物」（Morgengabe）とは初夜の翌朝に新郎が新婦になすべきプレゼントであり、「子供の一体化」（Einkindschaft）とは異腹の子にも同等の相続分を与える旨の夫婦財産契約であり、「空の下の鳥」（Vögeln unter dem Himmel）とは故郷を追われ法の庇護の外に投げ出されるべき犯罪者のことであるように、グリムは詩情にあふれた法用語を無数に例示して、法と詩の分かちがたい在りようを証明しようとする。(33)

「法を詩の視点から捉え、詩によって法の生き生きとした姿を確かめる」ために書かれた『法の内なるポエジー』は、グリム自身の言うように、法源研究と語源研究の接点に民衆の「言葉遊び」を見出そうとする。(34) それは、ある場合には単なる語呂合わせにすぎないかもしれないが、本質的には中世の法的言語の有する比喩的な働きによるものだろう。グリムも、「法は詩歌と同様に生き生きとした言葉に満ちており、その表現の全体が比喩に富んでいる」と指摘する。(35) こうした比喩性は、法用語（Rechtswort）や法成句（Rechtsphrase）はいうにおよばず、慣習法令集や判告文にいたるまで非常に広範にみられる。まことに慣習法とは、民衆の言葉で語り継がれ遊びの精神に満たされた、詩的な法なのである。

法的言語の比喩性は、さらにその象徴性と言い換えることもできる。実際グリムは、『法の内なるポエジー』の中で、法的象徴によって法と詩の共通の起源を明らかにしようとしている。ここで彼の言う「法的象徴」（Rechtssymbol）とは、「剣」と「紡錘」がそれぞれ男と女を表し、「指輪」が婚約を意味し、「鍵」が家産を象徴するといったように、日常的な意味を残しながらそれが同時に法的言語となったものである。(36) 法的象徴を列挙するにあたって、グリムはこう述べている。

「しかしそれに加えて、立法には昔から一定の確固とした徴《しるし》（Zeichen）がつきものであった。これらの徴を、立法はたいていの事件に適用するのが常であったが、それはこうすることによって、事件を祝祭化し神聖化するためであった。このような法的象徴（Rechtssymbol）によって、法のポエジーがすぐれて認識されるわけだが、このことについては、なお若干のことが述べられねばならない。[37]」

出来事の祝祭化や神聖化は、一定の様式を踏まえた行為が何らかの法的効果を象徴することによってこそ、可能と考えるべきだろう。グリムもこのことに気づいて、法的象徴を「象徴的行為」(symbolische Handlung) の次元に還元している。たとえば、占有者が鋤の刃でその土地に触れたり鍬で耕して種子を播くことで、土地を聖化することによって、初めて所有権を取得するとの法慣習に対し、彼はこのことを、譲渡者の「不作為」に譲受者の「作為」を対照させながら説明するのである。[38] たしかにこういった象徴的行為は、グリムもしばしば引用するドイツ最古の法書『ザクセンシュピーゲル』などには、至る所に見出される。このように身体的な振る舞いが法的意味を獲得する様子を、『ヤーコプ・グリムとドイツ法』の著者であるルドルフ・ヒュープナーは、「法はポエジー的な仕方で、権利能力と行為能力とを、一定の身体的なメルクマールに結びつける」と言っている。[39]

ところで、この象徴的行為の問題は、すでにサヴィニーの言及するところでもあった。サヴィニーは、『立法と法学に対する現代の使命』の中で、法的諸関係における精神作用を固定するため、ある具体的な存在の必要性を論じて、言語の不断の使用や可視的な公権力と並べながら、象徴的行為を挙げるのである。これに続けて、彼は、象徴的行為を「形式的行為」(förmliche Handlung) とか「法の固有の文法」(die eigentliche Grammatik des Rechts) と言い換えて、法的言語の独特の存在様式を示している。しかし、それ以上の論の展開はみられない。けだしサヴィニーにとって、象徴的行為は、文字や口頭で伝達されうる明白な法原則に取って代わられるべきものだったからだ。[40]

『法の内なるポエジー』にみられる法的言語の象徴性に着目して、グリムの方法を「法の象徴学」と名づけて称賛したのはフランスの民衆史家ミシュレであったが、このことはのちに述べる。

法典論争後、サヴィニーは『中世ローマ法史』や『現代ローマ法体系』、グリムは『ドイツ法古事誌』や『判告録（ヴァイステューマー）』といった大著の執筆に取りかかる。ともに歴史法学派の一翼を担いながら、ここには二人の関心方向の違いが如実に現れている。すなわち、サヴィニーが、パンデクテンを中心としたローマ的学説法の理論的純粋化を目指すのに対し、グリムは、ゲルマン的慣習法のいっそう大規模な蒐集へと向かう。当初サヴィニー自身が提唱した歴史的方法と体系的方法のうち、歴史的視点は、体系的法学の構築にともなって、彼においてはしだいに顧みられなくなる。だがその反面で、歴史的方法の実質的な継承は、グリムの慣習法研究に委ねられるのである。

二つの方法の師弟による分担は、相互の学問の亀裂を深くしていくが、というのも、ここには両人の政治的見解の相違が密接に絡んでいたからである。時はあたかも、ウィーン会議と三月革命の中間期、反動的な風潮の支配する時代であった。ドイツの統一は共通の悲願であったとしても、サヴィニーの法学は近代的官僚層を養成するための手段として用いられ、グリムの法学は民族意識の高揚に役立った。グリムにおいてその直接の契機となったのは、いわゆるゲッティンゲンの七教授事件である。(41)

この事件は、一八三七年にハノーファーの新国王が既存の憲法を廃棄して反動的な統治をおこなおうとした際、当時ゲッティンゲン大学の教授であったグリム兄弟ら七人が、これに抵抗して抗議文を国王に提出したことに始まる。首謀者と目されたヤーコプ・グリムはハノーファーから追放されてしまうのだが、この波紋は国王の予想以上に大きなものであった。解職され追放されたグリムに対しては、たとえばフランスからはミシュレによるパリ招請の動きなどもあり、もちろんドイツ全国でも救援運動が展開された。とくにベルリンでは、ベッティーナ・ブレンターノによる義援金の募集活動がなされたり、七教授への大がかりな連帯集会がガンス邸の中庭で、学生マルクスも参加しておこなわれた。なによりも例のグリム辞典の出版計画そのものが、兄弟の経済的援助のために企画されたものなのである。ところがサヴィニーはといえば、グリムからの支援の要請にもかかわらず、これを黙殺している。こうした一連の動きの中に、サヴィニーは敏感にも革命の臭いを嗅ぎとったからにほかならない。

グリムはけっして政治的資質には恵まれていなかったが、七教授事件以後の彼は、革命的とまではいえないにせよ、自由主義的な国民運動の精神的指導者に祭り上げられてしまう。一八四六年には、ドイツ中の自由主義的な歴史学者と法学者と言語学者がフランクフルトで会合をもったが、グリムはこれの議長に推薦されている。実は、これはゲルマニステンのいわば決起集会であって、討議の基軸は反ロマニステン、つまりは反サヴィニー的なものであった。既存の体制側にあったサヴィニーに対して、グリムはこうして公然と反旗を翻したのであった。このゲルマニステン大会は、のちのフランクフルト国民議会の母胎となった。さらにゲルマニステン大会の精神は、三月革命にまで連なっている。[42] 三月革命の収束にあたって、プロイセン国王の勅令を発表したのは、このとき立法改訂大臣に就任していたサヴィニーその人であった。

四　歴史法学の展開

ヘーゲルやグリムからの批判にも関わらず、サヴィニー法学は十九世紀のドイツ法学において主流を形成することになる。立法に先立って近代的な法学の整備を使命としたサヴィニーの意図は、哲学的自然法を離れ、法的諸概念の論理計算からなる体系的な法学として、一応の完成をみた。だがこの体系性は法から歴史性を捨象することによって獲得されたものであり、このことは歴史法学の存立の基礎を危うくせずにはおかなかった。ベルリン大学におけるサヴィニーの講座を継承したのは、愛弟子グリムではなく、ある意味でヘーゲル歴史哲学の影響を受けたプフタであったが、プフタはサヴィニー以上に法学の体系化を促進し、ついにはいわゆる概念法学へと到達した。

プフタの歴史観の要点は、十九世紀のドイツを、多様性を統一する学問の時代と規定することにあった。彼の次の言葉は、サヴィニーによる体系的方法をいっそう徹底させ、代わりに歴史的方法の意義をほとんど無視するものとなっている。

「民族（民衆）は法原則の蒐集および採録によって法に対する支配を確保しようとこころみても無駄であろう。かようにして、成立した法書またはその他の法の採録は、法の発展をはばむこともできないし、関連のない全体に対する知識をつくりだすこともできないであろう。実質的な多様性を維持し、かつ、支配するには、これを形式的単純に還元する以外に方法はない。かくして、あらゆる発達は、ついに……多様性のなかに統一をうる点に到達する。したがって、法も、また、第二の発展段階から第三の発展段階にうつる。すなわち、学問的取扱にうつる。かかる取扱は、まさに、形式的統一、すなわち体系をあきらかにする。そして、学問は生活をささげることを要求するがゆえに、法は、特別の階級（法律家階級）の専有物となる。[43]」

サヴィニーが、法は先ず俗信によって次に法学によって生み出されること、この意味で法は二重の生活を営むものとしたことは、これまでも繰り返し述べてきたが、プフタの場合、法とは民衆のものではなく、法曹の専有物なのである。慣習法の蒐集や採録の意義を、プフタはまったく否認したわけではないけれど、多様性の統一の時代にあっては、法は法学的概念の篩をとおして体系化されねばならない。こうして、サヴィニーの言う法の二重の生活、つまり歴史的慣習法と体系的学説法の二重性は、プフタにより、後者の選択として一面化されてしまう。

プフタの『パンデクテン教科書』および『法学提要教程』は、ローマ法を理論的かつ体系的に扱ったものとして、当時の最も権威のある書物となった。いうまでもなく、彼の方法とはサヴィニーの体系的方法の徹底化であり、概念による計算のいっそうの緻密化であった。しかしながら、歴史を忘れた体系的法学は、法を、地上の生活を離れて天上に遊ぶ存在へと変質させずにはおかない。イェーリングによる以下の批判は、プフタをサヴィニー以上の「概念法学」（Begriffsjurisprudenz）の徒と断定している。

「概念天国は、プフタがやって来るまで、法律家天国の利益のために、長い間空のままであった。プフタがやって来たのち、ここに概念法学者の群が集まってきた。サヴィニー自身も、陳弁これつとめたあげく、やっとのことで、入場を許可された。[44]」

プフタ流の概念法学の台頭により、歴史法学派内部の亀裂は決定的なものとなった。のちにギールケは、『歴史法学派とゲルマニステン』において、サヴィニーらロマニステンのローマ法純化主義を非難している。[45] ギールケは、個人主義的なローマ法にゲルマン法固有の団体主義を対置したゲルマニストとして、またいわゆる社会法領域の提唱者としてつとに有名であるが、彼こそはドイツでグリムの法学を正当に評価したほとんど最初の人物であった。すなわちギールケは、『ドイツ法の内なるフモール』を著して、その冒頭でグリムの『法の内なるポエジー』に触れながら、民族性の解明にまでおよぶグリムの慣習法研究を称えているのである。[46]

グリムは、歴史法学派の第一世代に属しながらも、同じくゲルマニストであるアイヒホルンやベーゼラーに比べると、その法学に対する評価は著しく立ち後れている。それは、グリムが法学者としてよりは童話集の編者や民俗学的言語学者として、あるいは自由主義的国民運動の闘士として名を挙げすぎたことに起因するのかもしれない。だが本当の理由は、グリムによる慣習法研究の方法が、ゲルマニステンの中でもあまりに特異なものであったからではなかろうか。まことに、『法の内なるポエジー』に典型的な彼の歴史法学は、慣習法の単なる紹介を超えて、法的言語の固有の性格に迫るものであった。

ところがギールケよりもはるか以前、まさしくグリムの同時代に、彼の法学を最大限に称賛した人物がいた。それは、ドイツ人の法学者ではなく、隣国フランスの歴史学者ミシュレである。『フランス史』や『フランス革命史』ほどには知られていないが、ミシュレには、『世界法の象徴および形式に見出されるフランス法の起源』(Origines du droit français cherches dans les symboles et formules du droit universel)と題する著作がある。これは、なまじフランス法という標題をもっているために注目されなかったのかもしれないが、実はゲルマン的慣習法を集めたものであり、ほかならぬグリムの『ドイツ法古事誌』の翻訳といってもよい書物なのである。このことは、ミシュレ自身が『フランス法の起源』の序文とグリム宛の手紙の中で、はっきり認めている。だが、ミシュレもまた異端の歴史家であったためだろうか、グリムとの接点がまさに法的言語の象徴性にあったことは、今日までまったく看過されてきた。[47]

法的言語の象徴性に着目したグリムの方法を、ミシュレが「法の象徴学」(le symbolique du droit)と呼んだことはすでに紹介した。ミシュレは、『フランス法の起源』の出版を前にしてグリムに手紙を送り、「貴兄の驚くべき御本が法の象徴学を創出したのです」と書いている。[48] ここに言及されているグリムの本とは、直接には『ドイツ法古事誌』であるが、これは『法の内なるポエジー』を大幅に増補したものである。しかしこの増補は、あまりに厖大にすぎて、慣習法の詩的な性格や法的言語の象徴的性格を浮かび上がらせることに充分に成功したとは言いがたい。この点では、むしろミシュレの『フランス法の起源』のほうが優れている。ミシュレは、グリムの集めた慣習法の数々を民衆の生活過程に沿って再編成することにより、「生まれてから死ぬまでの人間の法的伝記」を描き出した。[49]

グリムといいミシュレといい、いわゆる法学者の枠組みから外れた者が、こうまで慣習法にこだわるのは一体何故なのか。それは、法的言語を、民俗の固有の歴史を解明するための恰好の素材とみたからにほかならない。民衆史家ミシュレは、ヴィーコの詩的法学から多大な影響を受けており、ローマ法学、啓蒙主義的自然法論、そしてサヴィニー流の歴史法学に一貫してみられる、デカルト的な演繹論理に反発していた。一方グリムは、典型的なゲルマニストとして、サヴィニーの歴史的方法には共感しながらも、体系的方法によるローマ法学のいっそうの純粋化を是認することができなかった。サヴィニーは法と言語は民族精神の所産だと言ったが、これを正面から受けとめたのは、概念法学に傾いたサヴィニー自身ではなく、法的言語の象徴性に固執したグリムとミシュレであったのである。

ひとしく歴史法学を奉じながら、つまりは法的言語の歴史性に着目しながら、サヴィニーはこれを論理的な概念に作り替え、グリムはその詩的な象徴作用に固執した。このことは、一見すると、サヴィニーがロマニストでありグリムがゲルマニストであったことの、結果にすぎないように思える。たしかに、ローマ法は個人主義的で合理的だし、ゲルマン法は団体主義的で非合理的だといえる。グリムやミシュレも、論理的なローマ法と象徴的なゲルマン法、といった対比をしばしばおこなっている。

けれども、ヴィーコが「古代のローマ法のすべては、ローマ人が広場で上演していたまじめな詩であった。また古代の法学は厳粛な詩であった」と言うように、[50] 少なくともユスティニアヌスによる法典編纂以前のローマ法は、けっして論理的に整備されたものではなかった。だとすれば、サヴィニーとグリムの法学の相違は、ローマ法とゲルマン法の違いを超えて、法的言語の存在性格そのものに関わってくるのではあるまいか。この点につき、グリムの以下の言明は、ある示唆を与えてくれる。

「ドイツ法は、ローマ法よりもはるかにポエジーに浸っている。ローマ法は、もっぱら教義や学的教養として現れ、法源として現れることはほとんどない、と言われる。これに対してドイツ法は、これまで自然のままであって、けっして枠づけられたり、民俗という牧場や畑地の中に取り込まれることのなかった、そういう法源によって満たされ豊かになっている。ローマ法は、厖大な註釈書（Commentar）ではあるが、原典（Text）を欠いている。ドイツ法は、いかにそれに値しようとも、いまだ註釈されていない有為な原典なのである。[51]」

これは、グリムがベルリン大学に招かれたときにおこなった、「ドイツ法の古事について」と題する就任講演の一節であるが、注釈書としてのローマ法、原典としてのドイツ（ゲルマン）法という対比は、もはやローマ法かゲルマン法かではなく、コメンタールかテクストかの問題に移行している。このように解するかぎり、サヴィニーの法学方法論にみられる歴史的方法とは、要するにテクストとしての法的言語の探索なのであり、体系的方法とはこれのコメンタールであったということになる。註釈が多かれ少なかれ原典からの乖離である以上、二つの方法の分裂は必然的なものであった。実際、サヴィニーの体系的法学は、次のようにして創られた。

「すなわちすべての三角形には確かな定義というものがあって、これを組み合わせれば直ちに他の残りのものが必然的に導き出される。つまりこの定義によって、たとえば二辺とその夾角によって該三角形が与えられるのである。これと類似の仕方で、我々の法のいずれの部分も、それさえあれば他の部分が与えられるというものを持っている。我々はこれを指導原理と呼ぶことができる。この指導原理を感知し、そしてそれから出発して、すべての法的概念や命題の内的連関ならびに類似性を認識することは、実に我々の学問の最も困難な課題に属するが、まことにそれこそは、我々の仕事に学問的性格を与えるものにほかならないのである。[52]」

グリムの法の象徴学が、法的言語の象徴性に着目する詩的なものであるのに対し、サヴィニーの学問としての法学が、その概念性に固執する論理的なものであることは明らかだ。サヴィニーにとっての「指導原理」(leitender Grundsatz) もしくは「法的概念」(juristischer Begriff) とは、彼も言うように、幾何学的術語 (Kunstausdruck der Geometrie) をモデルとして、法学の論理的完結性をめざすものであった。法の欠缺を否認する法実証主義的思想は、こうして概念法学という姿をとって生まれた。しかし、立法はもとより法学においても、論理的完結性を期待することなどそもそも可能なのだろうか。

この問題を考えるにあたっては、実証的な法学は歴史記述的な学問である、というヘーゲルの説に戻る必要があるだろう。彼によれば、歴史記述を欠落した実証的な法学の仕事は、法律の外的な整理、編纂、整合性、いっそう進んだ適用などに限定される。そして、こうした作業は、論理的であるとはいっても、ヘーゲルからみれば悟性的なものであって、理性の働きとは段階を異にするのである。[53]

歴史記述を欠落した実証的な法学として、ヘーゲルが想定しているのは、サヴィニーの歴史法学であるだろう。概念や体系の重視という意味では共通性がありそうにみえながら、ヘーゲルはまさしくサヴィニーの概念や体系を批判する。それというのも、ヘーゲルの概念とは、歴史記述を媒介に把握されたものであり、体系とは、論理的であるのみならず、歴史を内包するものであるからだ。このことは、端的にいうならば、ヘーゲルの実定性概念において明らかである。法の実定性とは、法学の体系性にとって不可欠の契機でありながら、同時に民族的で歴史的なものであった。
サヴィニーの体系的方法を批判するヘーゲルは、この点でグリムの歴史的方法に接近する。グリムの言う象徴は、たしかに非合理性に満ちてはいるけれど、これが民族精神の発露であるかぎりは、意外にもヘーゲルの概念と結びつく。たしかに、グリムとヘーゲルの接点を見出すのは容易ではないが[54]、歴史と法と言語に対する両者の見解を詳細に検討することで、ドイツ歴史法学の新たな像を照射することが、今や求められている。

注

（1）vgl., Erik Wolf, Grosse Rechtsdenker der deutschen Geistesgeschichte, 4.Aufl., Tübingen, 1963, S.81.
（2）Franz Wieacker, Privatrechtsgeschichte der Neuzeit, 2.Aufl., Göttingen, 1967, S.391, Anm.48. ヴィーアッカー『近世私法史』鈴木禄弥訳、創文社、一九六一年、四八五頁、注(11)。
（3）F.C. Savigny, Vom Beruf unsrer Zeit für Gesetzgebung und Rechtswissenschaft, in: Hans Hattenfauer (hrsg.), Thibaut und Savigny, München, 1973, S.102, 104.『ザヴィニー・ティボー法典論議』長場正利訳、『早稲田法学』別冊 第一巻、一九三〇年、七二、七四頁。
（4）ebd., S.105. 訳、七五頁。
（5）ebd., S.104. 訳、七四頁。
（6）Savigny, Juristische Methodenlehre, hrsg.v. Gerfard Wesenberg, Stuttgart, 1951, S.17. サヴィニー『法学方法論』服部栄三訳、日本評論新社、一九五八年、二〇頁。歴史的方法と体系的方法の二律背反につき、河上倫逸『ドイツ市民思想と法理論――歴史法学とその時代――』創文社、一九七八年、一二頁以下参照。
（7）Savigny, Vom Beruf unsrer Zeit für Gesetzgebung und Rechtswissenschaft, S.125. 訳、九八頁。vgl., Wolfgang Schild, Savigny und Hegel, in: Anales de la Catedra Francisco Suarez, No.18-19, 1979, p.282.

（8）Schild, a.a.O., S.287.
（9）Savigny, Juristische Methidenlehre, S.18. 訳、二一頁。
（10）vgl., Karl Larenz, Methodenlehre der Rechtswissenschaft, 3.Aufl., Berlin usw., 1975, S.8. 河上、前掲書、七頁以下参照。
（11）Savigny, Vom Beruf unsrer Zeit für Gesetzgebung und Rechtswissenschaft, S.114. 訳、八六頁。
（12）Wieacker, a.a.O., S.372f. 訳、四六四頁以下。Otto von Gierke, Die historische Rechtsschule und die Germanisten, in: ders., Drei kleine Abhandlungen, Aalen, 1973, S.14ff.; Rudolf Gmür, Savigny und die Entwicklung der Rechtswissenschaft, Münster, 1962, S.22.; Max Weber, Wirtschaft und Gesellschaft, 5.Aufl., Tübingen, 1976, S.497. ウェーバー『法社会学』世良晃志郎訳、創文社、一九七四年、四八七頁。vgl., Schild, a.a.O., S.298.
（13）Savigny, Über den Zweck dieser Zeitschrift, in: Hattenhauer, a.a.O., S.261f.
（14）G.W. Hegel, Grundlinien der Philosophie des Rechts, in: Werke（Suhrkamp）, Bd.7, S.363. ヘーゲル『法の哲学』藤野渉・赤沢正敏訳、『世界の名著』35、中央公論社、一九六七年、四四〇頁以下。
（15）ebd., S.364. 訳、四四二頁。
（16）「歴史学派とヘーゲル学派との学問史的論争」につき、vgl., Helmut Jendreiek, Hegel und Jacob Grimm, Berlin, 1975, S.331ff.
（17）この照会は、ティボー『ドイツ一般民法典の必要性』の手稿に関するものだったという。vgl., Johannes Hoffmeister（hrsg.）, Briefe von und an Hegel, Bd.2, Hamburg, 1953, S.7, 372.
（18）Hegel, Grundlinien der Philosophie des Rechts, S.34. 訳、一八〇頁。
（19）ebd., S.361. 訳、三八頁。
（20）ebd., S.365. 訳、四四二頁以下。
（21）vgl., Hermann Kantorowicz, Volksgeist und historische Rechtsschule, in: ders., Rechtshistorische Schriften, Karlsruhe, 1970, S.436, 438. 河上、前掲書、一一九頁以下参照。

(22) Savigny, Vom Beruf unsrer Zeit für Gesetzgebung und Rechtswissenschaft, S.102. 訳、七二頁。ders., System des heutigen römischen Rechts, Bd.1, Berlin, 1840, S.14, 17, 19f., 39. vgl., Ernst v. Moeller, Die Entstehung des Dogmas von dem Ursprung des Rechts aus dem Volksgeist, in: Mitteilungen des Instituts für österreichische Geschichtsforschung, Bd.30, 1909, S.1f.

(23) vgl., Hegel, Über die wissenschaftlichen Behandlungsarten des Naturrechts, in: Werke, Bd.2, S.439, 440ff., 453ff. ヘーゲル『自然法学』平野秩夫訳、勁草書房、一九六三年、九七頁以下、九九頁以下、一一八頁以下。

(24) クーノ・フィッシャー『ヘーゲルの生涯』玉井茂・磯江景孜訳、勁草書房、一九七一年、三三一九頁参照。

(25) Eduard Gans, Naturrecht und Universalrechtsgeschichte, Stuttgart, 1981, S.86.

(26) vgl., ebd., S.172ff., 191ff.

(27) vgl., Karl Marx, Das philosophische Manifest der historischen Rechtsschule, in: Werke (Dietz), Bd.1, Berlin, 1972, S.78ff. マルクス「歴史法学派の哲学的宣言」出隆訳、『マルクス＝エンゲルス全集』第一巻、大月書店、一九五九年、九〇頁以下。他に、河上、前掲書、四五九頁以下。鷲田小弥太『マルクス・法哲学批判序説』新評論、一九七八年、六〇頁以下参照。

(28) J. Grimm, Selbstbiographie, in: Kleinere Schriften, Bd.1, Hildesheim, 1965, S.4ff. 堅田「ヘーゲル、サヴィニー、グリム」『現代思想』第六巻一六号、一九七八年、三〇七頁以下。（本書、第五章） 同「ヘルダーとヘーゲル」『思想』第六六四号、一九七九年、一〇八頁以下参照。（本書、第三章）

(29) Wieacker, a.a.O., S.393. 訳、四七七、七六二頁。「歴史法学はロマン主義か?」との問いに対する学説史的概観について、河上、前掲書、八二頁、注(42) 参照。

(30) vl., Wolf, a.a.O., S.471.

(31) Briefwechsel zwischen Jacob und Wilhelm Grimm aus der Jugendzeit, 2.Aufl., hrsg.v. Herman Grimm u. Gustav Hinrichs, Weimar, 1963, S.366. vgl., Jacques Stern (hrsg.), Thibaut und Savigny, Berlin, 1914, S.14. 『ザヴィニー・ティボー法典論議』五頁参照。

(32) 堅田「ヤーコプ・グリムにおける歴史と法と言語のトリアーデ」『法の理論』第一号、一九八一年、九一頁以下参照。

（本書、第七章）

(33) Grimm, Von der Poesie im Recht, in: Kleinere Schriften, Bd.6, 1965, S.163, 165.

(34) ebd., S.153, 157.

(35) ebd., S.169.

(36) ebd., S.178ff.

(37) ebd., S.178.

(38) ebd., S.172f.

(39) Rudolf Hübner, Jacob Grimm und das deutsche Recht, Göttingen, 1895, S.24. vgl., Grimm, Von der Poesie im Recht, S.175.

(40) Savigny, Vom Beruf unsrer Zeit für Gesetzgebung und Rechtswissenschaft, S.102f. 訳、七三頁。

(41) 「ゲッティンゲンの七教授」事件につき、Grimm, Ueber meine Entlassung, in: Kleinere Schriften, Bd.1, S.25ff. vgl., Hermann Gerstner, Die Brüder Grimm, Gerabronn usw., 1970, S.223ff.; ders. (hrsg.), Brüder Grimm, Hamburg, 1973, S.82ff. 高橋健二『グリム兄弟』新潮社、一九六八年、一七三頁以下参照。

(42) 上山安敏『法社会史』みすず書房、一九六六年、三三〇頁以下参照。

(43) G.F. Puchta, Über die Periode der Rechtsgeschichte, in: Kleine civilistische Schriften, Berlin, 1851, S.137f. 山田晟「ドイツの歴史法学」『法哲学講座』第四巻、有斐閣、一九五七年、五四頁より引用。

(44) vgl., Wieacker, a.a.O., S.400, Anm.77. 訳、四八六頁以下、注(20)参照。

(45) Gierke, a.a.O., S.10ff.

(46) vgl., Gierke, Der Humor im deutschen Recht, 2.Aufl., Berlin, 1886, S. XXX.

(47) 堅田「グリムとミシュレ、あるいは法の象徴学」『思想』第六九九号、一九八二年、五一頁以下参照。

(48) Correspondance Michelet-Grimm, in: J. Michelet, Œuvres complétes, t.3, Paris, 1973, p.586. vgl., Ungedruckte Briefe an Jacob Grimm, in: Hübner, a.a.O., S.171.

(49) Michelet, Origines du droit français cherchées dans les symboles et formules du droit universal, in: Œuvres complétes, t.3, p.591.

(50) Giambattista Vico, Principi di scienza nuova, in: Opere, Milano usw., 1953, p.829, 824.; ders., Principes de la philosophie de l'histoire, tranduits par Michelet, Paris, 1963, p.338. ヴィーコ「新しい学」清水純一・米山喜晟訳、『世界の名著』続6、五一三、五〇八頁。

(51) Grimm, Über die Alterthümer des deutschen Rechts, in: Kleinere Schriften, Bd.8, S.550. vgl., Hübner, a.a.O., S.109.

(52) Savigny, Vom Beruf unsrer Zeit für Gesetzgebung und Rechtswissenschaft, S.110. 訳、八一頁。

(53) vgl., Hegel, Grundlinien der Philosophie des Rechts, S.365. 訳、四四二頁以下参照。

(54) その貴重な試みとして、vgl., Jendreiek, a.a.O., S.152ff., 178ff., 254ff., 284ff.

第七章　ヤーコプ・グリムにおける歴史と法と言語のトリアーデ

一　物語としての歴史

法を歴史的定在として、しかも同時に言語的定在として捉えること、これが歴史法学派の綱領をなしていた。『立法および法学に対する現代の使命』（一八一四）の中で強調されているように、サヴィニーにおいて、法と言語とは「民族の共通の確信」から自然に生成すべきものとされた。彼が民法典の編纂に慎重であったのも、法的な言語能力の欠けているところに立法などありえないという、確固とした歴史意識のゆえであった。(1)

だがサヴィニーが立法に法学を優先させようとするとき、当初の歴史理解は微妙に変質してしまう。彼の提唱する「学問としての法学」（Rechtswissenschaft）とは、もっぱらローマ法の純粋化を志向するものであって、ゲルマン的慣習法はここから排除されねばならなかったからである。このことは当然、慣習法がもつ言語表現の豊かさを奪わずにはおかなかった。

もちろん、歴史法学を名乗るかぎり、法の歴史的性格や言語的性格が完全に消し去られたわけではない。むしろ法的諸概念を分類するために、サヴィニーは法源の語源学的な研究へと旅立っている。(2)にもかかわらず、歴史と言語を法的事象そのものから切断しようとする以上、彼の法学はいわば故郷を喪失した、非歴史的なものとならざるをえない。

サヴィニーの綱領論文に対して、ヤーコプ・グリムは真っ先に全面的な賛意を表明している。このときヤーコプが弟のヴィルヘルムに宛てて書いた手紙には、次のような文面が見出される。「お前はサヴィニー先生から立法についての論文を受け取っただろう。私は大いに気に入ったよ。あれは我々の意見に合致するものだし、我々の意見を承認するものだ。……私はサヴィニー先生があの論文を書いたことをとても喜んでいる。彼の論文はまったく彼そのものじゃないか(3)」。

ヤーコプ・グリムは、サヴィニーにとって最初の弟子で、また生涯にわたる友人でもあった。法と言語を歴史の所産と解する仕方は、ロマン主義の風潮のもと、青年時代の彼らがともに育んできたものであった。

とはいえ、サヴィニーの論文における、ほかならぬ歴史的方法の矛盾にヤーコプが気づかなかったはずはない。たしかにサヴィニーは、法が民族（民衆）の共同生活の内部に発見されるべきことを指摘するのだが、他方、熟練を積んだ法律家の手で、それが法学の内に組織されることを初めから予定してもいるのである(4)。

そしてこのような法と法理論、あるいはベーゼラーによれば民衆法（Volksrecht）と法曹法（Juristenrecht）の対立に際して、ヤーコプ・グリムが本当に共感を覚えたのは、民衆（民族）の生活の中に息づく法であった。サヴィニーにおける民衆法と法曹法の二重構造が、ゲルマン的慣習法とローマ法学の競合という、ドイツの法状況それ自身の反映であるかぎり、二人のあいだの亀裂はなおさら深いものとなるだろう。ローマ法学者としてのサヴィニーによって法源の語源学的な研究へと矮小化されつつあった歴史的方法を、ロマン主義者としてのヤーコプは、民族の共同性を自己確認するために用いようとする。ヤーコプにとって、民族とは、同一の言語と同一の法をもつ人々の総体であった。

もとより、歴史と法と言語のトリアーデ（三肢構造）を構想する仕方は、なにもヤーコプ・グリムだけのものではない。それは「民族精神」（Volksgeist）なる合言葉が示すように、ドイツのロマン主義文学や理想主義（観念論）哲学に一般的な傾向であったとさえいえる。その意味でグリムに対する真の評価は、ヘルダー以来の歴史主義の流れに沿って、サヴィニーやヘーゲルの同時代人としてなされるべきものなのである。(5)

しかしサヴィニーやヘーゲルとは異なって、グリムの場合、社会的ないし文化的事情は、必ずしも学的体系の内に包摂されることがなかった。それは彼が学者である前に一人の詩人として、言語の民衆レヴェルでの用法を真正面から問題にしたことと関係がある。ヤーコプ・グリムは、歴史や法を「概念」で分析するのではなくて、日常の言葉によって「物語」として語ろうとするのである。

法に内在する物語性の復権こそが、ヤーコプ・グリムの方法を根底において特徴づけるものといえるだろう。とかく文献史的な研究へと埋没しがちなサヴィニーの方法に対して、グリムは民衆の生きた歴史を突きつける。しかも「物語」（Historie）は「歴史」（Historie）にのみ関わるのではない。歴史を生き生きと物語るということは、言語それ自体に生命を吹き込むことでもあるが、歴史（Geschichte）がまた出来事（Geschichte）の集積である以上、こうして物語は人々の行為規範の、つまり法の歴史ともなるからである。

歴史と法と言語とは、ヤーコプ・グリムの中で密接に絡み合いながら、一つの三角形を構成している。ここで法の問題を手がかりとするのも、グリムの法理論が、童話や言語の研究ほどにはよく知られていないためばかりではない。そうではなくて、むしろ彼の歴史的方法そのものが、歴史法学派の内部からその主流に抗するかたちで生まれてきたものであるからだ。サヴィニーは『歴史法学雑誌』（第一巻、一八一五）を創刊して、みずからの法学の拠点とした。ところが翌年の第二巻に、グリムは『法の内なるポエジー』と題する論文を寄せている。法の中に論理ならぬ詩（ポエジー）を見出すことこそ、彼にとって真に歴史的な法学の任務にほかならなかった。

この意味で、ヤーコプ・グリムの法理論の中心をなすのは、慣習法の研究ということになるだろう。民族的慣習の問題は、当然に、彼における童話の蒐集や言語学の世界につながっていくものであるが、それは慣習としての法自身が歴史や言語に刻印された定在であるためである。

慣習法（Gewohnheitsrecht）を言語の用法（Sprachgebrauch）に初めて結びつけたのも、実はサヴィニーの功績である。彼は法的慣習に関して、早くから「象徴的な行為」とか「法の固有の文法」ということを述べている。[6]だがサヴィニーにおいては、慣習は実定法の「徴《しるし》」（Kennzeichen）ではあっても、それがただちに実定法の定立につうじるものではなかった。[7]ヤーコプ・グリムは、サヴィニーの関心が立法から法学に移るときに中断させてしまったこの問題を、もう一度採りあげ発展させようと試みるのである。

ではヤーコプ・グリムは、如何にしてこのことを可能としたのか。それは、彼が法の側から歴史を眺めるのではなく、逆に歴史の側から法を語り続けたからである。慣習が法の指標だとするサヴィニーの方法は、グリムによって法こそが慣習の指標だとして反転されねばならなかった。こうしてようやく、法はローマ法の桎梏から解放されて、ゲルマン的な慣習ないし伝承の故郷へと帰ることができたのである。〈法の内なるポエジー〉の復権は、まずは法的慣習の内に物語としての歴史を確認する作業から開始された。

二　伝承と慣習

ヤーコプ・グリムには、ローマ法はある重大な欠陥を有するように思われた。『ドイツ法古事誌』の序文において、彼は、「それ〔ローマ法〕は我々にとってなんら祖国的なものでなく、我々の土地で生まれ育ったわけでもなく、我々の思考様式と本質的かつ根本的に矛盾しており、我々はまたそれに満足することができない」とまで述べている。[8]こうしたローマ法排斥の弁が、そのまま彼における法慣習蒐集の動機となっていることはいうまでもあるまい。グリムにとっての祖国的な法とは、ゲルマン的＝ドイツ的な慣習法にほかならなかった。

いわゆるローマ法の継受は、むしろローマ法をめぐる法学説の継受であったろう。(9) そもそも法的事象そのものが、その固有の歴史を離れて他国に根付くはずがない。「書かれた理性」と称されたユスティニアヌス法典をあれほどに賛美したサヴィニー自身、同じ名前で呼ばれたナポレオン法典の導入には、他の誰にもまして強く反対した。それというのも、サヴィニーにとって、法学説は普遍的であっても、法的事象は歴史的なものであったからだ。だが出来事としての法と学説としての法とが、あるいは民衆法と法曹法とが癒しがたく乖離しているかぎり、歴史法学は早晩分解せざるをえない。ヤーコプ・グリムによる法慣習の蒐集は、実はサヴィニーのローマ法学に対する秘かな反逆であった。

ドイツ法史におけるゲルマン的慣習法の意義については、ここであらためて述べないが、慣習法に関するグリムの先駆的な業績については、繰り返し強調しておく必要があるだろう。『ドイツ法古事誌』（一八二八）と『慣習法令集（ヴァイステューマー）』（一八四〇—六九）を中心として、彼の法研究のほとんどのものは、まさにこの点に向けられている。(10) 歴史法学派の法源探求の最良の部分は、ヤーコプ・グリムの手で担われていたとすることさえ不可能ではない。とはいえ、この場合、法源探求ということで、グリムが何を意図していたかにも注意しておく必要がある。

すでに触れたように、サヴィニーの言う法源研究とは、語源学的詮索、あるいはせいぜいのところ文献史的な探索という、限られた範囲内でのものであった。彼の提唱する学としての法学とは、ローマ法学を純粋化して、法概念相互の論理的関係を緻密にすることであったから、そこにいう法源も、つまりは法的用語の語源を遡行して得られるものにほかならず、そのかぎりでかろうじて歴史的な法学であったにすぎない。そのうえ、のちにイェーリングにより

「概念法学」という告発を受けることになるサヴィニー法学は、概念間の論理的整合性を追求するあまり、方法的にはかえって自然法論の演繹的な体系に接近するという、まことに皮肉な運命を負っていた。

サヴィニー歴史法学の非歴史性や、そこに隠された自然法論的性格を鋭く指摘したのは、ベルリン大学での同僚であったヘーゲルと、法学部生であったマルクスの二人である。彼らはそれぞれ、『法哲学綱要』（一八二一）と『歴史法学派の哲学的宣言』（一八四二）を書いて、ともにグスタフ・フーゴーに仮託しながらではあるが、サヴィニーの「歴史的」方法を批判している。[11]

しかしながら、ヘーゲルやマルクスの批判も、ヤーコプ・グリムには該当しないとすることができる。グリムの法源探求は、サヴィニーのそれとは異なって、法的事象に内在する物語性、この意味での歴史的性格に着目するものだったからである。

それはグリム自身によれば、「法古事学」の試みとして要約されうるものなのだが、とはいっても彼における法の古事物や古事象（Rechtsaltertümer）への固執は、法学の域を突破して広大な伝承の世界につうじている。たとえば、ヴァイステューマー（Weistümer）と呼ばれる判告録の蒐集に際して、グリムは次のように述べている。「私が熱中のあまり盲目になっているのではないとしたら、この蒐集は、我々の法古事学をおそろしく豊かにしそれをほとんど革命化し、法や神話や慣習に関する知識に重要な貢献をなし、こうして我々の初期の歴史（物語）に温かさと色彩を与えるであろう[12]」。このように、彼の歴史的方法は、法を神話や慣習、つまり民族の伝承の内へと連れ帰るためのものなのだ。

だがヤーコプ・グリムの歴史的方法は、過去の法的な諸事象を単に時系列的に追求するといったものでもなかった。『ヤーコプ・グリムとドイツ法』の著者、ルドルフ・ヒュープナーの言によれば、それはけっして年代記的にではなくて、あたかも画家が一枚の絵の中にドイツの全過去を寓意的に描くように、並列的ないしは共時的に展開されている。[13]ヒュープナーはまた、この画像的なグリムの方法を、「詩想（ファンタジー）」という言葉でも表現する。[14]ヤーコプ・グリムに『法の内なるポエジー』と題する論文があることはすでに紹介した。『ドイツ法古事誌』にせよ『慣習法令集（ヴァイステューマー）』にせよ、グリムの慣習法論のすべてはその論文の延長線上にあるのだが、彼にとっての歴史とは、ファンタジーやポエジーの世界のことなのである。

歴史法学の徒ヤーコプ・グリムが、弟のヴィルヘルム・グリムとともに、例の『子供と家庭のメルヒェン』（一八一二—一二二）すなわちグリム童話の編者であることを想起するならば、ヤーコプの言う歴史が物語の世界にほかならないことは明らかだ。しかもここで語られる出来事は、いうまでもなく民衆の生活を映し出しており、この意味でそれは法的な事象でもあることになる。ヤーコプ・グリムにおいて、歴史と法とは、物語の中で重なり合うのである。

このことを確認するためには、ファンタジーやポエジーやメルヒェンとして語られる彼の物語が、単に中世の牧歌的な風景の描写であるばかりでなく、当時にあって現実にもおこなわれていた、ある種の罰や裁きの物語として読み直さねばならない。

たとえば、グリム童話の「森の中の三人の小人」や「鵞鳥番の娘」や「白い花嫁と、黒い花嫁」の話には、悪者が悪の報いで、釘を打ち付けた樽に入れられて山上から転がされたり、あちこち引き回される、といった場面が登場する。また「歌う骨」という短篇は、殺された者の骨が歌い出して犯人を告発するというものである。もっと有名なところでは、「白雪姫」の物語がある。ここには、継母が狩人に白雪姫を殺害させて、その内臓を持ってくるよう命じたり、最後に継母が真っ赤に焼けた鉄の靴を履かされる情景が描かれている。

こうした残酷な処遇は、およそ童話のイメージからは掛け離れたものであるが、しかしそれは中世の刑罰制度や神明裁判と固く結びついている。[15] 近代的な法制と比べて、それが供犠的、呪術的な色彩に満ちたものだとしても、[16] むしろこのことも含めて、グリム童話は法制史ないし民俗学にとっての貴重な資料集なのである。

ただし、『子供と家庭のメルヒェン』には、主としてヴィルヘルムの手になる文学的粉飾が施されている。しかしながら、これと並行して準備された『ドイツ伝説集』(一八一六—一八)のほうは、ヤーコプにより、意識して実証的な資料集としての体裁が採られている。

このことは、『ドイツ伝説集』の第一部が特定の場所にちなむ伝説を集め、第二部が伝説の背景となる出来事が生じたとされる年代順に配列されていることからも窺える。一例を挙げれば、「ハーメルンの子供たち」つまり笛吹き男の伝説などは、第一部に収載されて、ハーメルンという特定の場所と、一二八四年六月二六日という特定の日付をもって語られるのである。

ヤーコプ・グリムは、その伝説集の第一部を「場所的伝説集」(ortliche Sagen)、第二部を「年代的伝説集」(geschichtliche Sagen) と名づけて、[17] 伝説が時と所に拘束された物語であること、したがって歴史的な資料たりうることを示す。また『ドイツ伝説集』第一部の序文の中で、童話(Märchen)と伝説(Sagen)とを比較して、童話は詩的(poetisch)で伝説は史的(historisch)であるとも言っている。[18] もっとも、このような区別は、両者の内にともに物語としての歴史を確認しようとする立場からすれば、結局は相対的なものにすぎない。

それよりも、童話の世界と同様に、「伝説的世界」(Sagenwelt)もまた、罪(Schuld)と罰(Strafe)の物語としてあることのほうが、[19] いっそう重要な問題だと思われる。なぜなら、罪と罰をめぐる物語を軸として、童話や伝説の世界は、ただちに法の世界へと転換するからである。

童話集や伝説集がその伝承の内部に慣習法を隠しているように、『ドイツ法古事誌』や『慣習法令集(ヴァイステューマー）』は、それ自体が古ゲルマンの諸伝承を暗示する。ヤーコプ・グリムにとって、こうした慣習法研究が歴史的な資料たりうるのは、慣習法そのものが民間伝承に包み込まれているからなのだ。『ドイツ法古事誌』の扉には、中世の裁判風景を描いた挿絵が載っているが、ヒュープナーによれば、これはローラントの歌の古い手稿中に見出されるものである。[20] また『慣習法令集（ヴァイステューマー）』第四巻の序言の中で、グリムは、法的慣習の研究が、歌謡や伝説の蒐集と同じ意味をもつことを告白している。[21]

つまり、法古事や判告の蒐集を中心とする彼の法探索は、古ゲルマンの諸伝承から出発し、繰り返しそこに戻っていくのである。いうまでもなく、この作業は、裁判をめぐる様々な慣例を確認しながら進められる。法とは裁く者によって見出された「伝承」（Herkommen）であるということこそ、中世に一般的な観念であった。[22]

ヤーコプ・グリムは、自分自身を、「歴史法学者」（historischer Rechtsgelehrte）ではなく「古事探検家」（Alterthums-forscher）だと規定する。彼によれば、歴史法学者は古いものから新しいものを引き出そうとするが、古事探検家は古いものそれ自体に存在意義を認めるのである。[23]

歴史法学者であることの拒絶が、サヴィニーの概念法学的傾向に対する批判を秘めていることは、あらためて指摘するまでもあるまい。グリムはけっしてサヴィニーを正面から批判しようとはしなかったが、それだけに、法の認識の仕方についての両者の齟齬は、かえって深く潜行してしまった。しかしそれは、実際には、歴史法学派の創立の時点から、すなわちグリムが『法の内なるポエジー』を書いたときから、すでに静かに始まっていた。

三　法の内なるポエジー

ヤーコプ・グリムが、「歴史法学者」と呼ばれることを嫌い、「古事探検家」であり続けようとしたのは何故なのか。

法に関する古事物をはじめとして、古来の諸伝承の発掘に向けられたグリムの執着を、アウグスト・シュレーゲルは「ガラクタへの畏敬」とからかったことがある。[24] しかし、グリムの古事物へのこだわりは、けっして単なる骨董趣味から出たものではない。古ゲルマンへの憧憬の念こそ詩人たちと共有してはいたが、古事物を丹念に拾い集めてこれを分類するという作業は、すでにロマン派の発想を越えている。グリムは、たしかに心情的にはロマン主義者であったが、彼の方法はむしろ実証主義的なものであった。

この点で、グリムはやはりサヴィニーの弟子であったとせねばならない。サヴィニーもまた、ハインリヒ・ハイネによれば「パンデクテンの吟遊詩人」として、[25] ロマン主義的な心情と実証主義的な学問態度という、二つの魂を合わせ持っていたからだ。

だが、サヴィニーが法古事をローマ法学の中に求めたのに対して、グリムにとっての法古事とは、なによりもゲルマンの法慣習でなければならなかった。二人のあいだのこの相違は、一見すると、ローマ法とゲルマン法のいずれを選択するかの問題であるようにみえる。けれども実のところは、学問としての法学の確立を急ぐあまり、いわば死せる体系に到達してしまうのか、それとも生ける法の発見に努めるのか、というすぐれて実践的な選択ではなかったろうか。

グリムがエールリヒに先んじて、「生ける法」といった用語を用いているわけではない。とはいえ、グリムが法の生命に関心を抱き続けたのは疑いのないところだし、そもそも彼にとって、法が歴史的であるとは、社会の中で法が生き生きと機能しているということなのだ。

ヤーコプ・グリムの『法の内なるポエジー』が明らかにするのは、まさにこうした法の生命の問題にほかならない。前に言及したように、この論文は創刊直後の『歴史法学雑誌』に載せられている。つまり、サヴィニーが学問としての法学の樹立に向かって出発したそのときに、あたかも歴史法学の硬直化を予見するかのようにして書かれたのが、この論文というわけである。後年ギールケとイェーリングは、それぞれ『ドイツ法の内なるフモール』(一八七一)と『法律学における冗談と真面目』(一八八四)を発表して、骨化した歴史法学、つまり概念法学を痛烈に批判することによるが、彼らの登場を待つまでもなく、サヴィニー法学への内在的批判は、その誕生のときから愛弟子のグリムの手で開始されていた。

『法の内なるポエジー』(Von der Poesie im Recht) の冒頭において、グリムはみずからの問題意識を要約して述べている。それにしたがえば、法を〈ポエジー〉(詩歌、文学) という視点のもとに捉えて、これによって法の生き生きとした姿を確かめることが、ここでの目的である。[26] この作業を媒介するのが古ゲルマンの古事であることはいうまでもない。古事は伝承 (Sage) と掟 (Gesetz) の双方に関わっており、さらに民族の言語や習俗や慣習へと連なっているからだ。[27]

グリムはのちにある友人に宛てて、〈ポエジー〉が私を古いドイツ法のもとに連れて行った、と書き送ったことがある。[28] 別の機会には、言語や詩文学の古事から遠い故郷の法 (altheimisches Recht) へと至る「間道」について語っている。[29]「古いドイツの森」とは、グリム兄弟が初めて出版した研究誌の標題だが、まことにゲルマンの森の道は、童話や伝説の国から法的慣習の国へと通じている。

だがそうだとしても、グリムにあって、法を論じることの固有の意味が何であったのかという点は、あらためて問われるべきであろう。ことさらに法における〈ポエジー〉を強調するからには、法の生命に対する彼なりの危機感がそこにあったはずだからである。このことに関し、彼は法の起源に触れながらこうも言っている。すなわち、すべての法的諸関係は「ある感性的な土壌」において生長するのだが、しだいにこれから離れてしまう、というのだ。[30] とすれば、この土壌、端的にいえばドイツの大地に、ドイツ固有の法的諸関係をしっかりと結びつけておくことこそ、ヤーコプ・グリムの願いであったとせねばなるまい。

このこと自体は、いかにもロマン主義的な愛国心の表れとすることもできる。とはいえグリムからすれば、この仕事は、当代随一のローマ法学者にして、しかも恩師であるサヴィニーとの、理論的な対決を孕むものであったことを忘れてはならない。

右に挙げた「ある感性的な土壌」(ein sinnliche Boden)とは、「ある意味的な場」と言い換えることもできる。これは『占有という言葉——言語学的記述——』(一八五〇)と題する論文の中で語られたのだが、実際この中では、法の起源は言語の起源とパラレルに扱われている。

その問題についてはのちに考察することとして、ここではこの論文が、「法学博士フリードリヒ・カール・フォン・サヴィニーの学位取得五十年を祝して」なる副題を有していることに注目しておきたい。『占有という言葉』は、サヴィニーの出世作として知られる『占有権論』(一八〇三)に因んで書かれたものだ。親愛なるサヴィニー先生、との呼びかけで始まるこの論文が、一方は「権利」を問題にし、他方は「言葉」を問題とするという違いこそあれ、両者の生涯にわたる友情の証しであることには、いささかの偽りもあろうはずがない。とはいえ、サヴィニーが法源をドイツ固有の法ではなく、ローマ法大全の中に求めようとするかぎり、彼に対するグリムの賛辞も、少しばかり棘を含んだものとならざるをえない。

ドイツ法とローマ法の相違に関して、ヤーコプ・グリムは次のように述べたことがある。

「ドイツ法は、ローマ法よりもはるかにポエジーに浸っている。

ローマ法は、もっぱら教養や学的教養として現れ、法源（Rechtsquelle）として現れることはほとんどない、と言われる。これに対してドイツ法は、これまで自然のままであって、けっして枠づけられたり、民俗（Volkssitte）という牧場や畑地の中に取り込まれることのなかった、そういう法源によって満たされ豊かになっている。ローマ法は、厖大な才気あふれる註釈書（Commentar）ではあるが、原典（Text）を欠いている。ドイツ法は、いかにそれに値しようとも、いまだ註釈されていない有為な原典である。[31]」

ここに引用したのは、『ドイツ法の古事について』（一八四一）と呼ばれる、ベルリン大学での就任講義の一節である。ベルリン大学といえば、歴史法学派、なかんずくロマニステンの総本山であった。グリムがこの講義をおこなったとき、サヴィニー法学の最大の批判者であったヘーゲルはすでに亡く、またこの翌年には、サヴィニーの講座はプフタに引き継がれることになるが、こうして当地の法学部は、文字どおりパンデクテン法学一色に染められようとしていた。グリムによる公然たるローマ法批判は、このような中でなされた。

ローマ法をテクストを欠落した註釈、ドイツ法を註釈さるべきテクスト、と位置づけるこの視点は、そのままロマニステンとゲルマニステンにおける法源研究の亀裂を示唆している。グリムの講義をサヴィニー自身はどのように聴いたのだろうか。

ヤーコプ・グリムの言う〈ポエジー〉に満ちたドイツ法とは、要するに註釈書ならぬ原典そのもの、つまりこの意味での法源である。そして法源としてのドイツ法は、感性的な土壌ないし意味的な場としての物語の世界へとつながっていく。だとすれば、こうしたことのすべては、『占有という言葉』や『ドイツ法の古事について』より四半世紀も前に、『法の内なるポエジー』において論じられている。

『法の内なるポエジー』の内容をここで詳しく紹介する余裕はないが、この七十頁余りの論文は、全部で十四の節からなっている。たとえば第二節では、法と〈ポエジー〉の共通の起源が説かれ、詩人（Dichter）による歌と裁き人（**Richter**）による掟とが、ともに民族の習俗や祝祭に密接に結びついていたことが言及される。あるいは第五節から第九節にかけては、法と〈ポエジー〉の親近性が、古ゲルマンの法的慣用句や法形式に表れる、特徴的な言語用法として証明されている。さらに第十一節以下になると、法慣習の内に見出される、信心深さや残酷さや実直さや快活さといった中世人の心性が、まさに〈ポエジー〉の表出にほかならないことが、熱っぽく語られるのである。[32]

なかでも面白いのは、権利能力を文字どおりの行為能力から、つまり特定の身体的な振る舞いを指標として承認するという法慣習を、グリムがポエジー的な規定と呼んでいる個所である。ここで彼は、例の『ザクセンシュピーゲル』から、このような一項を掲げている。

「あらゆる動産を人は、相続人の承諾なしに、いかなる場所においても、譲渡し、また所領を引き渡し封与する（ことができる）、彼がみずから（つぎのことを）なしうるかぎり、すなわち彼が、一口《ふり》の剣と一箇の楯とを帯びて、高さ一ダウメネレの石または切株から、（他）人の助力――（他）人が彼のためにその乗馬と鐙とを抑えるほか――なしに、乗馬に跨ることができる（かぎり）。[33]」

この規定ばかりでなく、『ザクセンシュピーゲル』に現れるほとんどすべての法慣習は、ある出来事の、またはある物語の国への入り口となっている。近代的法典における抽象的で一般的な当為の羅列とは異なって、この慣習法典は、まさしく特定の物語を想起させるような形式で書かれている。ヤーコプ・グリムの言うポエジー的な法とは、このように物語と一体となった、古ゲルマンの慣習法のことなのである。

グリムの言及する慣習法の多くが、『ザクセンシュピーゲル』や『シュヴァーベンシュピーゲル』に代表される、すぐれてドイツ的なそれであることは当然だとしても、彼はドイツの慣習法だけを排他的に論じているのではない。『法の内なるポエジー』では、たとえば悪しき債務者に対する身体切断の掟を挙げているが、これなどは十二表法にまで遡りうる規定であって、必ずしもドイツに固有のものではない。グリムにしたがうと、シェイクスピアの『ヴェニスの商人』もこの慣習法から着想を得たものらしい[34]。周知のように、イェーリングは、この中の法廷の場面について、裁判官の三百代言的な言辞、換言すれば、概念法学的な法実証主義を非難しながら、シャイロックを弁護する[35]。だがここでのグリムは、古い法の残酷さにさえ、文豪シェイクスピアの創作意欲を刺激するような〈ポエジー〉が見出されることに、いっそうの関心を向けている。

いずれにせよ、ヤーコプ・グリムにおいて、法の世界は物語の世界に還元されるべきものだ。法古事の蒐集と伝承の蒐集を並行して進めることにより、彼はますますこのことを確信したにちがいない。このような法の故郷としての「物語」こそが、グリムにとっての「歴史」であった。つまり、〈法の内なるポエジー〉とは、物語として語り継がれてきた民族（民衆）の歴史なのである。

法の内部に〈ポエジー〉を発見する作業は、以後、『古い北欧の掟の文学』（一八一六）、『ザクセン法による自由民の殺人賠償金についてのシャウマンの論文に対する覚書』（一八四二）などとして継続され、やがて浩瀚な『ドイツ法古事誌』および『慣習法令集（ヴァイステューマー）』へと集約されていく[36]。

だが、法と〈ポエジー〉、または法と物語としての歴史とを真に結びつけるためには、その結節環たるものを明らかにしておく必要がある。それはつまり言語ということになろうが、グリムにとっての言語とは、「法概念」ならぬ〈法の内なるポエジー〉を表現しうる言語、メルヒェンの世界の言葉であるにちがいない。

四　鏡の国の言語

法の内部に〈ポエジー〉を見出そうとするヤーコプ・グリムの試みが、当時はもとより今日にいたるも、はたしてどれだけ正当な評価を受けているかは、きわめて疑わしい。

とはいえ、さすがにコーイングなどになると、「（中世のドイツ法にあっては）ファンタジーに訴えて人々の記憶に留めさせるために、儀式的な所作（Geste）や慣用語（Formel）が重要とされた。（この当時の判告録（Weistum）のテクストの中には、儀式的な、長々と転がり出る文句（Satz）への楽しみが感じられる」と、的確に指摘している。しかも彼は、グリムの名前こそ挙げてはいないが、そこにロマンティークを魅了した中世ドイツ法のポエジーが存した、とまで言うのである。(37)

ところが、コーイングは、〈法の内なるポエジー〉を、中世の民衆の「限られた読み書き」の問題に矮小化してしまう。しかしながら本当の問題は、読み書きの充分にできない一般民衆が、口伝てに語り継いできた言葉の中にこそあるのではないか。人文主義的な教養としての言葉ではなくて、民衆の生活としての言語、端的にいえばラテン語でなくドイツ語こそが、彼らの言葉であったからだ。またコーイングが、中世のドイツ法を「造形的（plastisch）な姿」と特徴づけるとき、彼はこの言葉の奥深い意味にも気づくべきであった。それは、理性的な視覚的文化に感性的な触覚的文化を対置した、『彫塑』（Plastik）（一七七八）におけるヘルダーの主張である。ドイツ・ロマン主義とは、ヘルダーからグリムにいたる、まさしく言語論の系譜にほかならないのである。(38)

当時にあっても、グリムの研究に理解を示した者がまったくいなかったわけではない。だが皮肉なことに、その数少ない一人は、ゲルマニステンではなく、フランスの民衆史家ジュール・ミシュレであった。

ヒュープナーの『ヤーコプ・グリムとドイツ法』には、付録としてグリム宛の未公開の書簡集が収載されているが、その中にはミシュレからの五通の手紙も含まれている。それによると、二人の交流は、ミシュレがグリムに『フランス史』（一八三三）を贈呈したことに始まるようだ。最初の手紙で、ミシュレは、「私はこのたび大部の著作を出版いたしますが、その中で貴兄のたぐいまれな御著書『ドイツ法古事誌』（Antiquités du droit germatique）を、大幅に使わせていただきました」と書いている。(39) ミシュレがこのとき準備していた大部の著作とは、『世界法の象徴および形式に見出されるフランス法の起源』（一八三七）である。

要するに、ミシュレの法源研究は、ヴィーコからの影響を別とすれば、なによりもグリムのそれに触発されたものなのだ。ミシュレは、晩年になってこう回想している。

「ヴィーコが私に感じさせてくれた激しいときめきを、私は後年、大冊の『ドイツ法古事誌』を繙いたときにも感じたのだった。まことに大変な本である。ドイツ語のあらゆる方言、あらゆる時代の言葉でもって、さまざまな階層のドイツ人たちが人間生活の一大事（誕生、結婚、死、遺言、売買）のときに使った法律上の象徴や形式の数々が網羅されているのだ。(40)」

さらに興味深いのは、『フランス法の起源』の序論で、ミシュレがグリムを、「法の象徴学」（le symbolique du droit, Rechtssymbolik）の創始者と称えている点である。(41) ハイネの伝えるところによると、当のミシュレ自身が学生たちのあいだで「象徴先生」（Monsieur Symbole）と呼ばれていたそうだから、(42) これは最大級の賛美といわなければならない。

法の象徴学とは、法的言語の意味作用の考察にはちがいあるまいが、とはいえ、それが単なる記号ではなく象徴であるかぎり、言語と意味とのいわば必然的な結合が前提されている。いうまでもなく、それを可能にするのは、慣習法の儀式的な言語用法である。

　慣習法の規定にしばしばみられるような儀式的な言い回しと、これによって語られるある特定の状況とを指して、ミシュレは「劇的な形式主義」（formalisme dramatique）とか「法の古いコメディー」（vieilles comédies du droit, antiqui juris fabulas）と言っている。しかも彼にとって、このような慣習法の「詩的形式」（poétiques formules）こそが、「法的象徴」（symboles juridiques）なのである。[43] つまり、ミシュレの言う法の象徴学も、グリムの場合と同様に、法の中に〈ポエジー〉を発見する手続のことである。実際、『法の内なるポエジー』の第十節には、「ポエジーを法的象徴によって示すこと」という標題が付けられている。

　ではヤーコプ・グリムは、象徴としての法的言語をいったい何処に求めるのか。古ゲルマンないし中世ドイツの法古事において、といっただけでは充分な答えにはならない。グリムにとっての法古事の世界とは、たとえば『ザクセンシュピーゲル』という名の鏡の国にほかならない。

　『ザクセンシュピーゲル』（Sachsenspiegel）は、ドイツ最古の法書であって、十三世紀の初頭にアイケ・フォン・レプゴウなる一人の騎士によって編集された。こうした経緯からして、これはもとより近代的な意味での法典ではないのだが、かといって単なる私的な創作物ともいえないのである。アイケがこの法書に採録した、ハンス・ティーメによれば「映し出した」（spigeln）、掟の多くは、カール大帝の治世にまで遡りうるものであると同時に、少なくとも一九〇〇年までは、ザクセン普通法の法源として法的効力を有しており、さらには戦間期に裁判所により適用された例さえある。[44] ちなみに一九〇〇年とは、パンデクテン法学の嫡出子たるドイツ民法典の施行された年である。つまり

『ザクセンシュピーゲル』は、「ローマ法の継受に対する主要な要塞」として、[45]何世紀にもわたってゲルマン的慣習法を守り続けてきたのである。

この法書の名前について、アイケ・フォン・レプゴウは次のように書いている。

「『ザクセン（人）の鏡』（spiegel der sachsen）と
この書物は名づけられるべきである、
けだしザクセン法がこれにより明らかに知られること、
あたかも鏡によって婦人たちが
その顔《かんばせ》を視るようであるから。[46]」

こうして〈鏡〉としての『ザクセンシュピーゲル』は、ザクセン人の法としての〈鑑〉となるのだが、問題はその映し出し方にあるだろう。たとえば二口《ふり》の剣で教皇の権力と皇帝の権力を表し、ユリの花を模した王笏が平和を意味するといったように、[47]『ザクセンシュピーゲル』は、実に様々な法的象徴に満ちている。これは、ローマ法が人と物と行為というきわめて抽象化された法的概念から成っているのに比べて、著しく素朴な叙述形式であるとせねばならない。そしてヤーコプ・グリムが着目したのは、ローマ法の概念ではなくて、このゲルマン法の象徴形式だったのである。

グリムにおける法の象徴学や言語論について、『ザクセンシュピーゲル』という鏡の果たした役割を考えようとするとき、ここにもう一枚の鏡があることに気づかされる。それは、『オイレンシュピーゲル』という名前の鏡である。

『ザクセンシュピーゲル』が法書であるとすれば、『オイレンシュピーゲル』は民衆本である。両者がともにドイツ中世の民衆の生活を映しているという点を除けば、ここには何のつながりもないようにみえる。ところが、この悪戯者のオイレンシュピーゲルもまた、意外なところでグリムと深い関わりをもっている。

『オイレンシュピーゲル』は、十六世紀ごろに成立した有名な滑稽譚だが、その作者とされるヘルマン・ボーテは、この物語の由来についてこう言っている。

「ひる間の騒ぎと喧噪が静まりかえったとき、身体にも心にも全く別の世界がはじまります。……そこで私もひるの苦労の多い官職との疲れから少し元気を回復し、あたかも知恵のふくろう（Ulen der Weishayt）のように書物の山に目を向け、ローマ人や古ドイツ人の先例や歴史に自分を映してみる（mich zu spiegeln）のです。[48]」

なるほど、この本の扉には、右手にフクロウ（Eule）、左手に鏡（Spiegel）をもった主人公、オイレンシュピーゲル（Eulenspiegel）の道化姿が描かれている。

この鏡に映し出されたのは、ヘルマン・ボーテ個人というより、本当は一般民衆の姿であったにちがいない。そのうえ、オイレンシュピーゲルが活躍する鏡の国には、中世ドイツの民衆の生活とともに、しばしば当時の慣習法が登場する。『オイレンシュピーゲル』の中のいくつかの物語と、グリムの『ドイツ法古事誌』や『慣習法令集（ヴァイステューマー）』に集められた慣習法とのあいだに、一定の対応関係が認められることは、すでに検証されつつある。[49] しかも、ヘルマン・ボーテはラント裁判所の判事だった人物であり、この点から『オイレンシュピーゲル』に見出される慣習法と『ザクセンシュピーゲル』との結びつきを想定することも、あながち不可能とはいえまい。

しかし、『オイレンシュピーゲル』は法書ではなく、やはり民衆本である。この本の主題は慣習法それ自体というより、こうした法慣習を奥深く包み込む民衆の生活そのものであるだろう。だとすれば、オイレンシュピーゲルの愉快な悪戯が、法ばかりか言葉そのものを手玉に取る様子にこそ、注意を向けるべきかもしれない。まことにこの悪戯者は「言葉の道化師」であって、「言語のもつ呪縛力を彼が支配した時、それは法のもつ拘束力をも呪縛した」のであった。[50]

法の拘束力を左右するほどに言語が呪縛力をもちうるのは、そこで語られる言葉が民衆の生きた言葉であるためだ。『オイレンシュピーゲル』は、民衆の生きた言葉を伝えることで、そのまま民衆の生活の記録となっている。この中で展開される一つ一つの物語は、それゆえ単なる滑稽譚である以上に、歴史を映す鏡なのである。

『オイレンシュピーゲル』が歴史を映す鏡なら、『ザクセンシュピーゲル』は法を映す鏡である。そしてこの二つの〈鏡〉を結びつけるのは、ほかならぬ〈言語〉それ自身の呪縛力であるだろう。鏡の言葉が白雪姫の運命を大きく変えたように、言語こそは人々の生を呪縛する魔法の鏡なのだ。

ヤーコプ・グリムもまた、その魔力に取り憑かれた一人であった。『子供と家庭のメルヒェン』と『ドイツ伝説集』を中心とする民間伝承の蒐集にしても、『ドイツ法古事誌』や『慣習法令集（ヴァイステューマー）』などにおける慣習法の蒐集にしても、それはおのずから言語の研究でもあったわけだが、グリムはやがて言語そのものの蒐集へと向かう。彼の余生は『ドイツ語辞典』の編集に献げられるのである。

もちろん、「母国語の無限な宝庫」たることを目指した大辞典が、短時日で出来上がるはずもない。一八三八年に着手された『ドイツ語辞典』が完成したのは、グリムの生涯をはるかに越えて、実に一九六一年のことである。グリム兄弟およびその後継者たちの、一世紀以上にもわたる言語との格闘については、ここでは言及しない。[51]むしろ、その直接の契機となった一八三八年という年代のほうに注目したい。

そもそもこの辞典の企画には、グリム兄弟に対する救済事業という意味が込められていた。というのも、ハノーファー憲法の擁護運動をきっかけとした、いわゆる「ゲッティンゲンの七教授」事件に連座して、彼らは前年の一八三七年に職を奪われていたからだ。

しかし、そればかりではない。前にも述べたように、同じ一八三七年に、ジュール・ミシュレが『世界法の象徴および形式に見出されるフランス法の起源』を出版している。グリムはこのときミシュレに宛てて、「(この本は)私の法古事誌をいっそう発展させ洗練したものと呼ばれることでしょう」と祝辞を送ったのだが、[52] 内心は忸怩たるものがあったのではないか。なぜなら、法的統一さえなされていないドイツにおいては、ミシュレがフランス法と言うのと同じ意味でのドイツ法は、いまだ存在していなかったからである。『ドイツ法古事誌』が『フランス法の起源』に対応するように、ヤーコプにとっての『ドイツ語辞典』の試みは、あるいはミシュレの『フランス史』ないし『フランス革命史』の代償だったのかもしれない。

こののち、ヤーコプ・グリムは、革命的とまではいえないものの、少なくとも自由主義的なドイツ国民運動の先頭に立つこととなる。それはいうまでもなく法の統一の要求でもあったわけだが、グリムたちゲルマニステンの主張は、近代的な法典の編纂というよりは、むしろ反ローマ法の感情にもとづいて、ゲルマン法の優位の確認を求めるものであった。一方、皮肉なことに、法典編纂の事業は、当時プロイセンの立法改訂大臣になっていたサヴィニーと、その直系のパンデクテン法学者たちのもとで進められることになる。

グリムにおけるゲルマン法への愛着は、単なる過去への憧憬ではありえない。ミシュレの炯眼が見抜いたように、ゲルマン法に対するグリムの接近は、慣習法という、いまだ歴史や言語から乖離していない法形式を足場にして、法の象徴学を構築する企てであった。

サヴィニーは、ローマ法を純粋化して、概念の計算により学問としての法学を創ろうとする。だがミシュレの傾倒するヴィーコは、『新しい学問の原理』において、「昔の法学はまったく詩的なものであり、ローマ法もその初期にあってはまじめな詩であった」と語っている。[53] ヤーコプ・グリムの法の象徴学は、法の内部に〈ポエジー〉を見出して、サヴィニー流の歴史法学とは異なった、もう一つの歴史法学を準備する。

一八四六年九月二四日、フランクフルトで開催された第一回ゲルマニステン大会に際して、議長に選出されたヤーコプ・グリムは、参集した歴史学者と法学者と言語学者を前にして、『本大会に結集した三つの学問の相互連関と結合について』と題する講演をおこなった。〈歴史と法と言語のトリアーデ〉は、すでにグリムの胸中においては、法の象徴学という新しい学問として形作られていたのである。

注

(1) Friedrich Carl von Savigny, Vom Beruf unsrer Zeit für Gesetzgebung und Rechtswissenschaft, in: Jacques Stern (hrsg.), Thibaut und Savigny, Berlin, 1914, S.76ff., 101. サヴィニー「立法及び法学に対する現代の使命」、『ザヴィニー・ティボー法典論議』長場正利訳、『早稲田法学』別冊第一巻、一九三〇年、七二頁以下、一〇一頁。

(2) 河上倫逸『ドイツ市民思想と法理論――歴史法学とその時代――』創文社、一九七八年、一三頁以下参照。

(3) Savigny, a.a.O., S.14. 訳、五頁。

(4) ebd., S.78f. 訳、七四頁以下。

(5) 堅田「ヘーゲル、サヴィニー、グリム――ベルリン一八一八――」『現代思想』一九七八年一二月臨時増刊号、三〇七頁以下。(本書、第五章) 同「ヘルダーとヘーゲル――ドイツ精神史の深層へ――」『思想』一九七九年一〇月号、九六頁以

下参照。（本書、第三章）

（6）Savigny, a.a.O., S.76f. 訳、七二頁以下、七五頁。vgl., Rudolf Hübner, Jacob Grimm und das deutsche Recht, Göttingen, 1895, S.18.

（7）Savigny, System des heutigen römischen Rechts, Bd. 1, Berlin, 1840, S.35. 山田晟「サヴィニーにおける慣習法」『法学協会雑誌』第六八巻一号、三頁以下参照。

（8）Jacob Grimm, Deutsche Rechtsaltertümer, Bd.1, Darmstadt, 1974, S.XVII. vgl., Hübner, a.a.O., S.108.; Erik Wolf, Friedrich Carl von Savigny, in: ders., Grosse Rechtsdenker der deutschen Geistesgeschichte, 4.Aufl., Tübingen, 1963, S.498, Anm. 65.

（9）vgl., Franz Wieacker, Privatrechtsgeschichte der Neuzeit, 2.Aufl., Göttingen, 1967, S.133f. ヴィーアッカー『近世私法史』鈴木禄弥訳、創文社、一九六一年、一二八頁参照。

（10）vgl., Wieacker, a.a.O., S.405f. 訳、四八八頁以下参照。Heinrich Mitteis, Deutsche Rechtsgeschichte, 15.Aufl., neubearbeitet v. Heinz Lieberich, München, 1978, S.349. ミッタイス／リーベリッヒ『ドイツ法制史概説』改訂版、世良晃志郎訳、創文社、一九七一年、五五六頁。ders., Deutsches Privatrecht, 8.Aufl., München, 1978, S.2.

（11）vgl., Georg Wilhelm Friedich Hegel, Grundlinien der Philosophie des Rechts, in: Werke (Suhrkamp), Bd.7, S.363.; Wolfgang Schild, Savigny und Hegel, in: Anales de la Catedra Francisco Suarez, Nr.18-19, S.271.: Karl Marx, Das philosophische Manifest der historischen Rechtsschule, in: Werke (Diez), Bd.1, S.78. マルクス「歴史法学派の哲学的宣言」出隆訳、『マルクス＝エンゲルス全集』第一巻、大月書店、九〇頁。

（12）zit., G.P. Gooch, Eichhorn, Savigny and Jacob Grimm, in: ders., History and Historians in the Nineteenth Century, 2nd ed., London, 1952, p.55. グーチ『十九世紀の歴史と歴史家たち』上、林達夫・林孝子訳、筑摩書房、一九七一年、五八頁参照。

（13）Hübner, a.a.O., S.45.

（14）ebd., S.49.

（15）阿部謹也『刑吏の社会史』中央公論社、一九七八年、九〇頁以下、六二頁、八九頁参照。若曾根健治「教会が承認した屍体神判」『朝日新聞』一九七九年八月一五日付。
(16) 阿部、前掲書、三八頁以下参照。
(17) Brüder Grimm, Deutsche Sagen, Reclam, 1977, S.9ff.
(18) dies., Deutsche Sagen, Vorrede, in: JAcob Grimm, Kleinere Schriften（Georg Olms）, Bd.8, S.10. 高橋健二『グリム兄弟』新潮社、一九六八年、一五六頁参照。
(19) Brüder Grimm, a.a.O., S.10f.
(20) Hübner, a.a.O., S.38.
(21) ebd., S.90, 83.
(22) vgl., Wieacker, a.a.O., S.497. 訳、六〇四頁。
(23) Grimm, Deutsche Rechtsaltertümer, Bd.1, S.VII. vgl., Hübner, a.a.O., S.99.
(24) Helmut Jendreiek, Hegel und Jacob Grimm, Berlin, 1975, S.53.
(25) vgl., Wolf, a.a.O., S.471.
(26) Grimm, Von der Poesie im Recht, in: Kleinere Schriften, Bd.6, S.153. vgl., Hübner, a.a.O., S.71.
(27) Grimm, a.a.O., S.153.
(28) vgl., Hübner, a.a.O., S.20.
(29) Grimm, Das Wort des Besitzes, in: Kleinere Schriften, Bd.1, S.114. vgl., Hübner, a.a.O., S.16.
(30) Grimm, a.a.O., S.123. vgl., Hübner, a.a.O., S.97.
(31) Grimm, Über die Alterthümer, in: Kleinere Schriften, Bd.8, S.550. vgl., Hübner, a.a.O., S.109.
(32) Grimm, Von der Poesie im Recht, S.152ff. vgl., Hübner, a.a.O., S.20ff.
(33) Grimm, a.a.O., S.176. vgl., Hübner, a.a.O., S.24.; Sachsenspiegel, hrsg.v. Cl. Frhr. von Schwerin, Reclam, 1977, S.46. 『ザクセンシュピーゲル・ラント法』久保正幡・石川武・直居淳訳、創文社、一九七七年、九八頁参照。

(34) Grimm, a.a.O., S.185. vgl., Hübner, a.a.O., S.26. 佐藤篤士『Lex XII Tabularum——十二表法原文・邦訳および解説——』早稲田大学比較法研究所、一九六九年、五八頁以下参照。

(35) Rudolph von Jhering, The Struggle for Law, transl. by John J. Lalor, Westport, 1979, p.86ff. イェーリング『権利のための闘争』小林孝輔・広沢民生訳、日本評論社、一九七八年、六八頁以下、七五頁以下参照。

(36) vgl., Hübner, a.a.O., S.28ff., 72ff.

(37) Helmut Coing, Epochen der Rechtsgeschichte in Deutschland, München, 1976, S.15. コーイング『近代法への歩み』久保正幡・村上淳一訳、東京大学出版会、一九六九年、二〇頁以下参照。

(38) 堅田「ヘルダーとヘーゲル」九九頁以下参照。

(39) Hübner, a.a.O., S.168.

(40) ジュール・ミシュレ「雄々しい心」真崎隆治訳、『現代思想』一九七九年五月号、四九頁。Jules Michelet, Histoire de France, t.1, Préface, Lausanne, 1965, p.59.

(41) Michelet, Origines du droit français cherchées dans les symboles et formules du droit universel, Paris, 1837, p.IV. vgl., Hübner, a.a.O., S.66.

(42) 桑原武夫「人民史家ミシュレ」、同編『世界の名著』37、中央公論社、一九六八年、三六頁参照。森井真「ミシュレ——その生涯と思想——」『現代思想』一九七九年五月号、一七五頁。

(43) Michelet, a.a.O., p.If., V.

(44) Sachsenspiegel, S.3.

(45) ebd., S.4.

(46) Sachsenspiegel, S.15. 訳、一六頁。

(47) ebd., S.20, 5. 訳、三三頁参照。

(48) 阿部「民衆本『ウーレンシュピーゲル』を読む」、『文化の現在』第一一巻、岩波書店、一九八〇年、三三頁より引用。

(49) 同『中世を旅する人びと』平凡社、一九七八年、二一八頁以下参照。
(50)『ティル・オイレンシュピーゲルの愉快ないたずら』藤代幸一訳、法政大学出版局、一九七九年、二九四頁参照。
(51) 高橋、前掲書、二五五頁以下参照。
(52) vgl., Hübner, a.a.O., S.76.
(53) Michelet, a.a.O., p.II.

第八章　ヤーコプ・グリムとゲッティンゲンの七教授事件

一　抗議

「『一九三七年』という童話が作られ、悪い王様のことや自由の手紙がビリビリと破られたことや七人のことや三人のことを、おばあさんが孫に話して聞かせた。男の子は不思議そうに言った。『ひどいことをするんだね！』」(1)

トライチュケは大著『十九世紀ドイツ史』のなかでこのような話を紹介している。『一九三七年』という童話は、それより百年前の出来事、一八三七年に起きた「ゲッティンゲンの七教授事件」の物語である。悪い王様とはハノーファー国王エルンスト・アウグスト、破られた自由の手紙とは彼に宛てられた抗議文、七人とはゲッティンゲン大学の七名の教授、三人とはこの事件の中心人物、ダールマンとゲルヴィーヌスそしてヤーコプ・グリムのことであった。この事件は憲法の擁護と大学の自治に関わるものではあるが、それにとどまらず、三月前期の革命運動を記念する重大な出来事となった。まずはその概要を記しておこう。(2)

ことの発端は一八三三年のハノーファー憲法にある。すなわち、一八三〇年のフランス七月革命と翌年のベルギー憲法の制定を受けて、ハノーファー王国においても議会と国王の協力のもと、いわゆる協約憲法がつくられた。ダールマンはこの制定作業において、重要な役割を果たしている。このハノーファー憲法は当時のドイツ領邦国家のものとしてはきわめて民主的な憲法であって、立憲君主主義のもと、王権を著しく制限していた。(3)

ハノーファー王国はドイツの北部に位置するが、十八世紀の初頭よりイギリスと同君連合の関係にあり、イギリス国王が同時にハノーファー国王を兼ねるという、きわめて特殊な国家形態をとっていた。憲法制定時のハノーファー家の当主はウィリアム（ヴィルヘルム）四世であったが、彼はイギリスにあっては選挙法の改正に好意的であったことで知られ、それなりに開明的な君主であったようだ。ウィリアムはハノーファー憲法の制定によって、いわばイギリス型の立憲主義をドイツに採り入れたのである。

ところがこの同君連合は、一八三七年のウィリアム四世の死によって解消した。彼には子供がいなかったため、イギリス国王には姪のヴィクトリアが即位することになった。ハノーファー王国の王位継承法によれば、女性は王になることができなかったからである。ハノーファーの新王に迎えられたのはウィリアムの弟のカンバーランド公エルンスト・アウグストであった。

エルンスト・アウグストは憲法草案への同意を前王に表明していたにもかかわらず、(4)即位直後から議会と憲法に対する嫌悪の念を露わにし、ついには議会の解散と憲法の失効を宣言した。一八三七年一一月一日付の勅令は次のように述べている。

「ここに従来の国家基本法は余によって廃棄されたことを宣言する。そもそも余の命令の厳格な順守につきまった き確信をもって期待されるすべての臣下は、当然ながら国家基本法上の宣誓による義務を完全に免除される。(5)」

アウグストの考えによれば、憲法が廃棄された以上、臣下としての公務員の憲法宣誓の義務も当然に免除される。アウグスト新王は、こうして憲法ではなく国王自身に忠誠を誓うことを要求したのである。だが公務員たる大学教授たちはこれに反発した。ハノーファーの憲法闘争、もしくはゲッティンゲンの七教授事件は、ここに始まる。

ゲッティンゲン大学の教授たちは、名目的にせよ学長でもあるアウグスト王に抗議するため、勅令発布の直後から何度も会合を重ねている。そして早くも一一月の一八日には、「一一月一日勅令に関する国立大学有志の臣下としての抗議」と題する文書が作成され、ただちに大学の監督局に宛てて投函された。これはダールマンの草稿にヤーコプ・グリムが手を入れたものである。このころゲッティンゲンには三二名の教授がいたとされるが、そのうち七名がこれに署名した。この七教授に処分が下されたあとではさらに六名が署名に加わったから、有志といってもけっして少ない数ではない。あとの六人はともかく、最初に署名した七人は以下のとおりである。『ゲッティンゲンの七教授事件』を著したハンス・キュックにしたがって紹介しておこう。(6) 署名順に掲げれば、以下のとおりである。

1　宮中顧問官フリードリヒ・クリストフ・ダールマン。哲学部正教授。歴史学、国家学。
2　宮中顧問官ヴィルヘルム・エドゥアルト・アルプレヒト。法学部正教授。私法学、国法学。
3　宮中顧問官ヤーコプ・グリム。哲学部正教授兼次席司書官。言語学、文学、法古事学。
4　ヴィルヘルム・グリム。哲学部正教授兼司書官。法古事学。
5　ゲオルク・ゴットフリート・ゲルヴィーヌス。哲学部正教授。歴史学。
6　ゲオルク・ハインリヒ・アウグスト・エーヴァルト。哲学部正教授。オリエント言語学。
7　ヴィルヘルム・エドゥアルト・ヴェーバー。哲学部正教授。物理学。

彼らの専門分野については若干疑問があるけれども、ゲッティンゲンでの講義科目名としてなら理解することができる。七教授はいずれも高名な学者であるが、異色なところでは童話集の編者として知られるグリム兄弟のほかに、電磁気学に関する「ヴェーバーの法則」で有名なW・E・ヴェーバーが加わっている。またグリム兄弟が法古事学を講じていたことも注目すべきだろう。とくに兄のヤーコプについていえば、彼は『ドイツ法古事誌』の著者でもあり、歴史法学派の重要な一員として歴とした法学者でもあった。

七教授の抗議は、憲法への宣誓は国王といえども失効させることはできない、という点に向けられた。むしろ国王自身が憲法に拘束されねばならないからだ。少なくとも彼らにあっては、国王と国家とは完全に切り離されている。抗議文の核心部分をみてみよう。

「したがって臣下たる署名者としては、事態の重要性を熟慮したうえで、国家基本法はその制定についても内容についても有効であるとしか確信できない以上、それが有権者側のさらなる検討も弁護もなしにもっぱら権力のやり方で貶められてしまうことを、良心に背くことなく黙過することなどできません。むしろ署名者の不可避の義務は、ここでおこなっているように、以下の諸点を公然と声明することなのです。すなわち、署名者は国家基本法に対してなされた宣誓によって引きつづき義務づけられており、したがって国家基本法の原則とは異なった原則にもとづいて召集される全国議会の代議員選挙に参加するべきではなく、またこの選挙を容認するべきでもなく、さらに国家基本法の規定に反して参集する議会を合法的に成立したものと是認するべきでもないことをです。(7)」

これは全体の四分の一ほどの抜粋であるが、ダールマンが書いたとされる抗議文がきわめて挑戦的なものであったことがわかる。一八三三年の国家基本法つまり憲法は有効であるのだから、我々はなお憲法宣誓に義務づけられていると断言したうえで、七教授は次の三つの所信を明らかにする。①大学に割り当てられている一名の代議員を選出しないこと、②憲法違反の代議員選挙そのものを認めないこと、③選挙後の議会の合法性を否定すること、の三点である。新しい議会を召集して憲法の無効を既成事実化しようとする国王に、彼らは真っ向から対決した。

彼らはこのほかにも、有効なものは無効なものによって否認されない、という法原則を持ち出したり、ラント議会の上部組織であるドイツ連邦議会の権威をちらつかせてもいる。とくに憲法が国王の諸権利を制限したことに関して、ハノーファーの国家基本法はむしろ「賢明な穏健さと慎重さ」によって全ドイツの称賛を博している、とまで断言するのである。アウグスト王がこれに激怒しないはずはなかった。だが王の怒りについてはもう少しあとで述べる。

抗議文はダールマンが書き、ヤーコプ・グリムが手を加えた。兄グリムは、前に引用した個所に続けて彼自身の見解を付け加えている。それはのちのグリムの「弁明」によって明らかになるが、そうでなくとも文体も内容もまったく異なるので容易に区別することができる。

ダールマンの抗議は、憲法の解釈と彼の政治思想にもとづいていた。しかしヤーコプ・グリムのそれは、教師の人格という倫理的な観点からなされている。グリムの言い方によれば、抗議文は国王の処置をめぐって切迫した「紛争」を未然に防ぐためにこそ書かれたのである。署名をした教授たちは、学生が政治的に過激に走ることを戒め、力のかぎり政府への忠誠を果たしてきたというのだ。

グリムが書き加えたと思われる部分を挙げておこう。抗議文はそれまでの政治的ないし法的主張からまったく調子を変えて、大学教授としての倫理的な義務感を訴えるものとなっている。

「しかしながら我々の行動が全面的に成功するかどうかは、我々の学説の学問的価値に劣らず、我々が人格的にも非難の余地がないという点にかかっているのです。我々が宣誓を軽薄にもてあそぶ者と学生から見られたとたんに、我々の行動に対する称賛もたちまち消え失せてしまうのです。[8]」

これはグリムの誠実な人がらの吐露ではあっても、とうてい抗議のための文章とはいえない。せいぜいのところ、署名者における自戒か他の教授たちに対する心情的訴えでしかないだろう。ダールマンの政治的文章とグリムの倫理的文章はいかにもぎこちなくつながっており、このことがせっかくの運動の先行きを暗示している。もちろん、抗議文には他の五人の意見も入っているであろうから、これをダールマンとグリムの二人の資質の相違に帰すのは若干行きすぎのきらいはある。しかしながらゲッティンゲンの七教授事件においては、教授たちの政治的姿勢とともに倫理的態度が問われてきたのであって、これが広範な共感を獲得したのも、グリムのような人格が関わっていたればこそなのである。

二　免職

七教授の抗議文が「一一月一日付勅令に関する国立大学有志の臣下としての申し立て」と添え書きされていることでも明らかなように、これはまちがいなく国王その人に向けられたものであるが、直接には大学監督局に宛てて提出された。

これを受けて監督局からの通達が早速送り返されてきた。首席督学官アルンスヴァルト名のこの通達は、国王は憲法の上に立つのだから臣下が国王に背くことは許されない、として抗議文の撤回を要求するものであった。それはさらに、「このような声明によって諸氏自身、諸氏の職務上の地位、そのうえ大学の安寧と繁栄をも危険にさらす」ことを警告している。[9]ダールマンはともかく、グリムの懸念していた大学の自治の問題がここに現実の危険として浮上してきた。

折しも狩猟のためローテンキルヒェンに滞在していたアウグスト王は、事実解明のため大学の代表団を呼びつけた。学長ベルクマン以下四学部長からなる代表団は、抗議文の流布については七教授に責任はなく第三者が秘密を漏らしたにちがいない、と教授たちを擁護した。だがいかに国王の命令とはいえ、大学の責任者たちが出かけていったこと自体が、教授会から七人を浮き上がらせてしまった。とくにその際、学長らが上奏文を提出して七教授の行動を非難した、と政府系の『ハノーファー新聞』が報道することによって、大学当局と七教授のあいだの信頼関係は一挙に崩壊してしまったのである。[10]

さて、抗議文を読んでエルンスト・アウグストはそこに「革命的、大逆的な傾向」を嗅ぎ取った。[11]憲法の解釈と三〇年代の政治状況にもかかわらず、そもそも王に対する抗議などあってはならないものだったからである。なるほど憲法は国王の権力を制約している。だからこそアウグストは憲法を破棄して、国王への直接の忠誠を要求したのである。

国王になる前のアウグストは軍人で、対ナポレオン戦争の英雄であった。彼は根っからの絶対主義者で、復古的な王制を標榜していた。イギリス時代には、極右派の指導者として、また王位継承を画策した陰謀家として知られていた。とはいっても、アウグストに確固とした政治的信念があったかというと、それはきわめて疑わしい。この意味でも、ゲッティンゲン事件のもう一人の当事者として、ときの大臣ゲオルク・フォン・シェーレの存在を抜きにするわけにはいかない。彼こそがこの事件の仕掛け人であったからだ。事件の進展には、明らかに貴族党のシェーレ自身の思想が織り込まれている。

教授たちの抗議文が出されるまでに、アウグストは四つの勅令を発布している。すなわち、①憲法の効力への疑義を表明した一八三七年七月五日付の「ウィリアム四世国王陛下の崩御ならびにエルンスト・アウグスト国王陛下の即位に関する勅令」、②一〇月三〇日付の「現全国議会の解散についての布告」、③翌三一日付の「従来の内閣の廃止に関する勅令」、④ついに憲法の無効を宣言した「一八三七年一一月一日付勅令」、の四つである。

ダールマンによれば、ウィリアムの崩御とアウグストの即位以来、憲法の効力をめぐって政府内部にも対立が生じ二つの政府が存在することになった[12]。だがより正確には、憲法の有効性を主張した大臣はことごとく罷免され、最後にシェーレだけが残って事実上の首相となった。議会の解散の布告を除いて、王の名前に寄り添うかのように唯一人シェーレの副署がみられるのは、このような事情によるのである。

新国王としてエルンスト・アウグストがハノーファーに到着したのは一八三七年六月二八日であったが、彼は翌日には全国議会を停止している。さらに国王は、議会と内閣を解散し、そのうえで憲法を廃棄した。この一連の出来事はそれまでの政治体制すべての否認であり、文字どおりの宮廷革命にほかならなかった。アウグスト王がこうまでして一八三三年憲法を嫌ったのは、この憲法が王室の財政と国家の財政を一本化して、これをすべて議会の統制下に置いたことにある。新国王は意のままになる財源が欲しかった。彼は多くの借金を抱えていた[13]。

ダールマンのわかりやすい表現によれば、前国王ウィリアム四世は「良い王様」であった。ダールマン自身が起草した憲法草案や王室法草案を、ウィリアム王はほとんど修正することなく承認してくれたし、そのうえ、将来の王位継承者も憲法に同意するであろうと保証してくれたからである。ところが新たに即位した「悪い王様」アウグストは、あろうことかこの憲法の無効を宣言した。ダールマンは、ウィリアムの死をもって「我々のゲッティンゲン時代はついに終わった」と概嘆した。と同時に、可死の王が法に反するならば不死の王たる法によってこれと闘う、との決意を表明している。[14]

教授たちの抗議行動もすばやかったが、アウグスト王の彼らに対する処分も迅速におこなわれた。ここにも大臣シェーレの強硬な意見が反映しており、彼は国王に対しては七教授の免職と追放を進言する一方で、大学に対しては大学法廷での審問を要求した。シェーレにあっては処分はすでに既定の事実で、いわばその形式的手続きだけを大学に期待したのである。[15]

学長ベルクマンの主宰のもと、一二月四日に大学法廷が開かれた。審問は抗議文が外部に漏れた経緯を中心に進められた。その結果、ダールマン、兄グリム、ゲルヴィーヌスの三人は、それぞれ抗議文の写しを親戚や友人や学生に送ったり見せたりしたことは認めたが、内外の新聞に接触したことは否定した。[16]他の四人については、署名者であることの確認のみがなされた。

この報告を受けて、一二月一一日に、国王は七教授全員を罷免する勅令に署名した。罷免の直接の理由は、抗議文が国王に提出される以前に内容を国の内外に流布させた責任を問う、というものであったが、王への抗議そのものが本当の理由であったことはいうまでもない。勅令の最後には、司法審査については留保する旨の恩情的な文言がみられる。とはいえ、今回は免職処分だけに留めるが、これに応じなければ刑罰を科すと警告してもいる。[17]

さらに翌日付の学長宛の訓令において、ダールマン、兄グリム、ゲルヴィーヌスの三名については、罷免に加えて一週間以内にハノーファーの領地から出るべきことも申しわたされた。

「上記三名の教授〔ダールマン、ヤーコプ・グリム、ゲルヴィーヌス〕によってなされた明白な供述にもとづき、余は汝学長に以下の処置を課すべく決意した。すなわち、その各々に対して免官辞令を交付する際に、各人は三日以内に大学のみならず余の王国からも退去せねばならないこと、および自発的にこれをなさなかった場合には、抗議文を流布したことによる司法審査が各人について厳格に続行されるであろうことを告知せよ。

なお他の四名の教授、アルプレヒト、ヴィルヘルム・グリム、エーヴァルト、ヴェーバーに関しては、その各々に対して免官辞令を手交する際に、完全に平穏にふるまうかぎり各人がゲッティンゲンに留まることは許されること、しかしながら、なんらかの仕方で騒動を企てた場合には、大学のみならず余の王国からただちに退去させられるであろうことを明示せねばならない。[18]」

刑事訴追の脅しにもかかわらず、七教授側は俸給支払いを要求する訴訟を起こすなどして抵抗したが、[19]時間的にも余裕がないため追放処分そのものは受け入れざるをえなかった。

国外追放というこの厳しい処置は、もちろん彼ら三名が首謀者とみなされたことによる。訓令に明示されているのは、彼ら自身も大学法廷で認めたように、抗議文の内容を親戚などに知らせたことであった。[20]けれども、影響力ということからすれば、最大の問題は、誰かが抗議文を外国の新聞に知らせたという点にある。この新聞とは『フランス通信』(Courrier Français)のことであるが、ダールマンの記録にしたがえば、これをまた『ガリグナーニ・メッセンジャー』(Galignani's Messenger)というパリの英字新聞が記事にしている。一一月一八日の午後、まさに抗議文の日付と同じ日のことである。

「フランス通信によれば、ゲッティンゲンからの手紙はこう述べている。『当地の大学の七人の教授は、新国王に対する忠誠の誓いを拒絶する。また大学が議会に代議員を送れば、ただちに抗議する』。この勇気ある決意は世論に重大な影響を与えるであろう。ドイツの大学は研究のための組織であるだけでなく、国内に衝撃を与える政治センターともなっている。ラインの対岸では、大学教授たちは要するに護民官として、人民の権利と理性の原理を擁護すべく委ねられているのだ。[21]」

七教授の抗議行動は、ハノーファー王国の内外を問わず、たちまち知れわたることになった。これには外国の新聞のみならず、ドイツの新聞も積極的に関与しており、[22]ゲッティンゲンの学生たちが抗議文の写しをばらまいたことも大きい。彼らに対する大学法廷の審査にしても国王による処分にしても、少なくとも表向きには、抗議文を第三者に漏らした責任を問うものである。このかぎりでは国王への反逆も不問に付されているし、大学の内部調査ということで大学の自治もいまだ機能を失ってはいないようにみえる。もっとも、そのおかげで肝心の憲法問題は曖昧になってしまった。アウグストからみれば、たしかにダールマンなどは札つきの政治的教授である。ゲッティンゲンを追われてのちも、彼の姿はゲルマニステン大会やフランクフルト国民議会のような政治の節目のたびに見出されることだろう。そしてこのダールマンが政治的行動をともにし、一目置いていたもう一人の教授がいる。ヤーコプ・グリムである。グリムもまたゲッティンゲンからの追放組であったが、グリムはゲルマニステン大会では議長を務め、国民議会では議長席の真ん前という名誉ある議席を与えられた。ある意味で政治の舞台ではグリムのほうが主人公であった。にもかかわらず、グリムはダールマンのような政治的教授ではなかった。

彼らの憲法観を比べても、ダールマンの場合、憲法は国王をも義務づけるという君主機関説的な立場を採っているが、グリムは国王に対してなされた憲法宣誓は実は神に対してなされたのだとして、法律よりは宗教の側から国王を非難する。これをそのまま受け取るわけにはいかないにしても、グリムは、「私はいかなる国法理論も提示しなかったし、擁護すべきいかなる理論ももっていない」と述べてさえいる。[23]

抗議文の文章をみてもわかるとおり、グリムの行動理念はもっぱら倫理的なものであって、ここに政治的計算は働いていない。彼の主張は憲法の解釈にもとづくものではなく、教師としての人格的責務にすぎないのである。またグリムはやはり抗議文のなかで、国王の憲法破棄に対して学生が騒ぐことを心配している。本当に政治的な人物なら、これを駆け引きの材料に使うだろう。けれども彼は、ブルシェンシャフトのような学生組織には批判的で、日ごろから学生の煽動ならぬ善導を心がけていた。ゲッティンゲン事件の何年か前にグリムが書いた手紙には、ブルシェンシャフトの学生たちは少数の指導者に躍らされて盲目的にしたがったにすぎない、といった表現までみられる。[24]

一八三二年におこなわれたハンバッハ祭についても、グリムは「吐き気がする」といった言葉で、きわめて厳しい見方をしている。[25] これはドイツの自由主義者たちがハンバッハ城で大集会を開いて、自由民権と共和制とドイツ統一を宣言した記念すべき事件であった。ダールマンなどはこれに触発されて憲法を起草したのであったが、ここにもグリムとダールマンの思想的相違がみられる。

アウグスト王とシェーレの失敗は、グリムとダールマンの資質の違いを見逃したことにあった。国王が怒りに任せて教授たちをまとめて罷免したおかげで、かえって非政治的なグリムを自由の象徴に祭り上げてしまった。グリムとダールマンを切り離して処分していれば、ゲッティンゲンの事件も小火《ぼや》のままで終わったかもしれないのである。

三　追放

それにしても、エルンスト・アウグストの評判は悪い。彼がハノーファーの国王に即位することが決まったとき、イギリスの新聞『地球』は次のような記事を載せて祝福した。「ハノーファーの新国王がイギリスを立ち去られるということが知らされて、各界に大きな喜びの声が挙がったと断言することができる。殿下がもはやこの国と関係をもたれずハノーファーに永住されればよいのだが、という心からの希望があまねく表明された[26]」。

憲法をないがしろにしたことに加え大学教授の首を切ったことで、アウグスト王の評価はいまや地に墜ちた。少しのちになるが、ゲッティンゲン事件の余波がまだ残っているころ、このことをめぐってアウグスト王とプロイセンのフンボルトとのあいだに次のような会話があった。これを伝えるのは、やはり七教授の一人、ヤーコプの弟ヴィルヘルム・グリムである。

「フンボルトは少し前にＥＡの大午餐会に招待されました。食卓の向こうからＥＡ王が彼に呼びかけます。『ねえフンボルト君、我が宿なしのゲッティンゲンの教授どもはどうしてるかね。御承知のとおり、教授と踊り子と売春婦はどこからでも金で手に入るのだがね』。この上品な見解は彼がすでに何度も披露したものですが、これにフンボルトが応えます。『陛下、私はあとの二つの階層とはなんの関係もありませんが、教授ということに関して申せば、私自身半分ほどは教授なのですが』。食事のあとフンボルトは、ハノーファーの式部官が近くにいるところで、大声でいいました。『高貴な方が面と向かって無作法なことをおっしゃるのはよくあるが、そこに招待されることはないものだよね[27]』。」

「EA」とはもちろんエルンスト・アウグストのことであるが、フンボルトは博物学者として知られるアレクサンダーのほうである。アレクサンダーは、人文学者にしてプロイセンの有力政治家、そしてベルリン大学を創設したヴィルヘルム・フォン・フンボルトの弟である。またこの噂を記した手紙は、ベルリンからゲッティンゲンのグスタフ・フーゴー宛に出されている。教授と踊り子を分け隔てなく扱うアウグスト王の評判は、このようにしてベルリンとゲッティンゲン、政界と学界を往復しながら肥大していった。

ヴィルヘルム・グリムがベルリンからこのような手紙を書いたとき、隣の部屋にはヤーコプ・グリムが住んでいた。彼らはゲッティンゲンから追放されたあと、しばらく故郷のカッセルにいたのだが、一八四一年からはアカデミーの会員としてベルリン大学に招聘されていたのである。この間の経緯については、のちに述べる。

さて罷免された教授たちであるが、彼らはそれぞれ短時日のうちにいわゆる「弁明書」を書いて、自分たちの行為の正当性を訴えた。すなわち、ダールマン著『理解のために』、アルプレヒト著（ダールマン編）『ゲッティンゲンの七教授の抗議と罷免』、ヤーコプ・グリム著『彼の免職について』[28]、エーヴァルト著『友人と理解者のための（三つのドイツの）言葉』、ゲルヴィーヌス著『ドイツ国民文学史第三巻序文』、である。

キュックによれば、この内とくに重要なのはダールマンとアルプレヒトとグリムのものである。ダールマンは政治的に、アルプレヒトは法律的に、そしてグリムは倫理的に、各々の観点から事件の総括をおこなっているが、そのことによって三人の弁明書は互いに補い合いつつ、この事件の最も重要な史料となった[29]。

ここでは、ヤーコプ・グリムの弁明に目を向けてみたい。彼はけっして政治的人間ではなかったが、しかしグリムの倫理的姿勢こそが、七教授事件に対して多くの共感を呼び寄せたように思えるからである。

前に挙げた「弁明書」をはじめとして、七教授は彼らの抗議行動の正当性を機会あるごとに論じている。たとえばヤーコプ・グリムは、追放処分が決まった直後に恩師のサヴィニーに宛てて次のような手紙を書いた。

「近代的自由主義は根底からことごとく私を裏切ったのに、私は三三年憲法それ自体について、一九年憲法以上にこだわっている、と先生はお思いでしょう。でも私の良心はいかなる偽証をも望みませんので、私とは関係のない一八三三年に宣誓が義務づけられたとはいえ、それが明確かつ有効に廃棄されるまでは誠実に守ろうと思うのです。私たちは四年のあいだずっと、いささかの疑いもたずにこの憲法を守ってきました。この良き信頼に違背せよとの命令に義憤を感じない人とも、私たちはつねに善良かつ忠実な信義をもって接してきたのです。[30]」

サヴィニーはベルリン大学教授として法学界の中心にあっただけでなく、プロイセン皇太子の傅育係に任じられるほどに王室や政府と密接な関係をもっていた。グリムのこの手紙は、旧師に自分たちの行動の正しさを訴えることで、なんらかの援助を期待したものだった。愛弟子からの手紙を待つまでもなく、ゲッティンゲンの事件はベルリンにも衝撃を与えており、サヴィニーもすぐに返事を書いた。返事は心配と好意に満ちたものではあったが、具体的な援助を約束したものではない。むしろ気になるのは、「いかなる偽りの自由主義もその行動を導かなかった、という貴方の言明は私には無用のものです。この判断の正しさは、私の望む以上に他の人々にも一般的に認められています」という文面である。[31] サヴィニーの主たる関心は、弟子の行動が自由主義的なものであるか否かに向けられている。サヴィニーは、革命を恐れていた。

サヴィニーの返事が書かれたころには、グリムはすでにハノーファー王国から追放されていた。七教授の罷免にせよ三教授の追放にせよ、当の教授たち自身は淡々と受け入れたようにみえるが、しかし、事態はすんなりと進んだわけではない。

すでに述べたように、七教授の抗議行動が外国の新聞にまで知られることで、問題はもはや大学の内部にもハノーファーの国内にも留まることなく、全ドイツに波及する勢いを見せはじめた。それゆえに、彼らに対する国王側の処置は断固たるものであった。

ゲッティンゲンでは、署名こそしないまでも七人に同調していた他の教授たちも、しだいに七教授から離れていった。ヤーコプ・グリムが『彼の免職について』の中で言及しているように、弟ヴィルヘルムの文学的表現によれば、彼らは「秋の木々が夜の霜にあってたちまち葉を散らす」ように急激に消えていったのである。[32] 大学の同僚たちに代わって七教授支援の運動に立ち上がったのは、教え子の学生たちだった。当初は彼らは七教授の家の前で支持の意思を示す程度で、その数も二〇人くらいであったが、大学当局と政府の態度が明らかになるにつれてしだいに数も増えていった。七教授に対する厳しい処分が伝えられたのは一二月一四日であったが、キュックは警察や大学の資料をもとに、戒厳下のその日の午後の様子を再現している。

「ヴェーエンデにはすでに五〇名の重騎兵が待機していたし、ゲッティンゲンの歩兵大隊は一〇〇名の予備役によって増強されていた！　そのころゲッティンゲンの学生数は九〇九名であったが、彼らに対峙したのは、さらに増強された歩兵大隊のすべてと、その他にヴェーエンデの重騎兵と、最後に竜騎兵と警察部隊とであった。この数日間にゲッティンゲンに投入された歩兵部隊の数は二五〇名であったが、さらになお全部で三〇〇名を越える騎兵がいた！　約九〇〇名の学生集団のうち多くの者は暴徒とはまったく無関係であったが、結果的には軍隊と学生の勢力比はおよそ一対二となった！」[33]

翌一五日の朝には、中心街のヴェーエンデ通りで学生のデモと警官隊が衝突し、八名の学生が逮捕された。同日の夕方には三、四百人の学生が集まって、①講義をボイコットすること、②三教授の出発日にハノーファーシュ・ミュンデンに集合すること、③七教授に聴講料の返済を請求しないこと、の三点を決議した。[34]

学生のすべてがただちに暴徒と化したわけではないにせよ、まさにこの一触即発の緊張は、一八三一年に起きたゲッティンゲンの蜂起、いわゆる「ラウシェンプラットの革命」の再来を思わせたという。[35] そもそもこの蜂起事件が契機となって三三年憲法が制定されたのであるから、この憲法を擁護するために再度の武力衝突があってもけっして不思議ではなかった。憲法の廃棄と七教授の処分を撤回しない以上、混乱を避けるにはできるだけ早く教授たちを国外に出さねばならない。軍隊の派遣はアウグスト王の断固たる意思の表れであった。

ヤーコプ・グリム、ダールマン、ゲルヴィーヌスの三人がゲッティンゲンを出発したのは、一七日の日曜日の朝である。彼らの強制旅券は、ヴィッツェンハウゼン経由でカッセルに向かうことを命じていた。当初はハノーファーシュ・ミュンデンから国外に出るとされていたが、警察の判断で急遽変更されたらしい。どちらも国境近くの町である。だが学生たちに馬車や馬を貸すことは厳重に禁じられていたにもかかわらず、彼らは前日の夜から徒歩でヴィッツェンハウゼンに向かっていた。三教授との別れを惜しむためである。その数は一五〇名から二〇〇名にもおよんだ。[36]

一行はヴィッツェンハウゼンで別れ、教授たちはとりあえずカッセルに向かった。カッセルはヘッセン公国の首府であるが、ここにはグリム兄弟がかつて司書官として勤務していた有名な王宮がある。これを見物するとの名目で、なお五〇名ほどの学生がついてきた。

ハノーファー王国を出たヤーコプ・グリムは、しばらくカッセルに落ち着くことになる。ここはグリム兄弟の故郷であったし、末弟の画家ルートヴィヒも住んでいたからである。やがて、次弟のヴィルヘルムもゲッティンゲンからやって来た。これ以降ベルリンに移るまでの数年間、彼ら兄弟はここで研究を続けた。『ドイツ語辞典』の編纂は、この時代に始められた。

ゲッティンゲンの七教授事件は、専制的な国王に対する自由の闘いとして、ドイツ中に大きな感動を与えた。冒頭に掲げた『一九三七年』という童話もそうだが、トライチュケはこの種の反響をさらにいくつか紹介している。彼によれば、ハンブルクのある船主はダールマン号と命名した船を進水させたし、玩具屋の窓にはヴィッツェンハウゼンの別れを表わした鉛の人形が飾られ、歳の市では七教授の絵が付いたパイプが売り出された[37]。

より広い同情を集めたのは、ダールマンよりはグリムのほうであった。童話集の編者が悪い王様に国を追われるという姿は、自由主義者のみならず民族主義者の琴線にも触れるところがあった。この二つの勢力は、三月前期の国民運動にあって、分かちがたく連帯していたのではあるが。

ウィーンの詩人アナスタシウス・グリュンは、「ヤーコプ・グリム」と題する詩と献辞を贈った。

「ドイツ語の旗を堂々と掲げている忠実と名誉の人よ……
私がゲッティンゲンの学生であったなら、
貴方の家の前で、ギターをかき鳴らして、
セレナーデを奏でるだろう。
窓ガラスだけでなく、ハートも震えるように!」

「ハノーファーまでこの歌が調べに乗って飛んでいき、
今やハノーファーの王となった、カンバーランド公の耳に届きますように。
彼がドイツ人のようにはドイツの名誉の歌を理解できなくとも、彼が名誉について誤解していることに、きっと誰かが気づくことでしょう。[38]」

ゲッティンゲンの七教授事件は、この詩と冒頭に紹介した童話とによって、まさしくヤーコプ・グリムの事件となった。

四　反響

七教授の行動は、いわゆる三月前期の自由主義者たちによって大いに称賛されたが、当初より彼らの行動に批判的であった者もいなかったわけではない。たとえばゲッティンゲンの哲学部長であった教育哲学者のヘルバルトは、七教授事件を「ゲッティンゲンの破局」と呼んで、大学人の政治への関わりに疑問を呈している。

カント哲学の徒であるヘルバルトの基本的立場は、政治への不介入の見返りに国家から大学の自治の保障を得る、というものであった。たしかに大学は「学問への純粋な愛」に満ちた人々の避難所であり、俗世間から離れて、新聞を読まない自由さえ認められるべき聖なる空間であるのかもしれない。[39]だがこのように古典的な大学の自治観も、政治の季節にあっては破局を迎え、ひとたまりもなく吹き飛んでしまった。政治好きのダールマンはともかくとして、誰よりも学問を愛したグリムが率先して立ち上がったところに、ゲッティンゲン事件の意義があった。

ヘルバルトに対する直接の批判ではないが、彼のように政治と学問を切り離そうとする学者たちに向けて、グリムは教師の務めを論じている。すなわち『彼の免職について』のなかで、グリムはまたしても倫理的な視点から、大学の教師たる者は、「自由で内的信念のみによって捉えられた学説」を学生に伝えるべきことを説くのである。

「公法学や政治学の教師は、その職権によって、彼らの洞察や研究のありのままの源泉から公的生活の基本原則を汲み出すべく期待されている。歴史学の教師は、憲法や政府が諸民族の幸福や不幸にいかなる影響を与えたかについて、一瞬たりとも黙っていることはできない。言語学の教師は、いたるところで古典の感動的な立場に遭遇するが、これを古事の支配へと押し上げる。あるいは、自由であったり阻害物であったりする民族的発展が文学の歩みに対して与える生き生きとした影響について、さらには諸々の言語の最も内面的なやりくりについて説明しなければならない。[40]」

ハノーファーにおいては七教授に対する支援を公然と語ることは困難であったものの、この事件の衝撃はドイツ国内に広まっていった。たとえば追放された三人のいずれとも交際のあったロシュトックの法学者ゲオルク・ベーゼラーは、『ゲッティンゲンの七教授事件の評価のために』と題して、架空の友人にあてた七通の手紙を公表した。キュックの紹介によれば、ベーゼラーは最初の四通の手紙で七教授の各々の人物や学問的業績に触れ、第五の手紙で彼らの抗議文を擁護し、第六と第七の手紙においては週刊誌や新聞に載った七教授批判に反論している。[41]

一八三八年の一二月に三教授がゲッティンゲンを立ち去ったのちも、軍隊は翌年まで駐留した。クリスマス休暇もあって学生たちの騒ぎは一応収まったが、休暇が明けても彼らは大学に戻ってはこなかった。九〇九人の学生のうち、年明けの最初の授業には一二〇人もが欠席したし、夏学期には学生が二〇〇人ほど減少した。それ以後も三月革命にいたるまで学生数は回復せず、さらには欠員となった教授陣の補充もままならず、名門ゲッティンゲン大学の栄光もしばらくは色あせてしまった。[42]

罷免された七教授を思想的にも金銭的にも支援するべく、早くも年末にはドイツ各地にゲッティンゲン協会（**Göttinger Verein**）という市民団体がつくられた。その前身は、ダールマンの故郷ライプツィヒに設立されたライプツィヒ委員会である。彼ら市民たちは、七教授が就職するまで毎年俸給の全額を用立てることを決議した。ゲッティンゲン協会は、「国民的規模の政治運動の最初の例であり、公的な問題においても自覚した独立の国民精神の最初の勝利」であるといわれる。[43]外国での募金活動は別としても、ドイツの諸都市、たとえばハンブルク、ブレーメン、フライブルク、ダルムシュタット、イエナ、マールブルク、ケーニヒスベルクなどに協会の支部が続々と設立された。この過程で、ブラウンシュヴァイクでは七教授を招いたうえでのヘルムシュテット大学の設立計画があったし、マールブルク大学による七教授招聘案も浮上した。[44]

最も活発な行動を起こしたのはベルリンのゲッティンゲン協会であった。ゲッティンゲン協会ベルリン支部の事務局を引き受けたのは、法学部教授エドゥアルト・ガンスである。ガンスはヘーゲル法哲学の後継者で、サヴィニーの公然たる敵対者であった。ガンスはヤーコプ・グリムと直接の面識はなかったようだが、ヘーゲル派の組織である学的批評協会の事務局長として、これにグリムを誘って断られたことがある。こうした人的関係からすればガンスがグリムたちを支援するというのも妙だけれど、彼は七教授事件に政治的変革の流れを感じとっていた。

ヘーゲル亡きあとベルリンの学生は「共和主義者」ガンスに多くの期待を寄せており、こうしたガンスの人気と七教授支援の動きが合流した。たとえば、ガンス教授の誕生祝いと称して彼の家に多くの学生が集まり、それが七教授支持の集会の様を呈したことがある。集まった学生のなかには、当時法学部に在籍していたカール・マルクスの姿もあった。

ガンスによる支援運動はとくにグリムに向けられたものとはいえまいが、ベッティーナの場合は明らかにそうである。ベッティーナ・フォン・アルニムは詩人アヒム・フォン・アルニムの夫人であり、旧姓をブレンターノといった。彼女は同じく詩人のクレメンス・ブレンターノの妹であって、さらにクレメンスの妹でありベッティーナの姉であるクニグンデはサヴィニーの夫人であった。ベッティーナはサヴィニーとの関係で古くからグリム兄弟とも密接な交際があり、彼らの童話集はこのベッティーナに捧げられたほどなのである。

ベッティーナ自身もなかなかの才女で、ゲーテとも親交があり、ゲーテとベートーヴェンを引き合わせたこともある。ベルリンの彼女のサロンには、政界、学界、芸術界を問わず、錚々たる人士が出入りしていた。

その内の最高の実力者は、なんといってもプロイセン皇太子その人であった。すでに触れたように、義兄のサヴィニーは皇太子の師傅を務めていた。彼はまもなくプロイセン国王となるが、「玉座のロマン派」などと呼ばれ、民族主義的な国民運動には一定の理解を示していた。三月革命に遭遇し、フランクフルト国民議会によるドイツ皇帝即位の要請を拒絶した、あのフリードリヒ・ヴィルヘルム四世である。ついでながら、彼はエルンスト・アウグストの甥でもあった。

ゲッティンゲンでの抗議行動についてヤーコプ・グリムはベッティーナに手紙を書いたが、その中で自分の立場を正当化して、法と良心にしたがう行動が結局は政治的なものとなった、と述べている。(45) ベッティーナがこれに同調したかどうかは不明だけれども、ともかく国王とサヴィニーに働きかけ、ついにグリム兄弟をベルリンに招聘することに成功した。二人ともハノーファー王の面子を考慮して当初は消極的であったけれども、ベッティーナの熱意がこれに勝ったのである。

グリム兄弟がベルリンにやって来たときには、ヘーゲルに続いてすでにガンスも亡くなっていた。サヴィニー派とヘーゲル派、あるいは歴史学派と哲学派の対立は、少なくとも法学界にあっては、ガンスの死をもって歴史学派の勝利に帰したようにみえる。しかしながら皮肉なことに、歴史法学内部の亀裂はむしろ広がりつつあった。すなわち、ロマニステンとゲルマニステンの対立であるが、これはローマ法とゲルマン法のいずれを中心に法学を構築するかといった方法論の相違に留まらず、ドイツの統一をめぐっての政治的対立にまでなっていた。サヴィニーを中心とするロマニステンは、政治の動きには静観的態度をとることによって、結果として保守的立場を選択したのであるが、これに反してゲルマニステンは民族主義的自由主義の観点から、ゲルマン的文化の復権とこれを梃子とした国民国家の樹立を目指していた。

そしてこのゲルマニステンの象徴的存在が、ヤーコプ・グリムであった。彼はゲッティンゲンの七教授事件の英雄となり、またゲルマン的法学のみならずゲルマン的な歴史学や言語学をも統合した「ゲルマニスティク」の創始者ともなった。

グリムは一八四六年と四七年に、ドイツの法学者と歴史学者と言語学者に呼びかけてゲルマニステン大会を開催し、その議長に就任した。この大会は参加者からいっても議題からいっても、翌四八年三月革命時のフランクフルト国民議会に直接つながるものである。グリムは国民議会においても有力な議員として、フランクフルト憲法の制定に参画している。

一方、フリードリヒ・ヴィルヘルム四世は革命の際のプロイセン国王であり、サヴィニーは彼のもとで事実上の総理大臣に任ぜられていた。グリムをベルリンに呼んだこの二人は、同時に革命をも呼び寄せてしまったのである。彼ら三人とも本来は政治的な人物ではなかったけれども、三月前期の潮流はみごとに彼らを政治の渦に巻き込んでしまった。とりわけサヴィニーとグリムは、単なる師弟関係ではなく生涯にわたる友人同士でもあったのだが、ゲッティンゲン事件から三月革命にいたるこの時期のあいだは、政治的にまったく相反する立場に置かれる運命に巻き込まれた。

さて、ようやく三月革命の激動も収まった一八六二年の一一月のことである。ゲッティンゲン事件の二五周年に際して、ベルリン大学の学生たちは、老ヤーコプ・グリムに次のような祝辞を捧げた。

「学問の精華である、堅い心の七人の男児が、高い勇気をもって信念を貫いてから、四半世紀たちました。道徳的行為においてドイツ国民の教師であるために、七人は公職を犠牲にしました。そしてドイツ国民は七人から学びました。あの時以来、嵐が荒れ狂い、花が芽をふいては散りましたが、髄は無事に残りました。七人のうち二人は亡くなられました。しかし、その種は芽生えました。暗黒の時代に少数の人が戦って守ったものが、国民の遺産となりました。国民は神聖なもののために責任をもつことが、なにを意味するかを知りました。どうして過ぎ去った日の男らしい行為を回顧して感謝しないでよいでしょうか。……青年の心を、神聖なもの、単純なもの、真実なものに向け、鍛えることが、貴方の高い努力でした。……私たちをここに寄こしたのは、小さいサークルにすぎませんが、無数の者が私たちと同様に感じ、……ドイツの自由の朝焼けが老先生の生涯の夕べを金色に染めますように、と願っております。[46]」

学生たちはゲッティンゲンの七教授事件をけっして忘れてはいなかった。とりわけヤーコプ・グリムの高潔な人格は、政治的変遷を経てもなお「自由」の象徴であり続けたのである。

注

（1）Heinrich von Treitschke, Deutsche Geschichte im neunzehnten Jahrhundert, 4.Teil, 6.Aufl., Nachdruck, Königstein/Ts. u. Düsseldorf, 1981, S.662. vgl., Hans Kück, Die Göttinger Sieben, Ihre Protestation und ihre Entlassung im Jahre 1837, Nachdruck, Aachen u. Göttingen, 1987, S.126.

（2）vgl., Karl Otmar Freiherr von Aretin, Die Brüder Grimm und die Politik ihrer Zeit, in: Jacob und Wilhelm Grimm, Vorträge und Ansprachen in den Veranstaltungen der Akademie der Wissenschaften und der Georg-August-Universität in Göttingen anläßlich der 200. Wiederkehr ihrer Geburtstage, am 24., 26. und 28. Juni 1985 in der Aula der Georg-August-Universität Göttingen, Göttingen, 1986, S.56ff.

（3）一八三三年のハノーファー憲法は、以下に挙げるような内容をもっていた。

・主権は国王に存する（§1）。
・裁判権はラントの通常裁判所によって行使される（§9）。
・全国議会は第一院と第二院からなる（§93）。
・国王は大臣を任免する（§150）。
・憲法の改正は国王と全国議会の合意によってのみなされる（結語）。

Grundgesetz des Königreichs Hannover, 1833 Sept. 26., in: Wilh. Altmann (hrsg.), Ausgewählte Urkunden zur deutschen Verfassungsgeschichte seit 1806, 1.Teil, Berlin, 1898, S.141ff. 東畑隆介「ハノーファー王国の憲法紛争」（一）、『史学』第四九巻四号、一九八〇年、六四頁参照。

（4）Friedrich Christoph Dahlmann, Zur Verständigung, in: ders., Kleine Schriften und Reden, hrsg.v. C.Varrentrapp, Stuttgart, 1866, S.244, Anm.1.

（5）Königliches Patent vom 1sten Novenber 1837, in: Dahlmann, a.a.O., S.250. vgl., Roland Feldmann, Jacob Grimm und die

Politik, Kassel, o.J., S.175.

（6）Kück, a.a.O., S.30f.

（7）An hohes königliches Universitäts-Curatorium, 18.11.1837, in: Dahlmann, a.a.O., S.266. 東畑、前掲論文（一）、八〇頁参照。

（8）ebd.

（9）Arnswaldt an Dahlmann et al., 22.11.1837, in: Dahlmann, a.a.O., S.269. 東畑、前掲論文（二）、『史学』第五〇巻記念号、一九八一年、四五一頁以下参照。

（10）Kück, a.a.O., S.87f.; Dahlmann, a.a.O., S.273. 東畑、前掲論文（二）、四五三頁以下参照。

（11）Ernst August an Schele, 28.11.1837, in: Kück, a.a.O., S.207. 東畑、前掲論文（二）、四五七頁以下参照。

（12）Dahlmann, a.a.O., S.245.

（13）千代田寛「『ゲッチンゲン七教授追放事件』の史的考察——国家権力と大学——」（三）、『大学論集』第三集、一九七五年、八七頁、注（1）参照。

（14）Dahlmann, a.a.O., S.244, 261f.

（15）Schele an den König, 29.11.1837, in: Kück, a.a.O., S.209. 東畑、前掲論文（二）、四五七頁以下参照。

（16）An hohes königliches Universitäts-Curatorium, 11.12.1837, in: Dahlmann, a.a.O., S.286. vgl., Wilhelm Schoof (hrsg.), Briefe der Brüder Grimm an Savigny, Berlin, 1953, S.391.

（17）Entlassungs-Rescript vom 11 December, in: Dahlmann, a.a.O., S.290ff.

（18）Ernst August an den Prorektor Bergmann, 12.12.1837, in: Kück, a.a.O., S.215. vgl., Dahlmann, a.a.O., S.292f.

（19）Kück, a.a.O., S.168ff.; Treitschke, a.a.O., S.622. 東畑、前掲論文（二）、四五九頁以下参照。

（20）Ernst August an den Prorektor Bergmann, 12.12.1837, in: Kück, a.a.O., S.214f.

（21）Galignani's Messenger, 18.11.1837. zit., Dahlmann, a.a.O., S.287. vgl., Treitschke, a.a.O., S.666. 東畑、前掲論文（二）、四五二頁以下参照。千代田、前掲論文（四）、『大学論集』第四集、一九七六年、九九頁参照。

（22）Kück, a.a.O., S.55, Anm.16. vgl., Hans-Joachim Behr, Georg von Schele 1771-1844, Staatsmann oder Doktorinär?, Osnabrück, 1973, S.129. 東畑、前掲論文（二）、四五六頁、注（8）参照。

（23）Dahlmann, a.a.O., S.260.; Jacob Grimm, Über meine Entlassung, in: Kleinere Schriften, Bd.1, Hildesheim, 1965, S.35f. vgl., Feldmann, a.a.O., S.172.

（24）Jacob Grimm an Paul Wigand, 12.3.1831, in: E.Stengel (hrsg.), Private und amtliche Beziehungen der Brüder Grimm zu Hessen, Bd.3, Marburg, 1910, S.279f. zit., Feldmann, a.a.O., S.69.

（25）Feldmann, a.a.O., S.66. vgl., Aretin, a.a.O., S.61.

（26）Westfälischer Merkur, Nr.152, 1837. zit., Behr, a.a.O., S.146. 東畑、前掲論文（一）、七四頁、注（2）。

（27）Wilhelm an Gustav Hugo, 23.4.1842, in: Schoof (hrsg.), Unbekannte Briefe der Brüder Grimm, Bonn, 1960, S.322.

（28）グリムの弁明書については「私の免職について」とされることが多いが、本来は「彼の免職について」という表題で出版された。この点につき、高橋健二『グリム兄弟』新潮選書、一九六八年、一七五頁以下参照。

（29）Kück, a.a.O., S.156f. vgl., Feldmann, a.a.O., S.203. アルブレヒトの弁明書は最も法律的なものであって、ここには領邦君主よりも領邦を、君主の意思よりも憲法を上位に置く、一種の君主機関説が見出される。ダールマンの機関説は法律的というよりは政治的なものである。vgl., Wilhelm Eduard Albrecht, Die Protestation und Entlassung der sieben Göttinger Professoren, hrsg. v. Dahlmann, Leipzig, 1838, S.25f.

（30）Jacob an Savigny, 13.12.1837, in: Schoof (hrsg.), Briefe der Brüder Grimm an Savigny, S.390f. vgl., Feldmann, a.a.O., S.187. なお一八一九年の憲法は三三年憲法に先立つもので、伝統的身分制と近代的代表制との折衷的な議会主義を採用していた。この点につき、千代田、前掲論文（二）、『大学論集』第二集、一九七四年、五一頁以下参照。

（31）Savigny an Jacob, 21.12.1837, in: Schoof, a.a.O., S.391.

（32）Grimm, Über meine Entlassung, S.37f. vgl., Kück, a.a.O., S.25. 東畑、前掲論文（一）、七七頁参照。なおヴィルヘルムも、同様の趣旨をベルリン大学での就任講義において述べている。

（33）Kück, a.a.O., S.116, 64.
（34）東畑、前掲論文（二）、四六六頁参照。
（35）Treitschke, a.a.O., S.661, 155ff. 一八三一年の一月、ラウシェンプラット他二名の私講師と法学部長の対立に端を発して、学生や市民を巻き込んだ武装蜂起へと発展し、ついには彼らはゲッティンゲンにコミューンを設立した。Treitschke, a.a.O., S.155ff. 千代田、前掲論文（一）、『大学論集』第一集、一九七三年、五五頁以下参照。
（36）Dahlmann, a.a.O., S.301. vgl., Kück, a.a.O., S.119.
（37）Treitschke, a.a.O., S.662. vgl., Kück, a.a.O., S.126.
（38）Treitschke, a.a.O., S.662. 高橋、前掲書、一八九頁参照。
（39）Johann Friedrich Herbart, Erinnerung an die Göttingische Katastrophe im Jahre 1837, in: Sämtliche Werke, hrsg. v. Karl Kehrbach u. Otto Flügel, Bd.11, Langensalza, 1906, S.37.
（40）Grimm, Über meine Entlassung, S.37. vgl., Herbart, a.a.O., S.42f.
（41）Kück, a.a.O., S.162.
（42）ebd., S.124.; Treitschke, a.a.O., S.661. 東畑、前掲論文（二）、四六七頁。千代田、前掲論文（四）、一〇〇頁、注（2）参照。
（43）Anton Springer, Friedrich Christoph Dahlmann, Bd.2, Leipzig, 1870, S.8, 6.; Schoof, Der Protest der Göttinger Sieben, in: Geschichte in Wissenschaft und Unterricht, Bd.13, 1962, S.335. 東畑、前掲論文（二）、四六七頁以下参照。
（44）千代田、前掲論文（四）、九七頁参照。
（45）Jacob an Bettina von Arnim, 26.12.1839, in: Schoof, Unbekannte Briefe der Brüder Grimm, S.303. vgl., Feldmann, a.a.O., S.63.
（46）Wilhelm Scherer, Jacob Grimm, 2.Aufl., Berlin, 1885, S.293. 高橋、前掲書、一九九頁参照。

第九章　ヤーコプ・グリムとフランクフルト国民議会

一　議員選出

三月革命の熱気がいまだ冷めやらぬ一八四八年五月下旬のこと、ヤーコプ・グリムの次のような文章が新聞各紙に掲載された。これは手紙の形式をとっているが、私信ではなく有権者にあてた公開の書簡である。このとき彼は六四歳になっていた。

「昨日付の御通知、ただいま受け取りました。フランクフルト・アム・マイン議会議員選挙における第二九ライン地方選挙区での私の選出を喜んでお受けすること、さっそく御報告いたします。選んでくださった皆様に私の心よりの感謝をお伝えください。私に示された名誉こそ頼りとするものであります。先日ボンではアルント氏を選出なさいましたので、有権者の御意向は存じておりますが、主要な点で私もアルント氏と同意見であることを付け加えておけば、私についての御疑念もなくなることでしょう。私は有力な国王のもとでの自由で単一な祖国ということに賛成ですし、共和主義的な欲求のすべてに反対です。詳細は私の心と時間とが明らかにすることでしょう。若干の問題につき基本方針が必要だとしても、お知らせはフランクフルトで待つことにします。私は明朝ただちに出発いたします。[1]」

『ヤーコプ・グリムと政治』の著者ローラント・フェルトマンによれば、フランクフルト国民議会に向けたグリム選出の経緯はこうである。すなわち、この手紙に先立つ五月一〇日に、第二九ライン＝プロイセン選挙区では愛国詩人として知られるエルンスト・モーリッツ・アルントが選出された。だがアルントは同時に別の選挙区においても選出されたので、彼と知名度において同格の新たな候補者が探し求められた。そこで白羽の矢を立てられたのが、ヤーコプ・グリムだったというわけである。[2]

第二九選挙区はライン川下流のエッセンを中心とする地域から構成されていたが、グリムがここに住んでいたわけではない。当時はアカデミー会員兼大学教授として、彼の住居はベルリンにあった。にもかかわらず、五月一九日の再選挙で急遽選出され、グリムもこれを受けた。このような選挙であったにもかかわらず、右の手紙には驚きもためらいも認められない。グリムは当選を当然のこととして受けとめ、ただちにフランクフルトに赴いた。

実をいえば、グリムはすでに無名の「政治家」ではなかった。彼は一八四六年と四七年にはフランクフルトとリューベックでゲルマニステン大会を主宰し、四八年三月革命時のいわゆる準備議会にも議員として参加していたからである。そのうえ三七年に起きたゲッティンゲンの七教授事件の記憶は、中心人物たるヤーコプ・グリムの名とともに、人々の胸にいまだ強く残っていた。三月前期をとおしてグリムは自由と統一の象徴であり続けた。

だがここでは四八年の出来事にかぎって、彼の「政治活動」をみておきたい。ヤーコプ・グリムを囲む政治的状況とは、いかなるものであったのか。

まさに革命のさなかのこと、混沌に秩序を創成すべく、ドイツ連邦議会は統一憲法案作成のために一七人委員会を構成した。委員は各領邦国家から出されたが、このなかにはプロイセン代表のダールマン、ヴュルテンベルク代表のウーラント、ハンザ諸都市代表のゲルヴィーヌスなどがいた。この委員会の仕事はまもなく準備議会に引き継がれ、一七人委員会の多くもそれに参加した。

ここに挙げた委員たちはみなグリムと密接な関係にある。たとえば文学者のウーラントは、ゲルマニステン大会においてグリムを議長に推薦した人物である。また政治学者のダールマンと歴史学者のゲルヴィーヌスは、グリムとともにゲッティンゲンの七教授事件において中心的な役割を果たしていた。

準備議会が始まったのは三月三一日のことであったが、グリムがこれに参加するにあたっては、彼らとの人間関係を抜きにして考えることはできない。この間の事情は明らかではないけれども、ダールマンの個人的な勧めによるところが大きかったようである。

三月三一日に開会した準備議会へのグリムの関わりについては、これに加えてハイデルベルク集会との関係もみておかねばならない。この集会は、一七人委員会と準備議会の前身として位置づけられる。これは三月五日に、革命をドイツの統一に結びつけるために、ハイデルベルクで開かれた集会である。この集会にも、議長役を務めた刑法学者のミッターマイアーのように、ゲルマニステン大会以来の同志がいた。ハイデルベルク集会の中心的な勢力であった南ドイツの自由主義者たちとの交流も、グリムを準備議会に接近させる要因となったにちがいない。

ハイデルベルク集会は別としても、一七人委員会にしても準備議会にしても、ここに集まった人々の多くは革命の直接の担い手ではなかった。フェルトマンによれば、「準備議会の多数派は革命の執行者ではなく、真の伝統の守護者ないしは民族精神の声であることを自任していた」といわれる。(3) それは確かだが、だからといって彼らは反革命的であったのでもない。むしろ革命の成果を憲法に盛り込むことによって、統一ドイツという新たな秩序を目指した人々であった。まさにグリムの言うように、彼らは君主制下の国家統一には賛成し共和制には反対したのである。

彼らの人脈は、ゲッティンゲンの七教授事件、ゲルマニステン大会、準備議会といった一連の政治的出来事のなかで培われてきたものだ。そしてこうした人脈の真ん中にグリムがいたことは、もっと注目されてよい。グリムはダールマンほどには政治的でなかったけれども、グリムの素朴な政治性こそが、のちに述べるように、大きな政治的役割を果たすことになった。

準備議会はその名が示すとおり、統一を目指した本格的な国民議会の開催準備のためのものであった。この議会は三月革命の最中にフランクフルトのパウロ教会で開かれ、同じ場所で本議会を構成するための選挙の実施を決議していったん解散した。そして五月に同じ場所でいわゆるフランクフルト国民議会が成立したわけであるが、準備議会のほとんどの議員が本議会にも選出された。したがって選挙を挟んではいるものの、二つの議会は実質的に一体のものとして考えることができる。ともにパウロ教会を議場とした議会であったことが、この一体性を端的に示している。

さてフランクフルト国民議会の選挙に際しては、グリムは自分の住むベルリンの選挙区において、ほかならぬダールマンを推薦している。五月四日付のある新聞には、グリムによる次のような推薦の弁が載せられた。

「フランクフルト議会の選挙でダールマン氏はボンからは選出されないだろうとの確かな知らせを、私は歓迎いたします。ベルリンがこのような人物をフランクフルトに送り込む、という名誉を自分のものにすべく期待できるからです。(4)」

グリムはこの呼びかけを、ベルリン第四六選挙区の選挙人の資格でおこなった。プロイセンでは代議員を間接選挙で選ぶことになっていたからである。ボンではアルントが選出された。そこでグリムは、ベルリンからダールマンを選出しようとした。もっとも、アルントもダールマンもその他の複数の選挙区でも当選している。要するに、選挙とはいっても立候補制ではなく推薦制であったわけで、こうしたなかでヤーコプ・グリムもまた選ばれたのであった。

フランクフルト国民議会は、五月一八日にパウロ教会で開催された。マイン河畔のフランクフルト市が選ばれたのは、ドイツのほぼ中央部に位置するという地理的理由ばかりではなく、神聖ローマ帝国の皇帝がここで代々戴冠式をおこなったという歴史的理由にもよる。もとよりそのような帝国はとうの昔になくなってはいたが、依然としてここは統一ドイツの神聖な場所であり続けた。パウロ教会はこの町の中心、レーマー広場に面して建っている。

議会開会の日を描いた有名な絵によれば[5]、白シャツの民兵と連邦軍が整列する中を、燕尾服を着た議員たちが隊伍を組んでパウロ教会に入場していく。それを見物する大勢の市民たち。そして教会の入り口で彼らを迎える黒・赤・金の三色旗。ドイツの統一を表わす旗である。まさに革命の祭りの総仕上げにふさわしい舞台が設けられた。

しかしながら、ヤーコプ・グリムの姿は国民議会の開催日にはまだ見出すことができない。彼が選出されたのはその翌日だからで、ベルリンからフランクフルトに到着するのは、さらに数日後のことである。

「一八四八年五月二四日、グリムは議員としてフランクフルト国民議会に加わった。彼はパウロ教会において、真ん中の列の演壇の真ん前の特別席に座った[6]。」

あたかも真打ち登場とでもいうかのように、グリムは遅れて議場に入り、しかも真ん中の特別席に着席する。ドイツの中心、フランクフルトの中心、そしてパウロ教会の中心にグリムがいる。フランクフルト国民議会は、この瞬間において、自由と統一の象徴たるヤーコプ・グリムの議会であった。

フランクフルト国民議会には、ダールマン、ゲルヴィーヌス、アルプレヒトといった、ゲッティンゲンの同志もいたし、ウーラント、ミッターマイアー、ベーゼラー、そしてアルントのようなゲルマニステン大会の参加者もいた。彼らは個々の政治的立場は同じではなかったけれども、その中心にはきまってグリムの存在があった。やはりこの意味でも、国民議会はグリムの議会であった。

いかにして彼は議会の中心となりえたのか。それはグリムが政治の素人であったからにほかならない。彼の政治観を支えるものといえば、「倫理的感情、法と正義に対する心情」だけであった。(7) これはもとより彼の歴史観に裏打ちされてはいるが、そのゆえにむしろ保守的なものであり、革命よりは君主に味方するものであった。すでにみたように、グリムは君主制に賛成し共和制に反対すると言明していた。君主の存在に集約されるような民族的心情こそが、歴史法学派としての彼の政治的感覚であった。

それは他の議員たちにとっても同様だったといえる。フランクフルトの議会も憲法も君主なしではまとまらず、当の君主がこれを拒んだとき、ドイツ統一の夢はもろくも崩れ去ったからである。だが結論を急ぐ必要はない。グリムの議会活動を中心に、国民議会の様子についてしばらく検討してみよう。

二　議会活動

フランクフルト国民議会は、たしかに革命議会にはちがいない。けれども活動家集団というよりは、まがりなりにも選挙の洗礼を受けた人々の集まりであることによって、国民議会は革命勢力と一定の距離を置くことにもなった。また選出された議員たちの思惑も、けっして一枚岩的なものではなかった。いまだ政党組織にはほど遠いとはいえ、議員たちはそれぞれの政治的理念にしたがっていくつかの会派を構成した。会派の名称は政治的理念ではなく、各々がたまり場とした旅館や喫茶店の名前で呼ばれている。

それは右から左にまでおよんでいるが、最大の勢力は中央右派のカジノ派であった。これは立憲君主主義の理念のもとにドイツの統一を志向するもので、この会派は高級官吏や裁判官や大学教授たちによって支えられていた。このカジノ派には、ゲッティンゲンの七教授のうちダールマン、アルプレヒト、ゲルヴィーヌス、そしてヤーコプ・グリムの四人までが加わっているし、ゲルマニステン大会の同志たちの多くもこの会派に見出すことができる。[8]

国民議会は、いわゆる政治的教授たちが中心的な役割を果たしたことから「教授議会」（Professorenparlament）とも呼ばれるけれど、政治的教授の多くはカジノ派に属していた。ゲルハルト・シルファートによれば、国民議会議員五七三人のうちカジノ派が一一九人、大学教授である議員四九人のうちカジノ派が一九人を占めている。[9] もちろん同派の精神的中心にグリムがいた。

前節では開会日の様子を描いた絵画を紹介したが、ここではもう一枚の絵画についても見ておこう。E・マイヤーの描くところによれば、おそらく議会の休憩時間の様子であろう、演壇の周りに多数の議員たちがたむろしている。傍聴席に何人もの婦人、それも妙齢の婦人が座っているのがおもしろい。議長が席から立ち上がって、今や再開のベルを打ち振ろうとしている。この絵が一種の記念写真のようなものであるせいか、議員たちは様々なポーズでくつろいでいるにもかかわらず、ほとんどの顔が正面を向いているために、彼らはいかにもばらばらにみえる。

ところが、左下の一人の紳士は完全に左側を向いて、ひときわ孤立して描かれている。これがヤーコプ・グリムである。絵の中のグリムはむずかしそうな顔をして、左手にメモをもち右手でその一か所を指している。これからなそうとする演説の草稿であるにちがいない。[10]

フランクフルト国民議会において、ヤーコプ・グリムは四つの演説をおこなっている。これを日付順に示すならば、①「議事規則について」（五月二九日）、②「シュレスヴィヒ＝ホルシュタインについて」（六月九日）、③「基本権について」（七月四日）、④「貴族と勲章について」（八月一日）、ということになる。

このうち議事規則に関する演説は、とくに憲法委員会のあり方についての提言であった。グリムは次のように述べている。

「諸君！　私がここに向けて出発したとき、自然がかつてないほどに輝いているのを見て、我々の統一と自由という膨らんだ蕾はすぐにでも開くだろう、と自然に思えました。必要なら私はすべての同志に呼びかけて、私になしうることをなすべく試みたことでしょう。ところがフランクフルトに着いてから見たのは、我々はそうした事案を古くさい外交的な仕方で長びかせている、ということでした。しばしば言われるごとく、外交官は我々のなしてきたことを台なしにするのです。我々が何カ月か集まっても、大きな民族的緊張をもって一致するべく、何事かが起きるという見込みはありません。でも民族がせつに望み期待しているのは、主要案件についての早急な決定なのです。諸君！　幸いにも、憲法委員会は次の議案を提出するためにもうすでに設置されております。すなわち、憲法委員会はできるだけ速やかに報告をおこなって、我々はこの案件全体をただちに受け入れてお終いにする、という議案をです。(11)」

グリムは憲法の制定を急いでいるようにみえるが、むしろこの演説の趣旨は、委員会ではなく全体会議において憲法論議をするべきだ、という点にあった。ここに引用した個所のすぐ前では、「憲法は始めから終わりまで、我々全員によって共同で審議されねばならない」と言明している。憲法委員会にはかつての一七人委員会の関係でダールマンも加わっていたけれど[12]、グリムは彼ら「専門家」に任せることに懸念を抱いていた。憲法委員会の権限が拡大して国民議会そのものに取って代わることを、彼は強く危惧するのである。なぜ専門委員会ではなくて全体会議なのか、その理由については想像するしかない。まさか、全体会議こそ上位の議決機関である、といった建前論を述べているのではないだろう。おそらくグリムは、憲法を政治にまみれさせたくないのだ。憲法制定議会の中にわざわざ設置された憲法委員会には、当然ながら、代表的な論客たちが集まっていた。彼は外交官の例を持ち出しているけれども、要するに憲法を政治的駆け引きの道具にしたくはないのである。

憲法は政治であり、全体会議も政争の場にほかならない、との見方もあろう。だがグリムは、国民議会とここで制定されるべき憲法とを、いずれも民族精神の顕現として理想化していたのではないだろうか。「統一と自由」（Einheit und Freiheit）の名において民族精神が臨在する場所、これこそがグリムにとっての議会と憲法であった。

憲法草案に対するグリムの立場については、あとでもう少し具体的に述べる。ここではその前に彼の民族観を検討してみたい。第二の演説は、シュレスヴィヒ問題に関するものである。

「私のまちがいでなければ、一七二一年にフランスとイギリスのあいだで締結された対独保障とは、なにを意味するのでありましょう。それは我々を拘束するものではありません。それはなんの力ももちませんが、しかし根本的問題ではあります。というのも、シュレスヴィヒはつねにドイツとともにありつづけることを望むと宣言したからです。諸君！　ただいま簡潔にと命じられました。このたびは二つの異なった動議を提出することで満足しましょう。すなわちこうです。

一、対デンマーク戦争は、同国王がシュレスヴィヒを割譲しえないとの我々の正当な要求を是認するまで継続されるよう、国民議会が決議すること。

二、国民議会はけっして他民族の干渉を許さないと、はっきりと宣言すること。

（満場ブラヴォー！）」[13]

グリムは民族主義者として、シュレスヴィヒ地方の領土権を敢然と主張し、プロイセンとデンマークのあいだの戦争を支持した。もちろん戦争の続行は国民議会の意思であったわけで、グリム一人が突出してこれを述べたのではない。そのことは速記録に記された「ブラヴォー」の文字がよく示している。けれども、こうした動議を彼が率先して提出した事実は、記憶しておくべきだろう。

しかもグリムの場合、戦争貫徹の動議は一時的な民族的熱情に促されてのものではなく、確固とした信念にもとづいていた。それはいうなれば、プロイセンがドイツ統一の盟主となるためには、対デンマーク戦争を戦いぬくことが条件であるといった、きわめて政治的な判断を含むものであった。

もっとも彼の「政治的」信念も、現実政治によってあっけなく裏切られてしまう。というのも、イギリスとロシアの圧力もあって、プロイセン国王フリードリヒ・ヴィルヘルム四世は、八月二六日にマルメー条約を締結し、デンマークとのあいだに講和を図ったからである。この突然の停戦には国民議会も反発したが、とりわけヤーコプ・グリムは弟ヴィルヘルムへの手紙のなかで、国王の処置に対する憤懣をぶちまけている。そしてこの失敗によって、議会の中央派が左派にすりよる結果になることを懸念するのである。[14]

しかしながら、休戦条約に対するこうした不満を裏返せば、革命の熱狂よりは戦争による民族的昂揚をもって国家の統一を願うという、国民議会の本音の部分が露わになる。しかもその統一なるものは、もっぱらプロイセンとその国王の動向に依拠するものであった。たしかにこの時点で議会はプロイセン国王を批判したけれども、早晩この国王自身に跪き拒絶されることになるだろう。ここにグリムのみならず、国民議会そのものの限界があった。第一の演説で彼は外交官の駆け引きを非難したが、こうした国際的視野の欠如が国民議会には支配的であった。

グリムの第三の演説は憲法草案に関わるものだが、それについて紹介する前に第四の演説に触れておきたい。これは貴族制度に言及しており、彼の法律観を知るうえでいくつかの問題を含んでいる。彼は貴族制度と勲章について、それぞれ以下に掲げるような動議を提出した。

「貴族に関して私はこう提案いたします。
『貴族と市民と農民のあいだのあらゆる法的差別は廃止される。貴族への取り立ても、下級貴族から上級貴族への取り立てもおこなわれない』。」
「勲章に関しては私の発案を若干修正して、その認可につき次のようにしたいと思います。
一、文民階級のための勲章は、すべて廃止する。
二、軍人は戦場で獲得した勲章を保持する。
三、兵士に対しては新生ドイツの勲章が設けられるが、これは軍事法廷が授ける。またこれは一つの等級しかもたず、最上級の者にも最下級の者にも適用される。
四、外国の勲章は文民にも軍人にも佩用を認めない。
以上が私の提案であります。（中央席と左翼席からブラヴォー）」[15]

グリムは、貴族制度は廃止するが勲章制度は維持するという。国民議会がまがりなりにも革命の産物である以上、法の下の平等は最低限の合意事項であった。たしかに彼は、貴族と市民と農民のあいだの法的差別を認めてはいない。だがその一方で差別の象徴としての勲章を必らずしも否定しないのである。

もちろん二つの制度を矛盾なく説明することはできる。というのも、グリムの提案する新しい勲章とは軍人だけを対象とするもので、将軍も兵卒も同じ勲章を着けることになるからだ。だがせっかく身分的差異を廃したところに、どうして軍人階級という新たな差異を設けようとするのだろうか。軍人はおしなべて光り輝くものが好きで、これさえ与えれば国家のために生命を捧げてくれるとしても、グリムがそれほど皮肉な人物であったとも思えない。

歴史上軍隊を敵にまわして成功した革命はないが、軍人の特権を容認する提案は、あるいは政治的妥協に由来するものだったのだろうか。おそらくそうではあるまい。先に掲げた第二の演説とのつながりからすれば、彼は素朴に軍隊と戦争の効用を信じ、対外的緊張によって、かえって国内の統一と自由が確保されると考えていたにちがいないのである。しかし、これもグリムだけの考えではない。国民議会の右派は新勲章制度に不満だったろうが、中央派も左派も彼の提案にこぞって賛成した。

基本権に関わる憲法草案は身分的特権の廃止を謳っており、貴族制度の廃止というグリムの提案はこれに即したものであった。しかしながら国民議会において彼の提案はむしろ過激にすぎると斥けられた。たとえば同じカジノ派のベーゼラーなども、貴族の特権の廃止には賛成したが、グリムのように貴族制度そのものの廃止までには踏み込めなかった。[16] 革命議会でありながら、議会の大勢は貴族に対して意外に寛容であった。

それはともかく、第二の演説と第四の演説に対する反応からも推測できるように、戦争の続行を歓迎し軍人の特権を容認する国民議会によって、新しい憲法草案が審議されたのである。そしてここでも、中心的な役割を果したのはヤーコプ・グリムであった。

三　憲法制定

ドイツの憲法についてヤーコプ・グリムがどのように考えていたかは、きわめて興味深い問題である。ここにいう憲法とは、たとえばハノーファー憲法のような領邦国家のそれではなく、統一ドイツの憲法のことだ。彼は早くも一八一四年の時点で、在るべきドイツ憲法の構想を示していた。これはこの年の聖霊降臨祭の五月下旬ころ、師のサヴィニー宛てに書かれた手紙の中に現われる。念のためにいえば、神聖ローマ帝国が名実ともに解体したあと、ウィーン会議が開かれる直前、歴史法学派の旗揚げには少し間のある時期の構想である。

グリムはサヴィニーへの手紙の中で、以下の四点にわたって在るべき憲法の内容を提言している。要点のみを挙げれば、①ドイツ皇帝の尊厳は維持されねばならない、②個々のドイツ人は手厚く保護されねばならない、③君主を失った領邦の分配は、分配される国民の要求にしたがってなされねばならない、④あらゆる措置は漸次にしかも公開して、したがって誰もが参画できるようにして、考慮されるべきである、という提言である。[17]

これをもう少し敷延してみよう。彼の言うには、皇帝の聖なる力こそドイツを統合する最善の手段である。これは時代と習俗によって支えられているがゆえに、領邦国家の君主たちに君臨しうる唯一の権力なのである。とうの昔に名目的な存在と化し、ついにナポレオンによって引導を渡されたはずのドイツ皇帝を、グリムは国家統一のための不可欠な要件だという。長い歴史が培ってきた皇帝の尊厳性に、彼は統一の夢を託すのである。

これだけをみて、グリムを復古主義者と片づけるのは簡単だ。けれども、それと同時に国民の利益について言及されている点も見のがしてはなるまい。彼は言語や学問や家族の個別性と自由は国民個々人に依拠するとしたうえで、領邦国家の分配をはじめとするあらゆる政治的措置に対して、国民の意思の尊重および国民の参画を要求している。これはすなわち、言葉の本来の意味で国民議会の開催を要求する立場にほかならなかった。

グリムの提案は、まさしく立憲君主国家を目指すものであった。これはいうまでもなく、皇帝と議会の存在を前提とする。この立場からは、復古的な王制とともに急進的な共和制も排除されるであろう。そしてこの一八一四年の見解は、四八年にいたるまで保持されることとなる。

この手紙の発信地はパリである。なぜグリムがパリにいたかといえば、解放戦争の戦後処理のためであった。ナポレオンが接収した美術品の返還を交渉するべく、ヘッセン選帝侯に依頼されてフランスに派遣されていたのである。そしてこの年の秋には、ヘッセン国公使の随員としてウィーン会議に赴いている。つまりここに挙げた憲法案は、国際政治の渦中での一外交官としての提言なのだ。

もっとも、現実の国際政治にあってはヘッセンなどの小国の利害は問題とされず、グリムも大国間の駆け引きに翻弄されるばかりであった。ことをドイツ問題にかぎっても、ナポレオンが君主を放逐した群小の領邦国家は、戦後はもっぱらオーストリアとプロイセンによって分配されてしまい、そこに当該国家の国民の意思が反映することなどは許されなかった。彼の恐れた大国による小国の割譲や交換こそ、ウィーン会議の真の議題だったのである。

ウィーン会議の結果、たしかにドイツ連邦という領邦君主間の連絡会議のようなものはできたものの[18]、これはグリムの理想とした統一の形態にはほど遠いものであった。ここでは三月前期の憲法問題については述べないけれど、ウィーンで味わった失望がフランクフルトでの例の発言につながったとしても、さほど無理な解釈ではあるまい。すなわち、外交官は問題を台なしにする、という発言であるが、これはまさに自身の苦い経験に由来するものであった。

四八年の段階でこの失敗を繰り返さないためには、統一憲法の論議は大国の思惑や専門的政治家から国民の手に取り戻さねばならない。国民議会とはそのための場所なのである。ウィーン会議のように、連夜の舞踏会に隠れた密室政治であってはならないのだ。

しかしながらグリムが「国民」というとき、これは「民族」のことである。国民議会における第三の演説「基本権について」は、まさにこの観点からの修正動議であった。グリムの動議は、基本権に関わる憲法委員会草案の第一条を修正せよとする。この意味で、それは統一ドイツの憲法および国家体制そのものの根底にも関わるものであった。

「諸君！　私の誇りとする条項のために若干の言葉を提案せねばなりません。我が友人たちについていえば、我々の将来の基本権のための委員会草案においては、フランスの決まり文句である『自由、平等、友愛』の模倣が足りなかったようであります。人間というものは、最近になって気づかれたようでありますが、平等ではありません。人間は基本権の意味においてはけっして兄弟ではありません。むしろ兄弟愛としての友愛は――このほうが良い翻訳でしょうが――宗教的ないしは倫理的な概念なのであって、こちらはすでに聖書に記されております。とはいえ自由の概念は神聖かつ重要なものでありまして、これを我々の基本権の冒頭に据えることが私にはどうしても必要なことと思われます。(19)」

自由・平等・友愛とは、いうまでもなくフランス革命に由来する近代民主国家の基本理念である。このほとんど疑われることのない三位一体に、グリムはあえて批判の目を向ける。彼の批判は簡単だが鋭い。

「平等」の理念についていえば、人間はそもそも平等ではないとグリムは断言する。これは事実として平等でないということに留まらず、当為としての法的平等にも疑問を呈していることにほかならない。前に紹介したが、彼は貴族制度に関する第四の演説で、貴族と市民と農民のあいだの法的差別を廃せよと主張している。だがそのすぐあとで軍人の特権を容認したように、彼にとって平等とはけっして万能の理念ではないのである。

「友愛」の理念についても、これは宗教もしくは道徳上の概念であって、法的な概念ではないということになる。神を愛するごとく隣人を愛せよなどということは、法が命ずべきことがらではないからだ。

このように二つの理念を批判したうえで、しかし「自由」の理念は人権宣言の冒頭に置かれるべきだとする。この提案の検討はあとまわしにするが、ここでフランス革命の理念たる三位一体に大きな亀裂が生じている点に注目したい。少なくともグリムにとって、自由は法的理念であるが、平等と友愛はそうではない。平等と友愛が民主主義の根本的価値であるとしても、そもそも民主主義と自由主義は一つの憲法において共存することが可能なのだろうか。彼は職業的政治家ではないから、どちらも大切だなどとはいわない。憲法が国家体制にほかならない以上、いずれかの選択をせよというのが彼の問題提起であった。

憲法委員会の草案第一条は、「すべてのドイツ人はドイツ一般市民権を有する……」というものであった。[20] だがドイツ人とは誰か。国家や国民の定義づけを棚上げにしたままで、観念としての「ドイツ人」に市民権を付与することなどできるわけがない。これに比べれば、グリムの修正案のほうがはるかにましである。以下にみるように、彼の提案は民族的伝統に立ったものではあったが、人権の前にまず「自由」の理念から国家と国民の性格規定をおこなおうとするものであった。

「ゆえに草案の第一条を第二条として、そこに次の内容の第一条を挿入することを提案いたします。

『すべてのドイツ国民は自由である。ドイツの国土はいかなる奴隷状態も容認しない。ここに留まる外国の非自由民をドイツの国土は自由にする。』ゆえに私は、自由の権利からさらに自由の効力を引き出します。そうでなければ空気は不自由にするのであって、ドイツの空気は自由にするものであるはずだからです。以上述べたことで、議案の趣旨を説明するには充分だと思われます。（多くの席からブラヴォー）」[21]

ドイツの空気は自由にする（Deutsche Luft macht frei.）というこの提案は、有名な法諺「都市の空気は自由にする」（Stadtluft macht frei.）を明らかに踏まえている。すなわち中世ヨーロッパにおいては、農民が自治権を認められた自由都市に逃げ込んで一年と一日滞在した場合には、この農民は土地と領主から解放されて自由な身分を獲得することができた。都市は一種の避難所（アジール）として、農村の法を無効にする自立した法共同体だったからである。なお都市の自由についてのこの法諺を定式化したのは、ほかならぬグリム自身であったことも付け加えておこう。[22]

こうしたゲルマン的自由の理念を、グリムは近代的国民国家における文字どおりの基本権として再構成しようとする。かつて都市が自由であったように、今度は国家が自由な場所とならねばならない。彼は国家そのものを巨大な避難所と考える。

基本権についての演説の一月後になされた貴族をめぐる演説においても、グリムは自由を民族にとって至高のものと位置づけている。「ドイツの歴史があるかぎり、自由は我々の中心でした。自由はずっと以前から我々のすべての権利の根拠であったのです」。彼はこのように述べて、自由と不自由、貴族と奴隷を対極に置き、奴隷状態がなくなった以上、貴族制度も必要ないと説く。[23]グリムの場合、貴族廃止論は必らずしも平等思想に基づくものではなくて、自由の担い手が貴族から平民に移ったことの反映にほかならない。

グリムは民族主義者である。とはいえ彼の民族概念はあくまでも文化的なものであって、もとより人種的なものではないし、実は政治的なものでさえない。二年前のゲルマニステン大会においてグリムは民族概念を規定して、「民族とは同一の言語を話す人々の総体である」と述べたことがあるが、[24]この立場は国民議会においても保持されている。領土を守るためには戦争をも辞さないという側面はたしかにあるけれど、しかし彼の民族主義はけっして排外主義に堕すことなく、むしろ外国人を国土に積極的に受け入れることを前提としている。

『最初のドイツ国民議会』の著者ファレンティンは、パウロ教会における討議のうち最も重要なものとして自由の問題を挙げている。そしてグリムの議論は、自由性とドイツ性の矛盾をはらんでいたと批判する。[25]だが彼の否定的評価にもかかわらず、グリムの場合、自由主義と民族主義とは文化的伝統として矛盾なく結びついている。彼の民族主義は開かれた民族主義であったからだ。

しかしながら、多くの賛同を得たにもかかわらず、この修正動議は、三九七票中、二〇五対一九二で否決された。[26]そしてグリムの動議に代わって、憲法委員会の草案がわずかな手直しを施したうえで可決された。これは同じ“Volk”という言葉を用いながら、「民族」よりは「国民」、文化的伝統よりは政治的現実を踏まえたものであった。

ドイツ国民の基本権第一条は、結局次の文言に落ち着いた。これは当初の憲法委員会案ではなく、第二読会案を若干修正したものである。ここにはすでに革命の匂いはない。ドイツ国民は帝国市民として再編成された。革命は帝国を蘇らせたのだ。

「ドイツ国民はドイツ帝国を構成する諸国に属する人々よりなる。すべてのドイツ人は帝国市民権を有する。これによる権利はドイツのすべての領邦において行使することができる。ドイツ帝国議会の選挙に関する権利は、帝国選挙法がこれを定める。(27)」

フランス革命時の人権宣言にならって「ドイツ国民の基本権」と銘打たれた条文は、全一四章六〇条からなるが、これはいわゆるフランクフルト憲法の第六部として、最終的には第一三〇条から一三九条までを構成することとなった。草案段階での基本権第一条の直前には、「ドイツ国民は以下の基本権を有する」で始まる総論的条文が付け加えられた。しかしながら、ドイツの空気は自由にする、という趣旨のグリムの案にくらべれば、いかにも無味乾燥な条文であることは否めない。

四　議員辞職

ヤーコプ・グリムの自由主義は、フランス的なものではなく、ドイツの固有の歴史に由来するものであった。彼は「自由」を「平等」と「友愛」から切り離し、こうして自由主義と民主主義のあいだにあえて亀裂をもたらした。国民議会ではフランス流の民主主義者が多数を占めていたわけではないが、かといって自由主義についてグリムのように確固とした信念を有する議員も多くはなかった。だとすれば議会そのものが革命の所産である以上、流れとしては民主主義に傾くのが必然である。こうしたなかで、グリムの立場は当然ながら微妙なものになっていく。

自由を国是とすべしという憲法修正案が否決されたとき、国民議会と統一憲法に対するグリムの構想は崩れ去った。彼におけるもう一つの理念であった君主主義も、国民議会の構想とは必らずしも相いれなかった。フランクフルト憲法はプロイセン国王を世襲のドイツ皇帝に戴くことで、たしかに立憲君主主義を標榜している。けれども、ここにいう立憲君主制は憲法を国王との政治的取り引きに用いた結果にすぎないのであって、文化的存在としての皇帝によってはじめて統一が可能になるという、グリムの歴史認識とはまったく異なるものであった。

国民議会の要請にもかかわらず、当のフリードリヒ・ヴィルヘルム四世は皇帝への即位を拒絶した。それはもとよりオーストリアの反発を恐れてのことではあったが、と同時に、国民議会の傀儡となることを嫌ったからでもあった。とはいえ、オーストリアを排除したうえでのプロイセンによるドイツ統一、すなわち小ドイツ主義の戦略は、これ以降国民議会の手を離れてプロイセン政府のものとなる。小ドイツ主義による国家統一はフリードリヒ・ヴィルヘルムの代には夢でしかなかったけれども、やがてビスマルクによって実現されるはずである。

革命勢力が国王に膝を屈し、革命の成果がそっくり国王に奪われてしまったとき、すでに国民議会の役割は終わった。議会の真ん中に席を与えられたグリムの議員辞職は、実質的にはこの議会の崩壊を宣言するものであった。

一八四八年の九月中旬、国民議会の冬の会期を前にして、グリムは休暇を取り、フランクフルトを離れた。そしてベルリンから次のような議員辞職願いを提出した。

「私としましては、コレラに罹った身内と四カ月ぶりの再会をしないわけにはまいりません。まだ危険が去ったわけではないにせよ、ありがたいことにそれは弱まったようです。この際私自身の状態についても真摯に考えてみたのですが、私は健康の衰えを自覚しておりまして、はたしてパウロ教会での冬の会期に耐えられるものか疑わしいのです。そこで心苦しいかぎりですが、国民議会を辞する決心をいたしまして、さきほど選挙区にも打ち明けたところです。NV〔国民議会〕が崇高なる使命を成功裏に果たされることを、私は誰よりも切望しております。[28]」

辞職の表向きの理由は、健康面での不安である。だがいつの場合でも、この種の文面をそのまま信用するわけにはいかない。たしかにこのころ弟のヴィルヘルムの家族がコレラに罹り、ヤーコプ自身も胸の不調を訴えてはいた。そしてヤーコプは実際に休暇を取って弟たちを訪問したのだが、これは見舞いのためというよりは議会と訣別するための旅行にほかならなかった。それが証拠に、この旅の直前にヴィルヘルムに書いた手紙において、ヤーコプは議員辞職の本当の理由を述べている。

それによれば、「あまりにも居心地が悪く、多くの人々のなかで孤立している」ことが、議員の辞職を決意した本当の理由であった。[29]グリムは孤立していたというのだ。そう彼が感じるにいたったのは、直接には憲法案修正の動議が否決されたことによる。彼の自由主義は、民主主義に敗れたのだ。前に国民議会の休憩時間の風景を描いた絵画を紹介したが、そこにみられるグリムも心なしか孤立しているようであった。彼がそのとき手にもっていた草稿は、あるいは憲法修正の動議案であったのかもしれない。

だが考えてみれば、国民議会におけるグリムの孤立はそのときはじめて生じたのではない。すでに述べたように、彼の議席は議長席の真ん前、最前列の真ん中に置かれていた。このうえない名誉の席であったはずだが、しかしそれは隣り合う席もなく、ただぽつんと寂しく置かれていた。グリムは自由の象徴として議会に招かれたけれど、それはもう単なる飾り物にすぎなかったのかもしれない。象徴という点では、グリムの議席は皇帝の玉座にも似ている。フランクフルト憲法が想定したドイツ皇帝とは、まさに統一の象徴にほかならなかったからだ。グリムが議席を捨てたように、フリードリヒ・ヴィルヘルムも皇帝位を拒んだ。議会の中心と憲法の中心をともに失えば、憲法制定国民議会としては瓦解するしかあるまい。グリムが去ってからも議会はしばらく続いたけれども、結局、そうした運命を免れることはできなかったのである。

三月前期の政治的局面に深く関わりながらも、グリムは政治的にはまったくの素人であった。だが彼を含めてこの時代の先頭に立ったのが政治的教授たちであったとすれば、教授議会と呼ばれた国民議会そのものが、多くは素人の集まりであったともいえる。素人は、しょせん玄人の敵ではない。フランクフルト国民議会の解体をもって、素人が政治に携わる時代は終わった。小ドイツ主義によるドイツの統一、ドイツ帝国の再建という国民議会の理念は、いずれビスマルクのような政治の玄人に、そっくり奪われてしまうだろう。

革命という名の祭りが終わったあと、グリムは静かな学究の生活に戻った。彼の公式の議員生活は、当選証書が発行された五月二二日から辞職届けが提出された一〇月二日までの、五か月半ほどの短かい期間にすぎなかった。

ところでここにもう一人、三月革命を機に政治的生活から引退した学究がいる。グリムの恩師サヴィニーである。サヴィニーはフリードリヒ・ヴィルヘルムが皇太子であった時分からの側近であり、皇太子が国王になってからは立法改訂大臣として実質的にはプロイセンの宰相役を務めていた。ベルリンで革命が勃発したとき、プロイセン国民議会の開催を約束する勅書を代読したのもサヴィニーであった(30)。

メーリングは三月一八日のベルリンでの出来事を生き生きと描いている。すなわち、サヴィニーが城の正門に立って勅令を読み上げ、王は諸君が要求した以上のことを承認したと述べたところ、押し寄せた群衆の中から、「老いぼれめ。あんたは分かっちゃいない。なにも承認されてはいないじゃないか」との罵倒の言葉が投げつけられた。これをきっかけに軍隊と市民とが衝突し、ついに三月革命が勃発したのであった(31)。

共和主義者エドゥアルト・ガンスとの対立に嫌気がさしてベルリン大学の教授職から身を引いたサヴィニーは、今や反動の象徴として政治の世界からも追われることになった。そして彼の愛弟子ヤーコプ・グリムは、これまで述べてきたように、革命勢力の中心として祭り上げられていた。バリケードを挟んでの対決というほどに劇的ではないものの、師弟の政治的立場はベルリンとフランクフルトのそれぞれの中心に位置づけられていたのである。

グリムがまだ議員であった七月に時間を戻すが、ある日サヴィニーはベルリンのグリム家を訪れて、帰りがけにヴィルヘルムの妻にヤーコプの政治的立場に関して質問した。次に示すのは、これをあとで聞いたヴィルヘルムがサヴィニーに書いた手紙である。ヤーコプ・グリムとサヴィニーの微妙な関係を示唆するものとして、なかなかに興味深い。

「サヴィニー先生、先日お別れした際、ドルトヒェンの申すには、いったいヤーコプは本当に共和派なのか、フランクフルト議会ではどちら側に座っているのか、とお尋ねになったそうですね。……ヤーコプはパウロ教会では最初から中央右派の前列に座っていますし、それを変えることなく維持しています。兄がそこから発言した言葉は、兄のすべての投票と同様に、立派な心情の証明となっています。[32]」

ヤーコプが当初より共和主義に反対していたこと、議会では中央右派のカジノ派に属していたこと、彼の議席は演壇の真ん前に置かれていたこと、これらについてはすでに述べた。だがサヴィニーが聞きたかったのは、にもかかわらず彼が共和主義者になってしまったのでは、という点であった。というのも、当時ベルリンに怪文書が出まわって、共和派を中心とする一部の議員とメッテルニヒが結託して国民議会に反乱を起こす計画がある、との情報が流れたからである。そしてこの計画にヤーコプ・グリムの名前が悪用されたのであった。

当時の政治情勢は複雑で、しかも当該文書の性格からして真相は明らかでないけれど、国民議会がプロイセンを軸に統一を実現しようとする小ドイツ主義に傾いていったとき、これに危機感を抱いた共和主義者と大ドイツ主義のオーストリアが結びついて、国民議会を揺さぶるというのもありえない話ではない。

プロイセンの政府高官にして国王の懐刀であるサヴィニーが関心をもったのは、これに弟子のグリムが絡んでいるかどうかであった。政治状況によっては、フリードリヒ・ヴィルヘルムがドイツ皇帝に即位するかもしれない時期のことである。サヴィニーにとってほとんど身内にひとしいグリムが、国民議会の議員であるばかりか共和派に与したともなれば、彼の立場はいっそう苦しくなるにちがいない。

共和主義者といえば、サヴィニーには苦い思い出があった。ヘーゲル哲学の後継者ガンスは、彼の歴史法学にとって、自他ともに認める最大の論敵であった。彼は青年時代にサン・シモン的社会主義の影響を受け、大学教授になってからは学生マルクスに影響を与えた。グリム兄弟がゲッティンゲンの七教授事件に連座して大学を追われたとき、ベルリンで救援運動を組織したのもガンスであった。

ガンスは三月革命のときにはすでに亡くなっていたけれども、この共和主義者の印象はサヴィニーには強烈なものであった。サヴィニーがグリムは共和派かと聞いたのは、この思い出が蘇ったからにちがいない。かつてフランスで七月革命が起きたときヘーゲルがガンスの動向に敏感になったように、三月革命にあってはサヴィニーがグリムの政治的行動を警戒したのである。

だがこれは杞憂にすぎなかったようだ。フランクフルト国民議会の挫折をもって政治的教授の時代は終わり、こののちは左右を問わず職業的政治家が変革の担い手となっていく。革命議会の真ん中に議席を与えられたヤーコプ・グリムはここで孤立し、以後は政治からまったく身を引いた。グリムはガンスのような共和主義者にはなりえなかった。グリムはサヴィニー以上に歴史主義的であり、ガンス以上に民族主義的であったからである。

注

（1）Der Wächter an der Ruhr vom 27. Mai 1848. zit., Friedrich Meisenburg, Die Stadt Essen in den Revolutionsjahren 1848-49, in: Beiträge zur Geschichte von Stadt und Stift Essen, Heft 59, Essen, 1940, S.219. vgl., Helge Bech, Jacob Grimm und die Frankfurter Nationalversammlung, in: Euphorion, Zeitschrift für Literaturgeschichte, Bd.61, 1967, S.352.; Roland Feldmann, Jacob Grimm und die Politik, Kassel, o.J., S.237.

（2）Bech, a.a.O., S.351.; Feldmann, a.a.O., S.237.

（3）Feldmann, a.a.O., S.236.

（4）Jacob Grimm, [Erklärung], Spenersche Zeitung vom 4. Mai 1848, in: Kleinere Schriften, Bd.8, Hildesheim, 1966, S.434. vgl., Feldmann, a.a.O., S.236.

（5）vgl., Christoph Stoll, Die Paulskirche und die erste Verfassyng der Deutschen, Eine Annäherung an das erste deutsche Parlament in Wort und Bild, München, 1989, S.2. これとほとんど同じ構図で、三月三一日の準備議会の開会を描いた絵もある（J・ヴァンタドゥール）。こちらのほうが有名かもしれない。

（6）Feldmann, a.a.O., S.238. vgl., Bech, a.a.O., S.353.

（7）Feldmann, a.a.O., S.238.

（8）国民議会の会派と勢力は以下のとおり。

最右派	カフェ・ミラニ……四〇人
中央右派系	カジノ……一二二人
	ランズベルク……四〇人
中央左派系	アウグスブルガー・ホーフ……四二人
	ヴュルテンベルガー・ホーフ……四八人
	ヴェストエントハレ……四二人

左派　ニュルンベルガー・ホーフ……一一人

最左派　ドイチャー・ホーフ……四五人

ドンネルスベルク……四七人

無党派……一五二人

会派の構成につき、ゲルハルト・シルファート『ドイツ三月革命の研究――民主的選挙権闘争の勝利と敗北――』上杉重二郎他訳、日本評論新社、一九五六年、一四二頁以下。シュターデルマン『一八四八年ドイツ革命史』大内宏一訳、創文社、一九七八年、一六四頁以下。Bech, a.a.O., S.353.; Karl Biedermann, Erinnerungen aus der Paulskirche, Leipzig, 1849, S.237.; W.Siemann, Frankfurter Nationalversammlung, S.309ff. 他に、林健太郎『ドイツ革命史――一八四八・四九年――』山川出版社、一九九〇年、七三頁以下。西村稔『知の社会史――近代ドイツの法学と知識社会――』木鐸社、一九八七年、六五頁注(28)、六〇頁参照。

(9) 議員定数は六四九名であったが、会期中一度も満たされたことはなかった。シルファート、前掲書、四二六頁。林、前掲書、六七頁以下参照。

(10) vgl., Rainer Koch (hrsg.), Werkstatt Demokratie, 140 Jahre Paulskirchenverfassung, Kelkheim im Taunus, 1989, S.50f.

(11) Grimm, [Über Geschäftsordnung], in: Kleinere Schriften, Bd.8, S.437.

(12) 憲法委員会のメンバーは三〇人が予定されていたが、実際には常任委員二三名、臨時委員一五名の陣容であった。Jörg-Detlef Kühne, Die Rechtsverfassung der Paulskirche, Frankfurt am Main, 1985, S.545ff.

(13) Grimm, [Über Schleswig-Holstein], in: ebd., S.438. vgl., Feldmann, a.a.O., S.245.

(14) Jacob Grimm an Wilhelm Grimm, 3. September 1848, in: Wilhelm Schoof (hrsg.), Unbekannte Briefe der Brüder Grimm, Bonn, 1960, S.385f.

停戦条約に対しては、国民議会も九月一六日に僅差で条件つき受諾を決議した。カジノ派においても意見が分かれ、たとえばダールマンは停戦を非難しベーゼラーはこれを受け入れた。vgl., Feldmann, a.a.O., S.246, 245.; Georg Beseler,

Erlebtes und Erstrebtes, S.67.

（15） Grimm, [Über Adel und Orden], in: Kleinere Schriften, Bd.8, S.443. vgl., Heinrich Schoeller（hrsg.）, Die Grundrechtsdiskussion in der Paulskirche, Eine Dokumentation, 2.Aufl., Darmstadt, 1982, S.255.

（16） 笹倉秀夫『近代ドイツの国家と法学』東京大学出版会、一九七九年、一六二頁参照。

（17） Jacob Grimm an Savigny, Paris am ersten Pfingsttag 1814, in: Schoof（hrsg.）, Briefe der Brüder Grimm an Savigny, Berlin, 1953, S.164f. vgl., Feldmann, a.a.O., S.150.

（18） 廣實源太郎「ドイツ三月革命」『岩波講座・世界歴史』第一九巻、一九七一年、二三〇頁。

（19） Grimm, [Über Grundrechte], in: Kleinere Schriften, Bd.8, S.438f.

（20） 基本権第一条をめぐっての、憲法委員会草案・第一読会案・第二読会案とグリムの修正案につき、Ludwig Denecke（hrsg.）, Jacob Grimm, Antrag zur Beratung über die Grundrechte des deutschen Volkes in der Nationalversammlung zu Frankfurt am Main 1848, o.O., o.J.

（21） Grimm, [Über Grundrechte], S.439. vgl., Feldmann, a.a.O., S.240.; Karl Otmar Freiherr von Aretin, Die Brüder Grimm und die Politik ihrer Zeit, in: Jacob und Wilhelm Grimm, Vorträge und Ansprachen in den Veranstaltungen der Akademie der Wissenschaften und der Georg-August-Universität in Göttingen anläßlich der 200. Wiederkehr ihrer Geburtstage, am 24., 26. und 28. Juni 1985 in der Aula der Georg-August-Universität Göttingen, Göttingen, 1986, S.64.; Veit Valentin, Die erste deutsche Nationalversammlung, Eine geschichtliche Studie über die Frankfurter Paulskirche, München, 1919, S.100.

（22） Grimm, Deutsche Rechtsalterthümer, Bd.1, Nachdruck, Darmstadt, 1983, S.466. vgl., Heinrich Gottfried Philipp Gengler, Deutsche Stadtrechts-Altertümer, Neudruck, Aalen, 1964, S.411. 西本穎「市風自由の原則」『法学論叢』第三三巻四号、一九三五年、五八〇頁以下。宮下孝吉『西洋中世都市発達の諸問題』一條書店、一九五九年、二一四頁、注（4）。林毅『西洋中世都市の自由と自治』敬文堂、一九八六年、四六頁、注（8）参照。

（23） Grimm, [Über Adel und Orden], S.439. vgl., Feldmann, a.a.O., S.241.

(24) Grimm, Über die wechselseitigen Beziehungen und die Verbindung der drei in der Versammlung vertretenen Wissenschaften, in: Kleinere Schriften, Bd.7, 1966, S.557.

(25) Valentin, a.a.O., S.99f. vgl., Feldmann, a.a.O., S.39.

(26) Denecke, a.a.O.

(27) ebd.

(28) zit., Schoof, Unbekannte Briefe der Brüder Grimm, S.390f. ; Bech, a.a.O., S.359.

(29) Jacob Grimm an Wilhelm, am 17. September 1847, in:Schoof, a.a.O., S.390. vgl., Feldmann, a.a.O., S.247.; Bech, a.a.O., S.360.

(30) 河上倫逸『ドイツ市民思想と法理論――歴史法学とその時代――』創文社、一九七八年、五一九頁参照。

(31) Franz Mehring, Geschichte der deutschen Sozialdemokratie, 1.Teil, in: Gesammelte Schriften, Bd.1, Berlin, 1960, S.356. メーリング『ドイツ社会民主主義史』(上)、足利末男他訳、ミネルヴァ書房、一九六八年、二八五頁。

(32) Wilhelm Grimm an Savigny, 14.7.1848, in: Schoof, Briefe der Brüder Grimm an Savigny, S.411.

第十章　エドゥアルト・ガンスにおける法哲学と法史学

一　真の生きた法史学

エドゥアルト・ガンスの主著である『世界史的発展における相続法』には、「普遍法史の研究」というサブタイトルが付されている。またベルリン大学での彼の法哲学講義は、「自然法と普遍法史」というテーマのもとにおこなわれた。主著と講義の双方に共通してみられる〈普遍法史〉（Universalrechtsgeschichte）とは何か。この問いに答えることは、十九世紀のドイツにおける法哲学と法史学の関係を述べるのとほとんど同じことになる。というのも、ガンスの普遍法史はヘーゲルの哲学的法学とサヴィニーの歴史法学から生まれたものだからである。

ガンスはヘーゲルの後継者にしてサヴィニーの論敵であったが、いかにしてそうであったかを検証する前に、まずは彼の主著を繙いてみよう。『世界史的発展における相続法・第一巻』（一八二四）の扉には、以下のようなモットーを見出すことができるはずである。その全部を引用するけれども、とくに最後に記された名前に注目したい。

「囚われたまなざしで一つの民族の歴史を眺めては、ここから細かいことばかりをこそこそ摘み取ったり、そのミクロな理論によって、ある偉大な実務家の些事にこだわった学位論文に比肩されるようなものは、真の生きた法史学とはいえない。精神を強く働かせ、回心して内的なものを知ろうとするヨーロッパの旅人には、ヨーロッパの外でこそ救いを求めよという忠告を与えるべきだが、同様に我々の法史学も、真に実践的なものになるためには、他のすべての新旧の諸民族の立法を理解すべきなのだ。アウグストゥスからユスティニアヌスにおよぶ、法定相続人の系譜をもとにした貧しいやっつけ仕事についての百の講義よりも、ペルシアや中国の法制についての精神のこもった十の講義こそが、我々の学生において、いっそう真なる法律的感覚を目覚めさせることであろう。

ティボー[1]」

ここに現われるティボーとは、もちろんハイデルベルク大学のアントン・フリードリヒ・ユストゥス・ティボーのことである。「真の生きた法史学」(die wahre belebende Rechtsgeschichte)を提唱したティボーの論文は、一八一四年公刊の『民事論文集』に収められている[2]。彼は法史学をローマ法学の狭い視野から解放して、ペルシアや中国の法制史をも含む、脱ヨーロッパ的な比較法学にまで高めようとの壮大な計画をもっていた。

ガンスが自身の法史学をティボーの言葉で始めた経緯についてはのちに述べる。それよりも、ティボーの同じ文章をガンスに先立って引用した、もう一人の同時代人に言及しておきたい。ほかならぬフリードリヒ・カール・フォン・サヴィニーである。

前に挙げた『民事論文集』の刊行年に着目してほしい。一八一四年は法典論争の年であった。すなわち、ティボーによる『ドイツ一般民法典の必要性』に抗して、サヴィニーが『立法および法学に対する現代の使命』を著して、両者のあいだに法典と法学をめぐる論争が展開された年である。

もとより、論争はそれだけで終わったのではない。一八一六年にサヴィニーは『新法典に対する賛成論と反対論』

という論文を発表し、このなかでティボーの例の文章を掲げている。サヴィニーはこの論文において、ティボーの「真の生きた法史学」の構想をフォイエルバッハの同様の試みとともに引き合いに出しながら、これを「普遍法史への要請」と表現した。(3)

サヴィニーが歴史法学の論敵として真っ先に挙げるのは、民法学のティボーと刑法学のフォイエルバッハである。この二人は法典編纂の推進者であったにはちがいないが、サヴィニーはそれ以上に彼らを〈普遍法史〉の提唱者として、それゆえに「歴史法学」の反対者として位置づけている。つまりこの対立は、一つの民族の法制度にこだわる歴史法学と、非ヨーロッパの諸民族の法制度にも目を向ける比較法学の対立にほかならないのである。

法典論争が歴史法学と比較法学の対決であり、比較法学の理念はガンスに引き継がれたことを教えるのは、ラートブルフのフォイエルバッハ伝だ。これによれば、フォイエルバッハは「世界立法史」(Weltgeschichte der Gesetzgebung)を書く計画をもっていたが、結局これを果たすことができず、その後継者としてガンスを指名したという。(4)やはりラートブルフによれば、フォイエルバッハは歴史法学を批判した次のような言葉を遺している。

「法の精神を認識しなかった者と真の法律家との関係は、魂の抜けた骨相学者と精神の豊かな生理学者との関係にひとしい。私にとって歴史法学者は、ミイラの骨をかじりミイラの箱の木目を数える人とまるで同じにみえる。(5)」

法の精神(esprit des lois)とは、いうまでもなくモンテスキューの著書の標題である。フォイエルバッハは比較法学の祖たるモンテスキューに触発され、『法の精神』にならって世界の立法史を書こうとした。ティボーもまた、一般民法典に反対する論拠としてではあるが、法は風土や民族性に応じて異なるというモンテスキューの理論を援用している。(6)

そして法が民族精神の所産であるとは、まさにサヴィニーの歴史法学の根本原理でもあった。

すなわち、ティボーやフォイエルバッハの比較法学もサヴィニーの歴史法学も、ひとしくモンテスキューの提示した枠組みのなかで争っていたにすぎないのである。その相違は、比較法学派が世界に目を向け、歴史法学派が一つの民族に固執した点に求められる。念のために確認しておくが、サヴィニーがこだわった民族とはゲルマン民族ではなくローマ民族である。ローマ法学の諸概念を洗い直してドイツ法学を構築することが、彼の基本戦略であったからだ。

ともに法の歴史性に着目しながら、またこのかぎりで自然法学に反対しながらも、ローマ法に固執するか否かの一点のみが比較法学と歴史法学を分けた。いや歴史法学派にあってもゲルマニステンはけっしてローマ法一辺倒ではなかったし、ロマニステン内部にさえローマ法的な概念法学を批判する者がいたのだから、サヴィニー法学だけが特異な存在であったとさえいえよう。サヴィニーの歴史法学を批判するとき必らずその非歴史性が指摘されるのも、こうした理由によるのである。

ティボーは歴史法学が生きた法史学ではないと言い、フォイエルバッハは歴史法学者をミイラの骨をしゃぶる骨相学者にたとえる。だが彼ら両人ともサヴィニーに対抗しうる法史学を実践しえたわけではない。ティボーの「真の生きた法史学」とフォイエルバッハの「世界立法史」の構想は、こうしてガンスに託されることとなった。ガンスからすればそれは〈普遍法史〉の試みにほかならず、もう一つの歴史法学を構築する企てにほかならなかった。ガンスはいわばドイツのモンテスキューとして、『世界史的発展における相続法』を書いたのである。

ところで、ガンスは一八一八年の冬学期からハイデルベルク大学のティボーに師事していた。その前には彼はゲッティンゲン大学のフーゴーのもとにおり、さらにその前にはベルリン大学に在学していた。ベルリンにはいうまでもなくサヴィニーがいる。もともとガンスはサヴィニーのもとで学位を取得したかったのだが、ユダヤ人ということもあってこれがかなわず、フーゴーを経てティボーのもとにやって来たのであった。

実はローマの債務法についての学位論文が完成して出版されたとき、ガンスはこれに追従に満ちた手紙を付してサヴィニーに贈っている。(7) ベルリン大学での就職を暗に期待してのことであったのは想像にかたくない。ガンスは、歴史法学派の一員たらんとしたのであった。だがこの希望が断たれたことによって、ガンスは歴史学派から哲学派に転向した。『世界史的発展における相続法』の扉に掲げられたモットーは、ティボーの弟子であることの表明であるばかりではなく、この転向を宣言したものなのである。

ベルリンのサヴィニー、ゲッティンゲンのフーゴー、そしてハイデルベルクのティボーというように、ガンスの経歴には当時の法学界の大物教授ばかりが現われる。詩人のハインリヒ・ハイネはベルリン以来のガンスの親友であったが、彼らとガンスの関係をからかってこれを四人組の輪舞になぞらえたことがある。(8) ハイネによれば、サヴィニーとフーゴーは歴史学派、ティボーとガンスは哲学派ということになるけれども、これはすなわち歴史法学派と比較法学派の対立にほかならない。

歴史法学と比較法学、あるいは歴史学派と哲学派の争いは、法典論争などよりはるかに重要なものであるが、これをガンスを軸にして整理するとなお面白くなる。というのは、ガンスの転向を促したもう一人の大物教授としてヘーゲルが登場するからである。ヘーゲルはティボーの友人であったが、ガンスがティボーのところにきた同じ一八一八年に、彼と入れ替わるかのようにハイデルベルクからベルリンに招聘された。ガンスは今度はヘーゲルを追いかけてベルリンに戻り、『世界史的発展における相続法』の第一巻ができあがるや、これをヘーゲルに贈呈した。

この本は、ガンスにとっては歴史法学から比較法学への転向宣言であると同時に、歴史学派から哲学派への転向宣言でもあった。「真の生きた法史学」はたしかにティボーが提唱者ではあるけれど、ガンスがこれを継承するためには、ヘーゲルの哲学がぜひとも必要だったのである。

ガンスは、かつて学位論文に追従的な手紙を添えてサヴィニーに贈った。彼は『世界史的発展における相続法』をヘーゲルに献呈するに際しても、やはり過度に卑屈な手紙を付けている。前回と同様、ベルリン大学に職を求めるためであったことはまちがいない。学位論文からほぼ四年ののち、一八二三年の一〇月のことである。

二　法の普遍史

「尊敬する先生、大いに恐縮せずに献呈などできるものではありませんが、これはだいぶ遅れて今しがたできあがった本で、相続法に関する拙著の第一巻であります。恐縮と申しますのは、裁判官のみが権限をもつ法廷に入った者なら必ず感じる気分だからです。もっとも、先生の哲学を研究したことが同封の本をまとめるうえでいかに思想的に役立ったかを、私は本書の序文で告白せねばなりませんでした。感謝と尊敬の念が思わずほとばしってその表明を公にせざるをえなかったことにつき、先生の御寛容のほかに必要とあらば、そこにはお断りを書き加えるべきかもしれません。(9)」

かつて同じような調子の手紙をサヴィニーに出したことを考えれば、ヘーゲル宛のこの手紙も就職運動の一環として解することができる。ガンスはどういうわけかベルリン大学での教職に固執しており、歴史学派から哲学派への転向も、大物教授に取り入るための方便と決めつけることも可能である。だがそうした打算を認めたとしても、ガンスの名誉のためには、やはり彼の研究の内容に立ち入ってみる必要がある。それは案外に、法哲学と法史学を架橋する画期的な業績であるかもしれないからである。

『世界史的発展における相続法』第一巻の序文の中で、ガンスはヘーゲル哲学の影響に言及しているという。だとすれば、それがどの程度のものであるのか、また扉に掲げられたティボーのモットーといかなる関係にあるのか、さらにはサヴィニーの法学はどのように評価されているのか、ただちにこうした問いを立てることができよう。これに答えるには、送りつけられた本をヘーゲルと一緒にともかく読んでみるしかあるまい。

この本の序文は、サヴィニーとヘーゲルとガンスの思想的な位置関係をかなり明瞭に示してくれる。このかぎりで、ガンスはみずからの立場を鮮明にしているということだ。

たとえば歴史法学との関係であるが、ガンスはサヴィニーの歴史的方法を「過去の死んだ文字の解読」にすぎないと断罪する。(10) 法の歴史とはいうものの、歴史法学が実際におこなっているのは些細な法古事の詮索であって、それはけっして真の歴史ではない。ティボーは歴史法学をミクロな理論（Mikrologie）といい、フォイエルバッハはミイラの骨かじりといったけれど、こうした見方はそのままガンスにおいても受け継がれている。むしろこの種の批判はますます激しいものとなっていく。

過去の死んだ文字の解読に対置されるべきは、真の生きた法史学ということになる。しかし、死んだものを生き返らせるのは容易ではない。ガンスのみるところ、サヴィニーの法学に生命がないのは、これが哲学と哲学的法を憎悪してきたからである。(11) そしてティボーとフォイエルバッハが歴史法学を乗り越えられなかったのは、やはり彼らにも哲学がなかったからだ。

ガンスが哲学ないし哲学的法について語るとき、ここに想定されているのは明らかにヘーゲルの哲学である。序文の終わり近くになって彼はこう告白している。「この数年間というもの、私は大いなる興奮をもって哲学の研究に、とりわけヘーゲルの体系にみられるその深遠で時代に適った究極の形態の研究に取り組んで、私の実証的な学問の正当化をこのうちに見出そうとしてきた」[12]。先に挙げた手紙に直接照応するのはこの個所にちがいない。ガンスは今や公然とヘーゲルの徒であることを表明する。

ガンスはこれに続けて、ヘーゲル哲学は頼りになる弓矢であり、簡明で偉大な建築術だと絶賛する。サヴィニーからヘーゲルへの転向の文脈でこれを読めば、この弓矢が誰に向けられたものかはあらためて問うまでもない。それより問題なのは、少なくともこの時点でのガンスにとって、ヘーゲルの哲学は方法であるよりは体系であるという点だ。しばしば壮大な建築にたとえられるヘーゲル哲学の体系を、ガンスはたしかに容器として踏襲したが、その中身が弁証法的方法によって満たされていたかは疑わしい。だがこのことについてはあらためて検討したい。

いずれにせよ、ガンスは自分の実証的な法学に哲学を導入しようとした。とはいえ自前の法哲学でもって満足しようというのではない。彼が法学と哲学の結合を図るのは、これによって歴史を解釈するがためにほかならなかったからである。ガンスはサヴィニーとは異なったもう一つの歴史法学を構築するために、ヘーゲルの法哲学に接近したからである。もちろん、ヘーゲルの法哲学がその内部に歴史哲学を含んでいることをガンスはよく承知していた。法哲学と法史学の関係について、ガンスは序文において次のように整理する。

「法の概念は、二重の観点のもとで考察することができる。まずは現実的現在、つまり思惟において捉えられた、法・人倫・国家の現在的世界として、あるいはまた時間の形式のなかでの必然的な産出および発展、つまりこの現在的世界の生成として考察することができる。第一の方法は法の哲学であり、第二の方法は法の史学である。[13]」

法の哲学は現在的世界を対象とし、法の史学は歴史的世界を対象とする。もっとも、この二つの世界は、成るものと在るもの、つまり生成から既成への過程として連続的に語るべきものであるだろう。これを法についていえば、成る法と在る法、あるいは慣習法と実定法の統合的把握ということになる。サヴィニーの歴史法学は、成る法としての慣習法の認識から出発した。またヘーゲルの法哲学は、在る法としての実定法の存在論である。ガンスのねらいは、彼らの法哲学と法史学をヘーゲル寄りに総合したうえで、サヴィニーに対抗しうる、もう一つの歴史法学を創出することにあった。

とはいえ、これが成功したか否かはおのずから別問題である。『世界史的発展における相続法』は、その序文でヘーゲル哲学の影響を述べながら、本文にはそれが必らずしも反映されていない。ヘーゲルに贈った第一巻は、「前ローマの相続法」と題して、インド・中国・ユダヤ・イスラム・ギリシアの相続法について叙述したものであった。なるほどそこにはヘーゲル法哲学からの引用が散見されるけれども、それは引用に留まっていて方法的に採り入れるまでにはいたっていない。この本はティボーの法史学に沿うものとはいえても、ヘーゲル的な法哲学にはいまだ到達しえていないとせねばならない。

同様のことは第二巻以降についてもいえる。第二巻「古代ローマの相続法」、第三巻「中世ローマの相続法」、第四巻「中世ゲルマンの相続法」というふうに、ガンスはこの研究成果を次々と上梓していき、未完に終わったものの、第五巻では中世スラヴの相続法を、最後の第六巻では総論を予定していた。しかしながら、世界史的視野のもとに相続法の発展を叙述するという彼の構想は、いかにも壮大ではあるが、反面まとまりのない印象も否定できないのである。

ここで気になるのは、サブタイトルにある〈普遍法史〉の内容である。これが今少し明らかになれば、あるいは法哲学と法史学の関係がいっそう明瞭に見えてくるかもしれない。前に掲げた文章にすぐ続けて、ガンスは普遍法史につきこう説明している。

「法の史学は、それが単なる抽象的なものを内容とするのでないかぎりは、必然的に法的概念の時間的発展の総体を捉える。したがって法の史学は、やはり必然的に普遍法史となる。というのも、普遍法史はいかなる民族にもいかなる時代にも排他的な重要性を認めることなく、概念にもとづく発展段階にあるかぎりは、すべての民族が考慮されるからである。だが法はそれ自体は絶対的なものではないのに、絶対的なものと解されると、またしても最高に抽象的に論じられることになるし、むしろ一つの民族の総体性においては一つの契機のみが問題にされるから、法史学は法と民族の歴史的原理との永続的な生きた連関を維持し挙示しなければならないのである。」[14]

〈普遍法史〉(Universalrechtsgeschichte) とは、なによりも「普遍的な」法史学であって、個別的な法史学ではない。この意味でガンスの法史学は、歴史法学のようにローマやゲルマンの法史学ではなくて、すぐれて「世界的な」法の史学であった。ガンスは特定の民族にも特定の時代にも排他的な重要性を認めないとしたうえで、まさにすべての民族のすべての時代の法を対象にしようとした。

もっとも、その試みの一端はガンス自身の著作に結実してはいるけれど、彼が早世したために、普遍的な法史学はついに完成することがなかった。だがたとえ彼が長生きしたとしても、あらゆる法の歴史を叙述するなどということは、ことがらの性質からいっても完成することのありえない仕事であろう。聡明なガンスがこれに気づかなかったとは思えないが、にもかかわらず彼に流れるユダヤの血が「普遍」を渇仰せずにはおかなかったのかもしれない。

もっと端的なことをいえば、ガンスの普遍法史はサヴィニーの『中世ローマ法史』への当てつけであったとさえいえる。法の歴史を中世のローマ法に限定しようとする「歴史法学」こそが、ガンスの生涯の論敵であったからである。この問題についてはのちに検討する。

ガンスの〈普遍法史〉は世界法史である以上に、実は法の概念史にほかならなかった。ガンスがヘーゲルに接近したのも、サヴィニーへの反発からだけではなく、特定の時代と特定の民族、換言すれば時間と空間を貫く概念の発展史を構想していたからである。ヘーゲルの法哲学はまさに自由の概念の発展史として確立されていたが、ガンスはここに世界法史を表現する恰好の舞台を見出した。

ガンスはヘーゲルの法哲学に自身の法史学を結びつけようとする。ガンスはヘーゲルの後押しで念願のベルリン大学に就職することができたが、次に紹介するのはそこでおこなわれた講義の一節である。ちなみにこの講義は『自然法と普遍法史』と題されている。

「我々にはこれ以上の序論はいらない。序論というものはいつでも予見的なものであって、実証的なものではないからだ。このことから以下の区分が〔つづく〕。

1　自由と意思の概念にもとづく法と国家の世界の建設。これは狭義の法哲学である。

2　この建造物が歴史のなかで段階的にいかに実現してきたか。こうして我々は哲学的法史学に到達する。

3　実践的法はいかにして哲学的法理論と歴史的帰結との統一たるのか。

このかぎりで本講義は、真の学問的法百科として現われる。第一部については、ヘーゲルの法の綱要を基礎づけてみる。(15)」

ベルリン大学におけるガンスのこの講義は、法哲学と法史学と実定法学の三部からなるものとして構想されていたようだ。もっとも実際の講義は、「自然法」と「普遍法史」についてしかおこなわれていない。「真の学問的法百科」（eine wahrhaft wissenschaftliche Rechtsencyclopädie）を完成させるためには、法哲学と法史学を踏まえた実定法学が構築されねばならなかったのであろうが、それはついに実現することがなかったのである。

しかしながら、ここでは彼の普遍法史が「哲学的法史学」と表現されている点に注目したい。ガンスにとって法史学は哲学によって方向づけられねばならなかった。ここにこそ、ガンスがヘーゲルの法哲学を必要とした理由が端的に示されている。

三　法哲学と法史学

ガンスによる〈普遍法史〉の構想は、ティボーの法史学とヘーゲルの法哲学を総合せんとの野心的な企てであった。それは『世界史的発展における相続法』の著作と、ベルリン大学での講義を二本の柱として追求された。ガンスをベルリン大学に招聘したのはヘーゲルであったが、ガンスもまた「ヘーゲルのヨハネス」として、いっそうの忠誠を尽くす。(16) ちなみに、ヨハネスとはキリストの最愛の弟子の名であった。

サヴィニーの猛烈な反対を押しのけて一八二六年に着任して以来、ガンスは法学部において実に多様な講義をおこなっている。そのなかにはパンデクテンや相続法に関するものも含まれているが、最も重要なのは「自然法と普遍法」と題する講義である。早くも一八二七年の冬学期に、ガンスはヘーゲルから法哲学の講義を譲られ、「自然法と法哲学」というテーマのもとに開講していたが、これが数年後のヘーゲルの死を挟んで、普遍法講義へと発展していったのである。この間に醸成された師弟間の微妙な関係については、のちにあらためて述べる。

それはともかく、一八三一年の冬学期におこなわれた「自然法と普遍法」の講義は、ヘーゲルの次男イマニュエルの筆記録として残されている。[17] 近年マンフレット・リーデルがこれを公刊した。以下にその概要を記してみよう。

序説　自然法の歴史
第一部　自然法
　第一節　抽象的=形式的法
　第二節　道徳
　第三節　人倫
第二部　普遍法史
　第一節　オリエントの法
　第二節　ギリシアの法
　第三節　ローマの法
　第四節　中世の法
　第五節　現代の法
結論　立法の学

もう少し詳しくみると、第一部第三節の「人倫」は家族・市民社会・国家に区分されており、さらに「国家」は憲法・対外的国法・世界史に細分されている。いうまでもなく、これはヘーゲルの法哲学講義および著書『法哲学綱要』の構成そのままである。少なくとも第一部「自然法」の部分に関するかぎり、ガンスの講義はヘーゲルをそっくりなぞっている。

ガンスの講義録を編集したリーデルも当然これに気づいており、ヘーゲルの講義との相違は、①序論として「自然法の歴史」を置いたこと、②対内的国法なる言い方を「憲法」に変えたこと、③第二部「普遍法史」が加わっていること、の三点にすぎないと指摘している。[18]

すでに明らかなように、ガンスの講義はヘーゲルの「法哲学」に自身の「普遍法史」を接続したものであった。だがリーデルの消極的評価にもかかわらず、法哲学と法史学の結合を図ったことにこそ、ガンスの独自性を認めねばならない。彼の講義は、けっしてヘーゲルの代講ではなかった。だがこのことを明らかにする前に、ガンスの講義をめぐる評判記を紹介しておこう。そこには師のヘーゲルと区別されるガンスの独自性が、おのずと窺える。

たとえばヘーゲルの死の直前、一八三〇年から翌年にかけておこなわれたガンスの講義について、同時代人による次のような証言が残されている。

「E・マイエン博士の報告によれば、一八三〇年の冬学期におけるガンスの講義は二部に分けてなされねばならなかった。というのも、最も大きい講堂も学生の殺到には耐えられなかったからである。このやり方でおよそ一五〇〇名の聴講者が一つの課程に参加しうることになった。レンツの言によれば、一八三一年から三二年にかけての冬学期には九〇五名の聴講者がガンスのもとに登録していたし、一八三二年から三三年にかけての冬学期には八三七名が登録していた。――当時の状況からすれば驚くべき数である。[19]」

一五〇〇人もの聴講生を集めたのは、「最近五十年の歴史」と題する公開講座であって、正規のカリキュラムとは別個の特殊講義である。聴衆の中には、学生のほかに、かねてガンスを高く評価していた、博物学者のアレクサンダー・フンボルトの姿もみられた。[20] もちろん「普遍法史」を中心とする彼の講義にも、記録的な数の学生が参集した。

ベルリン大学におけるガンス教授の人気は圧倒的なもので、それは師のヘーゲルをも凌ぐほどであった。ガンスに法哲学の講義を委ねたとはいえ、ヘーゲルも他の講義をもっており、期せずして師弟のあいだで学生を取り合うようなことになったところ、学生たちは若いガンスのほうを選んだ。たとえば一八二九年の冬学期には、ヘーゲルの聴講生の総数は一六六名、ガンスのそれは二〇一名であったという。[21]

ガンスが多くの学生を魅了したのは、一八三〇年の七月革命前後という時代の雰囲気による。すなわち、ウィーン体制下の抑圧的な時代状況に倦んだ若者たちにとって、ガンスの反体制的な言動はまさに自由の旗手のごとく見えた。なるほど、ヘーゲルの法哲学や歴史哲学にも革命的な要素はあったけれど、ヘーゲルその人は必らずしも革命的ではなく、当初よりプロイセンの御用哲学者の側面をもっていた。これに飽き足りない学生が、ヘーゲル哲学をより革命的に再編しようとしたガンスのもとに集まったのである。

ガンスの聴講生の中には、アレクサンダー・フンボルトは別格として、フェリックス・メンデルスゾーンの姿を認めることもできる。作曲家になる前の学生時代のメンデルスゾーンは、教室ではいつもガンスの足下に座っていたという。そして、ガンスは必らず部屋の真ん中、青年たちのあいだに立っていた。彼はメンデルスゾーン家と交際していたが、この自信に満ちた若き教授のことを、フェリックスの妹ファニーは、「青年たちの将軍にして保護者」と呼んだことがある。兄が憧れた先生も、妹の目には、半分大人で半分子供の自惚れ屋に見えたようではあるが。[22] さらに有名な学生としてカール・マルクスがいるが、ガンスとマルクスの関係についてはのちに述べる。

ところで、ガンスによる法哲学講義そのものに対する今日的評価であるが、これについては先に挙げたリーデルのほかに、ヘルマン・クレンナーによるものがある。すでに紹介したように、リーデルはガンスの講義を『自然法と普遍法史』として公刊したが、ここで直接に検討するのはこの講義録についてのクレンナーの書評である。ヘーゲルとガンスの位置関係についてほぼ同様の要約をおこないながら、クレンナーはリーデルに比してはるかに積極的にガンスの独自性を掲げている。

すなわちクレンナーによれば、ガンスの講義の特色は、①自然法の歴史が述べられていること、②普遍法史が付け加えられていること、③ヘーゲルの言う対内的国法に修正を施していること、④ヘーゲルの体系にユートピア的共産主義の思想を導入していること、の四点にまとめられる。[23] 第四の点を除いて、これはリーデルの要約と対応しているけれども、リーデルがガンスをヘーゲルの亜流と位置づけるのに対して、クレンナーはここにむしろヘーゲル法哲学の発展形態を認めている。以下に簡単に記してみよう。

先ず序論にソフィストからヘーゲルまでの「自然法の歴史」を加えた点であるが、サン・シモンについての評価を別にすれば、これはヘーゲルの哲学史にみられる叙述に対応するものだという。

次に〈普遍法史〉について、クレンナーはガンスの業績をこう称えている。

「ガンスは彼の講義に普遍法史を付け加える。この中で彼は、普遍法学の諸原理に行き詰まっていた先駆者アンゼルム・フォイエルバッハとは異なって、中国法・インド法・ペルシア法・エジプト法・ユダヤ法・イスラム法・ギリシア法・ローマ法・ゲルマン法についての詳述をおこなっている。その際、歴史学派がサヴィニーの異説にも強要した、法の歴史性と法源のローマ性との等置を突破した。これによって、彼は同時に、世界史的な法比較の先駆者の一人となった。[24]」

クレンナーが述べているのは、ガンスによる〈普遍法史〉の構想がフォイエルバッハのそれを受け継いだものであること、サヴィニーとは異なって、ガンスは法の歴史性をローマ法の歴史的研究に限定していないこと、彼はローマ法以外の法制度にも広く目を向けて比較法の先駆者となったこと、である。冒頭で指摘したとおり、ガンスはフォイエルバッハの後継者というよりは、むしろティボーから直接の影響を受けたのだが、それはともかく、ガンスの比較法的研究がそのままサヴィニーの歴史法学批判となっていることに気づいたのは、リーデルには見られない視点である。

さらに、ガンスがヘーゲルの「対内的国法」を「憲法」と言い換えたのは、彼の青年ヘーゲル派としての立場を証明するものだという。この意味は必らずしも明瞭でないものの、ガンスの言い換えが結果としてヘーゲルの国家主義を強化する役割を果たしたことは確かである。憲法（Verfassung）は国家の法的ないし政治的な体制にほかならず、これはヘーゲル法哲学の事実上の終着点であるからだ。ガンスの〈普遍法史〉は、ヘーゲルの語り終えたところから始められる。

最後に、クレンナーはガンスの政治的立場に言及する。ガンスはヘーゲルの体系に「ユートピア的共産主義」としてのサン・シモン主義を導入した。共産主義的ユートピアに対するガンスの憧憬は、青年時代から一貫している。これが一八三〇年の七月革命に対する評価とも相まって、師弟の溝を拡大することになった。ガンスの法哲学は、ヘーゲルとの距離が遠くなった分だけ、ハイネやマルクスに受け入れやすいものとなっていく。

ガンスにとって、〈普遍〉とは民族と国家を超えることである。ガンスは、サヴィニー法学の「民族性」を嫌ってヘーゲル哲学に接近した。だがヘーゲルの言う「国家」もまた、特定の民族による国家建設の設計図にほかならなかった。ヘーゲルの現実主義は、民族精神と世界精神の弁証を踏まえて至上の国家を想定した。そして、ガンスは法哲学が国家で終わることを拒絶して、これを「世界」に向けて拡張した。

いうまでもなく、ここにはガンスのユダヤ人としての心性が反映している。彼らは民族と国家に疎外されたがゆえに、安住の地を〈普遍〉に求めるしかないからである。あるいは徹底して〈普遍〉を求めたがゆえに、民族からも国家からも超越せざるをえなかったからである。

プロイセンの皇太子は、ガンス教授は学生を共和主義者にしてしまうと懸念したが、たしかにガンスは国家にとって危険な存在であった。皇太子の直感の正しさは、サヴィニーとヘーゲルがともにガンスを疎ましく思うことによって、いわば学問的にも証明されることとなった。

四　サヴィニー、ヘーゲル、ガンス

エドゥアルト・ガンスによる〈法の普遍史〉の試みは、直接にはティボーの構想を受け継いだものだとしても、それは結局、サヴィニーの歴史法学とヘーゲルの哲学的法学との総合の企てであった。もっとも、これはあまり正確な言い方ではないかもしれない。ガンスはサヴィニーの「歴史」にも、ヘーゲルの「哲学」にも満足することなく、自前の法史学と法哲学によって、二人の巨匠を越え出ようとしたからである。

しかしながら、彼の早世という事情もあって、その内容を整理して提示するのは容易ではない。ここではサヴィニーとヘーゲルのそれぞれに対するガンスの関わり、端的にいえば、彼らとの人間的軋轢に照準を合わせておきたい。

思想史のために、あえて刺激的な物言いをしておこう。ガンスはサヴィニーを神経衰弱にし、ヘーゲルの死を早めた。いったい、彼ら三人のあいだに何があったのか。

ガンスとサヴィニーの関係は意外に古い。もともとガンスはベルリン大学の法学生であり、サヴィニーの弟子といってもいい経歴をもっていた。ところがあるユダヤ人学者の教授資格問題をめぐって、サヴィニー批判をおこない、これが両者の葛藤の伏線となった。[25] ガンス自身もユダヤ人であり、ベルリンでの学位取得をあきらめてハイデルベルクのティボーのもとに赴いた。ここで書いたのが『ローマ債務法』と題する学位論文であるが、彼はこれが公刊されるや、一八一九年の一二月にサヴィニーに献本している。これに付された手紙は、きわめて卑屈にサヴィニーの寵を求めたものであった。[26] 彼の斡旋でベルリン大学に任用されることを期待したがゆえである。

このときガンスを迎え入れていれば、彼は歴史法学派の忠実な一員となったかもしれない。なにしろ、ローマ法についてサヴィニー好みの論文を書いているのだから。ところが、サヴィニーはガンスの願いを無視した。サヴィニー派からヘーゲル派への「転向」は、このときに準備された。ブラウンの指摘によれば、それが明らかになるのは一八二三年のことである。

「実際、転向は非常にすばやくおこなわれた。ガンスがヘーゲルを聴いたり、その哲学を受け入れたことなどまるでなかったにもかかわらず、彼は早くも、『世界史的発展における相続法』の第一巻をヘーゲルの歴史哲学講義を手本に作成し、この本に添書きを付けてヘーゲルに送ったのである。この添書きは一八一九年のサヴィニー宛のものとほとんど同じ内容のものであった。[27]」

たしかに、ガンスがこれより前にヘーゲルを聴講したという事実はない。ガンスは一八一八年の冬学期にティボーを頼ってハイデルベルクに移ったけれども、ヘーゲルはこの直前にベルリンに招聘されたからである。だが、ハイデルベルクにはまだヘーゲルの影響が残っていたし、それはティボーの法学にも色濃く投影されていた。『世界史的発展における相続法・第一巻』の扉にはティボーのモットーが掲げられ、序論にはヘーゲル哲学への憧憬が書かれていたのは、すでに述べたとおりである。ガンスはハイデルベルクでサヴィニーを清算するとともに、その隙間をヘーゲルでもって埋めようとしたのである。

サヴィニーへの手紙と同様、ヘーゲル宛の手紙も、実際にはベルリン大学教員としての地位を求めたものである。サヴィニーはそれを黙殺したが、ヘーゲルはそうしなかった。ヘーゲルは文化大臣アルテンシュタインの協力を得てガンス人事を進め、ついに一八二六年には、員外教授として彼を法学部に送り込むことに成功した。

この人事にサヴィニーがどの程度抵抗したかは明らかでないものの、今やヘーゲル派に転じたガンスをサヴィニーが快く迎えたとは思えない。ガンスは隣りの教室で公然とサヴィニー批判をおこなうなど、サヴィニーの杞憂はまさしく現実のものとなった。ガンスによる執拗な批判にサヴィニーは疲れ、ついに神経衰弱に陥って、一時は研究生活を断念せざるをえなかったのである。

プロイセン皇太子フリードリヒ・ヴィルヘルムはサヴィニーの強力な後ろ楯であったが、法学部におけるサヴィニーとガンスの反目を評して、「白鳥と鵞鳥は同じ池では泳げない」と言った。(28) いうまでもなく、白鳥とは貴族のサヴィニー、鵞鳥とはユダヤ人のガンスを指している。

白鳥と鵞鳥の対立は、鵞鳥のガンスが二年後に正教授となるにおよんで決定的なものとなった。白鳥のサヴィニーはこれには猛烈に反対して、みずからの進退を賭けてまで阻止しようとした。それでもガンスが正教授に昇進したとき、サヴィニーは法学部を去った。同僚のカール・ラハマンはヤーコプ・グリムに宛ててこう書いている。

「法学部全員の招集。ガンスが内閣の卑劣な行為によって正教授になったからです。サヴィニーは学部から出ていきました。他の教授たちからは抗議がなされました。でもまだ終わったわけではありません。」[29]

サヴィニーは一八二〇年ころから神経衰弱に悩まされ[30]、ついに法学部から引退した二九年には、病が極限に達していたと思われる。その原因は色々あったにせよ、この時期がヘーゲルの招聘からガンスの教授就任にいたる期間にほぼ対応していることを見過ごすわけにはいかない。サヴィニーはヘーゲル派との抗争、とりわけガンスとの人間関係に疲れはて、学部から退散したと考えることができる。

一方ガンスはヘーゲル派の中心的存在として、学的批評協会の事務局長を務めた。この協会はサヴィニーらのアカデミーへの対抗組織でもあったが、ガンスはその設立や運営の実務において、ヘーゲルの片腕となって働いた。学的批評協会の機関誌である『ベルリン年誌』の編集も、もっぱらガンスの手によるものであった[31]。

しかもすでに述べたように、一八二七年の冬学期以降は、ガンスはヘーゲルから法哲学の講義を委ねられていた。少なくとも法学の領域において、ガンスがヘーゲルの後継者として認められたことにほかならない。かねてからの計画にしたがい、この講義は法哲学と法史学を結合して独自の法学を生み出すべくおこなわれた。すなわち、ヘーゲル法哲学の最終節たる「世界史」（Weltgeschichte）を自前の「普遍史」（Universalgeschichte）と読み替えることによって、ガンスは師の法哲学を〈法の普遍史〉として展開しようとしたのである。

ガンスによる〈法の普遍史〉は、ヘーゲル法哲学の終わったところから始められる。ヘーゲルの到達点は国家であったけれども、ガンスは「国家」を超越した「普遍」の世界で法を語ろうとする。このことの意味に最初に気づいたのも、プロイセンの皇太子フリードリヒ・ヴィルヘルムであった。皇太子は一八三〇年のある日、王宮にヘーゲルを招いて、ガンス教授は学生を共和主義者にしてしまう、と警告した。[32] ここで共和主義者というのは、社会主義者もしくは革命派という意味である。隣国のフランスではまさにこの年に七月革命が勃発しており、そのことがガンスの学生たちに強い刺激を与えていた。

革命を恐れたのは、ヘーゲルとて同じであった。彼の法哲学は「革命の代数学」とも呼ばれたが、ガンスであれ学生たちであれ、ここから現実の革命的帰結を引き出すことを、ヘーゲル自身はけっして喜ばなかった。皇太子の示唆があったこともあり、ヘーゲルはガンスの講義を取り上げて、再び自身でこれをおこなおうとした。

ヘーゲルにとって革命の波がコレラとともにやって来たのは、あるいは幸運なことであったかもしれない。このおかげで彼は法哲学講義を実際には再開せずにすんだし、反革命的な姿を学生の前に晒さずにすんだからである。七月革命とコレラは、ヘーゲル哲学に死の宣告を下した。一八三一年のことである。

「ヘーゲルは臨終の床で次のように言った。『たった一人の者しか私を理解しなかった』。そしてヘーゲルはすぐに不機嫌にこう付け加えた。『しかしその一人も私のことを誤解していた』。」[33]

ヘーゲルの最期の言葉を伝えるのは、ハインリヒ・ハイネである。ハイネもかつてヘーゲルの講義を聴いたことがあるけれど、彼の臨終の際に同席したわけではない。この言葉も、詩人によって多分に脚色された感がある。けれども、ハイネがガンスの親友であり、ガンスがヘーゲルの死の床に立ち会った事実を想起するとき、右の逸話は妙に生々しい様相を帯びてくる。というのも、ヘーゲルの唯一の理解者であり、同時に誤解者でもあった弟子とは、エドゥアルト・ガンス自身のことに相違ないからである。

ドロウの証言によれば、ガンスはヘーゲルの臨終の床を見舞い、師と和解したという。その経緯はこうである。ヘーゲルが法哲学講義の再開を決意した結果、ガンスと競争講座のようなかたちになったところ、学生は大挙してガンスのもとに集まった。ガンスはこれを気にして、ヘーゲルの講義も取るようにとの掲示を出した。これを病床で聞いたヘーゲルは猛烈に怒って、ガンスに手紙を書き無礼をなじった。ガンスはあわててヘーゲル邸を訪れた、というわけである。(34)

ガンスが訪問して間もなく、ヘーゲルは死んだ。師弟は和解したというが、本当だろうか。サヴィニーを神経衰弱に追い込んだガンスは、その二年後にヘーゲルの死を早めたのではあるまいか。

このように述べるのは、ほかでもない。ガンスの法学は、サヴィニーの歴史法学とヘーゲルの法哲学を乗り越えたところに成立したものであるからだ。ヘーゲル亡きあと、ガンスはその正統な後継者としてヘーゲル全集の編纂に中心的な役割を果たした。またその一方で、なおもサヴィニー批判を執拗に続けた。それは、一八三九年にガンス自身が卒中のため、四二歳の若さで死ぬまで続くのである。親友ハイネの弔辞は、ガンスとサヴィニーとヘーゲルの緊張に満ちた関係を、いかにも彼らしく痛烈に皮肉っている。すなわち、「ガンスはヘーゲル哲学の活動的な使徒であり、これを理解したかぎりで、ヘーゲルの著作を優雅に世俗化した」としたうえで、さらに、ガンスは古ローマ法の輩と断固として闘い、「彼の足下でサヴィニー氏の哀れな魂がいかに呻いたことだろう」と称えている。(35)ガンスによる〈法の普遍史〉の構想は、たしかにサヴィニーとヘーゲルを越える試みであった。ガンスはヘーゲル法哲学の国家至上主義を批判し、サヴィニーの歴史法学の民族主義を批判した。そして「普遍史」の見取り図の上で、法哲学と法史学の統合を企てた。しかしながら、サヴィニーとヘーゲルという当代の巨人と格闘することで、彼の生命もまた燃え尽きてしまったようだ。『世界史的発展における相続法』もついに未完に終わり、あとにはただそのサブタイトルとなった「法の普遍史」という問題提起のみが遺された。

注

（1）Eduard Gans, Motto zu: Das Erbrecht in weltgeschichtlicher Entwicklung, Eine Abhandlung der Universalrechtsgeschichte, Bd.1, Berlin, 1824, Nachdruck, Aalen, 1963, S.IV.

（2）Anton Friedrich Justus Thibaut, Civilistische Abhandlungen, Heidelberg, 1814, S.433.

（3）Friedrich Karl von Savigny, Stimmen für und wider neue Gesetzbücher, in: Zeitschrift für geschichtliche Rechtswissenschaft, Bd.3, 1816, S.4f. サヴィニー『法典論争』大串兎代夫訳、世界文学社、一九四九年、一八六頁以下。

（4）フォイエルバッハの比較法学につき、Gustav Radbruch, Paul Johann Anselm Feuerbach, Ein Juristenleben, 3.Aufl., hrsg. v. Erik Wolf, Göttingen, 1969, S.190ff. ラートブルフ『一法律家の生涯――P・J・アンゼルム・フォイエルバハ伝――』菊池栄一・宮沢浩一訳、著作集、第七巻、東京大学出版会、一九六三年、二八六頁以下。

（5）ebd., S.192. 訳、二八八頁。

（6）Thibaut, Ueber Nothwendigkeit eines allgemeinen bürgerlichen Rechts für Deutschland, in:Hans Hattenhauer (hrsg.), Thibaut und Savigny, Ihre programmatischen Schriften, München, 1973, S.86. 『ザヴィニー・ティボー法典論議』長場正利訳、『早稲田法学』別冊第一巻、一九三〇年、五四頁。

（7）zit., Johann Braun, Schwan und Gans, Zur Geschichte des Zerwürfnisses zwischen Carl von Savigny und Eduard Gans, in: Juristenzeitung, Nr.23/24, 1979, S.770.

（8）Heinrich Heine, Die Bäder von Lucca, in: Sämtliche Werke, hrsg. v. Ernst Elster, Bd.3, Leipzig u. Wien, S.310.

（9）Johannes Hoffmeister (hrsg.), Briefe von und an Hegel, Bd.3, 3.Aufl., Hamburg, 1969, S.32f.
（10）Gans, a.a.O., Bd.1, S.XIV. vgl., Hans Günther Reissner, Eduard Gans, Ein Leben im Vormärz, Tübingen, 1965, S.108.
（11）Gans, a.a.O., S.XV. vgl., Roderich Stintzing, Friedrich Carl von Savigny, in: Preußische Jahrbücher, Bd.9, 1862, S.160.
（12）Gans, a.a.O., S.XXXIX.
（13）ebd., S.XXXf. vgl., Horst Schröder, Zum Gedenken an Eduard Gans, in: Wissenschaftliche Zeitschrift der Humboldt-Universität zu Berlin, 1964, S.520.; Manfred Riedel, Einleitung zu: Gans, Naturrecht und Universalrechtsgeschichte, Stuttgart, 1981, S.16.
（14）Gans, Das Erbrecht in weltgeschichtlicher Entwicklung, Bd.1, S.XXXI. vgl., Schröder, a.a.O., S.519.
（15）Gans, Naturrecht und Universalrechtsgeschichte, S.53.
（16）Braun, a.a.O., S.771.
（17）イマニュエル・ヘーゲルは、「自然法と普遍法史」講義（一八三二／三三年冬学期）のほかに、「歴史哲学」講義（同学期）および「ドイツ国法」講義（一八三二年夏学期）を聴講し、それぞれ筆記録を残している。Riedel, Vorwort zu: Naturrecht und Universalrechtsgeschichte, S.5.; ders., Nachbericht des Herausgebers, in: ebd., S.247.
（18）Riedel, Einleitung, S.14. vgl., ders., Hegel und Gans, in: Natur und Geschichte, Karl Löwith zum 70. Geburtstag, Stuttgart usw., 1967, S.259.
（19）Reissner, a.a.O., S.132. vgl., Saint-Marc-Girardin, Erinnerungen an Eduard Gans, in:Zeitung für die elegante Welt, Nr.14-16, 20.-23. Jan. 1840, S.55.; Max Lenz, Geschichte der Königlichen Friedrich-Wilhelms-Universität zu Berlin, Bd.2, 1.Hälfte, Halle a.d.S., 1910, S.496, Anm.1.
（20）Gans, Vorlesungen über die Geschichte der letzten fünfzig Jahre, in: Friedrich von Raumer (hrsg.), Historisches Taschenbuch, 4.Jg., Leipzig, 1833, S.283ff. vgl., Schröder, a.a.O., S.522.; Roderich Stintzing u. Ernst Landsberg, Geschichte der deutschen Rechtswissenschaft, Abteilung 3, Halbband 2, Noten, 2. Neudruck, Aalen, 1978, S.166.

(21) Jaques D'Hondt, Hegel in seiner Zeit, Berlin 1818-1831, 2.Aufl., Berlin, 1984, S.53, Anm.95. ドント『ベルリンのヘーゲル』花田圭介監訳、法政大学出版局、一九八三年、九二頁、注(41)。vgl., Ludwig Geiger, Geschichte der Juden in Berlin, Berlin, 1871, S.587.; Saint-Marc-Girardin, Vorwort zu: Gans, Histoire du droit de succession en France au moyen âge, Paris, 1845, S.XI.

(22) Sebastian Hensel, Die Familie Mendelssohn, Bd.1, Leipzig, 1924, S.213.; Heymann, Hundert Jahre Berliner Juristenfakultät, in: Otto Liebmann (hrsg.), Die Juristische Fakultät der Universität Berlin, Berlin, 1910, S.18. vgl., Reissner, a.a.O., S.134f.

(23) Hermann Klenner, Eduard Gans, Naturrecht und Universalrechtsgeschichte, in: Archiv für Rechts- und Sozialphilosophie, Bd.68, 1982, S.119f.

(24) ebd., S.119.

(25) Reissner, a.a.O., S.37, 45.

(26) vgl., Braun, a.a.O., S.770.

(27) ebd., S.771. vgl., Hoffmeister, a.a.O., Bd.3, S.32f.

(28) Adolf Stoll, Friedrich Karl v. Savigny, Bd.3, Berlin, 1939, S.281. vgl., Hans-Joachim Schoeps, Um die Berufung von Eduard Gans, in: Zeitschrift für Religions- und Geistesgeschichte, Bd.14, 1962, S.280.; Braun, a.a.O., S.773.

(29) von Lachmann an Jacob Grimm, Berlin den 4. Januar 1829, in: Briefwechsel der Brüder Grimm mit Karl Lachmann, Bd.2, S.521. vgl., Lenz, a.a.O., Bd.2, 1.Hälfte, S.391. レンツによれば、ホーマイヤー教授は法学部から身を引くというサヴィニーの決意を遺憾とし、その撤回を希望する意見を表明している。ホーマイヤーはサヴィニーとアイヒホルンの弟子であるが、学生時代はヘーゲルの法哲学講義の熱心な聴講生であった。ebd., Bd.4, 1910, S.515.

(30) Gerd Kleinheyer u. Jan Schröder (hrsg.), Deutsche Juristen aus fünf Jahrhunderten, 2.Aufl., Heidelberg, 1983, S.229f. クラインハイヤー/シュレーダー編『ドイツ法学者事典』小林孝輔監訳、学陽書房、一九八三年、一四三頁。

(31) Gans, Die Stiftung der Jahrbücher für wissenschaftliche Kritik, in: ders., Rückblicke auf Personen und Zustände, Berlin, 1836, S.253. vgl., Reissner, a.a.O., S.119.

(32) Braun, a.a.O., S.773. vgl., Reissner, a.a.O., S.126f.

(33) 加藤尚武編『ヘーゲル読本』法政大学出版局、一九八七年、三六八頁以下参照。

(34) Dorow, Denkschriften und Briefe zur Charakteristik der Welt und Literatur, Bd.4, Berlin, 1840, S.143. vgl., Hoffmeister, a.a.O., Bd.3, S.472, Anm.

(35) Heine, Ludwig Marcus, Denkworte, in: Sämtliche Werke, Bd.6, S.118f.

第十一章　ガンス法、あるいは白鳥と鵞鳥の物語

一　ガンスの町

軍人と商人の町に大学ができて、十九世紀初頭のベルリンは一躍ドイツの学術と文化の中心地となる。プロイセン王国の首都ベルリンを軍人と商人の町と呼んだのはイエナのロマン派であったけれど、なるほどフリードリヒ大王による富国強兵策以来、ベルリンには軍人と商人が溢れてみえたかもしれない。だが皮肉にも、文化的なイエナの町がナポレオンの軍隊に占拠されるや、多くの文人はベルリンに逃れ、それがこの地に大学を設立するきっかけになった。大学の創始者は人文主義的政治家のヴィルヘルム・フンボルトと哲学者のフィヒテであったが、やがてベルリン大学は法学部のサヴィニーと哲学部のヘーゲルを二枚看板として全ドイツの学界に君臨することになる。

ベルリンには多くのユダヤ商人が住み、彼らの子弟のなかにはこの町の大学で勉学を志す者たちも現われた。ガンス（Gans＝鵞鳥）家は、代々宮廷代理人を務めており、ベルリンのユダヤ商人のなかでは屈指の家柄に属する。エドゥアルト・ガンスは銀行家の、つまりは金貸しのアブラハム・ガンスの長男として、一七九七年三月二三日にこの町で生まれた。ベルリンとゲッティンゲンで法学を学んだのち、ハイデルベルクで学位を取り、ベルリンに戻ってきた。一八一九年のことである。

青年時代のガンスについて紹介するとき、ベルリンで結成されたユダヤ人文化学術協会を抜きにすることはできない。ライスナーの『エドゥアルト・ガンス――三月前期の生涯――』によれば、同協会は一八二一年の三月までに正式に発足した。その過程で最終目的も、当初の「ドイツ連邦諸国に住むユダヤ人の地位改善」から、「内発的な教養形成をつうじて、ユダヤ人を彼らが生活する時代や国家と融和させること」に変えられた。政治的解放というよりは、「文化的同化」(Akkulturation)をめざしたということである。長期的な計画としては、学校・研究所・大学の設立とともに、文筆業や公職への就職促進を掲げていたが、当面の綱領としては次の四点を挙げていた。すなわち、①研究会の設立、②機関誌の発行、③学校の設立、④情報交換のための文書館の構想、である。[1]

ベルリンを中心としたユダヤ人青年たちの文化運動は、その組織も名称も定まらないままに、ガンスが戻った一八一九年から活動を開始した。二一年三月には規約も整い、同時にガンスが会長に選出され、このことによって活動は格段に進んだ。これ以降二五年四月の解散まで、ガンスは名実ともに協会の指導者であり続ける。他の主だった会員としては、レオポルト・ツンツ、モーゼス・モーザー、ルートヴィヒ・マルクスなどがいた。彼らはガンスと同じく二十代の大学教育を受けた青年たちであったが、ガンスのあまりの卓抜性のゆえか、後継者はついに現れなかった。そもそも「ユダヤ人文化学術協会」(Verein für Cultur und Wissenschaft der Juden)という組織の名称そのものが、ほかならぬガンスの提案によるものであった。その際ガンス自身は、広範な「文化」運動より、「学術」研究のほうに軸足を置いたのではあったが。[2]

さて協会の具体的な活動であるけれども、先に挙げた四つの短期的綱領の実際について簡単に言及しておこう。まず①の研究会は、実質三年ほどのあいだに五十回以上開催されている。大学の休業期間を除けば月二回以上の頻度であるから、活発な研究会であったとしてもいい。だが内実をみれば、研究報告は五、六人の幹部会員が交代でおこなったにすぎず、そのなかでもガンスの報告回数が圧倒的に多かった。また研究会での報告は、②の機関誌である『ユダヤ学雑誌』に掲載された。この雑誌はわずか三号で終わったが、ここに収載された全部で十六編の論文のうち四編がガンスのものであった。(3) 研究会も機関誌も、ガンスの研究発表の媒体たる性格を有していたとせねばならない。

さらに③の学校であるが、これはユダヤ人の留学生を対象に、ベルリン大学への入学準備のために、ドイツ語文法や古典語をはじめとした基礎教育をおこなう組織として開校した。生徒数は累計で二二名であるから、学校というより私塾といったほうが実態に近い。授業は協会員が分担し、ガンスも古典語やローマ史を教えた。そして④の文書館であるけれども、これは先の学校と同様に特別の建物が造られたわけではなく、新聞の切り抜きや手紙の遣り取りをつうじて、ドイツ内外のユダヤ人の情報交換活動として実現した。その過程で集まった文書は、これもまた会長のガンスの手元に置かれた。(4)

ユダヤ人文化学術協会は、すべてがガンスを中心に運営された。協会の長期的展望はともかく、少なくとも短期的綱領については、ガンスの卓越した指導力によって着実に実行に移された。ところが、理想が現実化することなく、夢想のままで終わったもう一つの計画がある。仲間うちで〈ガンス・タウン〉(Ganstown)、つまりガンスの町と呼ばれたユートピア建設の夢である。

この直接のきっかけは二つあった。いずれもアメリカからのユダヤ人入植の呼びかけで、同じ一八一九年に時を前後して協会員たちの知るところとなった。

そのうちの一つは、ウィリアム・デイヴィス・ロビンソンというキリスト教徒のアメリカ商人による入植勧誘であった。これは『在欧ユダヤ教徒への覚書、北米合衆国の最適地への移民および入植について』と題され、ロンドンで刊行された小冊子である。ロビンソンによる次のような呼びかけは、ヨーロッパで日の当たらない多くのユダヤ人にとって、きわめて魅力的な誘いと映ったにちがいない。「私たちは、ユダヤ人の農地がアメリカの森に広がり、ユダヤ人の町や村がミシシッピ川やミズーリ川の岸辺を飾るのを見ることになるでしょう。そして芸術や商業や工業が、合衆国の他のすべての農業地域で例証されたのと同様の速さで、この新しい入植地においても発展することでしょう」。[5]

二つ目は、ニュー・ヨーク在住のユダヤ人モルデカイ・マニュエル・ノアからの、協会に対する直接の呼びかけであった。いわば現代版の「ノアの方舟」計画である。実際この入植地は新エルサレムとか、方舟の停泊した山にちなんでアララトと名づけられていた。もっとも、この呼びかけが協会の正式な議題となったのは、一八二一年の年末になってからだった。ライスナーは同年一二月二九日の協会会議議事録にもとづいて、出席者の発言を逐一紹介しているが、ここではガンスの立場を確認するのに必要な範囲に留めておく。[6]

ノアの呼びかけを会議に諮ったのは、入会したばかりのエリーザー・キルシュバウムであった。彼は二万モルゲンの島に三千から六千の家族、つまり少なくとも三万五千人のユダヤ人を入植させる、という提案をおこなった。農民を主体に、手工業者や商人も住む一大コロニーをアメリカに作ろうというのである。三万五千人という具体的な人口は、ロビンソン覚書にもとづくもので、合衆国大統領を選出するための選挙人指名の最低要件とされた。これがロビンソンの誤解であったことはともかく、キルシュバウムの言うコロニーとは、アメリカ合衆国の中にユダヤ人だけの独立した「州国家」(State, Staat)を建設するという壮大な計画にほかならなかった。

これに対する会長ガンスの対応は、いかにも法学者らしい、きわめて形式的なものであった。すなわち、アメリカ入植を協会の事業とするためには、規約を拡張解釈して「情報交換のための文書館」(Archiv für die Korrespondenz)の範疇に入るかどうかの検討が先決だ、というのである。この一見的外れな発言も、ノアとのあいだでまずは入植計画の詳細な情報を遣り取りする趣旨と読めば、理解できないことはない。だがそれにしても、ユダヤ人国家の建設までを視野に入れたキルシュバウムの提案に比べれば、ガンスの姿勢がいかにも及び腰であることは否定できない。[7]

ガンスは文化的同化の方針と矛盾するからか、入植計画に必ずしも積極的ではなかった。にもかかわらず、ノアやキルシュバウムが夢見た入植地は〈ガンス・タウン〉と呼ばれた。こう呼んだのはハインリヒ・ハイネである。ハイネもまたベルリン滞在時に協会に入会した。そのきっかけとなったガンスとハイネの出会いについて、ライスナーは次のように述べている。一八二二年七月のことである。

「ハイネは、一八二一年の夏学期から一八二二／二三年の冬学期まで、ベルリン大学で学んだ。一八二一／二二年の冬学期には、彼はヘーゲルの美学講義を聴講し、そこでヨーゼフ・レーマンと知り合った。この彼がハイネを、レーマンの未来の舅フィリップ・ファイトの家に案内した。ファイトのサロンでの伝統的な『土曜の夕べ』において、ハイネは、ガンス、モーザー、ツンツなどにはじめて出会った。ガンスはハイネに注目して、彼――ガンス――とその他の何人かで共同で、ベルリン発の法学・国家学の批評誌を発行することを提案した。そのためには当地では『かなりの不足』があるから、というのである。ガンスの計画は尚早だったが、しかし四年後にはより成熟したかたちで、コッタ男爵とヘーゲルの積極的な協力のもとにそれは実現した。[8]」

ガンスの本質が学者でありハイネが詩人であったこと、ガンスが早死にしハイネが長く生きすぎたことを除けば、この二人は双生児といっても良いほどに多くの共通点をもっている。彼らがユダヤ人であることは今さら指摘するまでもないが、ともに都会の銀行家の家系に生まれ、しかも同い年であり、ともに法学を学び、そのゆえにサヴィニー嫌いとなり、その反動でヘーゲル哲学に接近し、フランスの共和政治に憧れ、こうして青年マルクスに強烈な刺激を与えた。ガンスとハイネはたがいに影のような存在であった。ハイネの詩的表現はしばしばガンスの学者的部分に向けられたけれども、それはたいていの場合、ハイネの自己嫌悪や自己批判をともなっていた。[9]

このハイネがモーザーに宛てた手紙の中で、「いつかガンス・タウンが建設され、ミシシッピ河畔に暮らす幸福な一族が棕櫚の枝で祝福し過越のパンを囓り、そして新しいユダヤ文学が開花するとき……」と述べている。[10] いつもならこれをガンスへの皮肉として読むところだが、この手紙に関するかぎり、ハイネは本気で〈ガンス・タウン〉の実現を望んでいたようにみえる。ユダヤ人文化学術協会に入会し、入植計画を知ることで、ハイネはようやくユダヤ詩人としての自己に目覚めたかのようなのである。

ところが〈ガンス・タウン〉の計画は、一八二二年一月二〇日の研究会において事実上の凍結扱いとされてしまう。この日キルシュバウムは自説を繰り返したうえで、さらに宗教的熱狂をもって最後にこう付け加えた。「あらゆる賛美をも超越した敬愛する人物を称えよう。メリーランド州の優秀な学者ノア氏を称えよう。氏はすでに同州に大きな島を購入した。ユダヤ人をそこに移住させるために」。

ライスナーはこの最後の訴えを、キルシュバウムの「白鳥の歌」(Schwanengesang)と解説している。瀕死の白鳥の臨終の歌というわけだが、その責めはキルシュバウムにのみ帰すべきではない。〈ガンス・タウン〉はユダヤ人文化学術協会の、ある意味で最も実践的な目標であったのだから。それにしても、ノア(Noah=ノアの方舟)、キルシュバウム(Kirschbaum=サクラの木)、ガンス(Gans=鵞鳥)、白鳥と続くと、〈ガンス・タウン〉の物語はいかにも寓話めいてくる。それは本当にあった物語なのだろうか。あるいはユダヤの青年たちの白日夢にすぎなかったのだろうか。

協会が解散したあと、ハイネはハンブルクからモーザーに手紙を送った。日付は「一八二六年ガンス月二三日」

(den 23.des Monats Gans 1826) とある。「私はしばしば夜中に起きて鏡の前に立ち、自分を罵ります、たぶんそのとき私は鏡の中に友人の魂を見ているのです。……ああ、天気の変わりやすい、首尾の一貫しない四月よ、許したまえ、私が君に不正をおこない、君をガンス博士と一緒にしたことを。……私は、ガンスとマルドカイ・ノアがシュトラールアウで出会った夢も見ました。ガンスは、ああ驚いたことに!、魚のように黙っていました……」[(11)]。

ハイネの鏡に映った友人とは、ガンス博士であった。ハイネはガンスの変わり身の早さ、首尾一貫性のなさを、不順な気候の四月になぞらえて「ガンス月」と命名した。シュトラールアウはベルリン郊外の水郷であるが、ハイネはそこでガンスとノアが出会った夢を見たという。ハイネは、〈ガンス・タウン〉の挫折について、ガンス本人を非難しているのである。もっとも、鏡の中にはガンスと二重映しになったハイネ自身がいるのだが。

ハイネはベルリンを立ち去った。だがガンスはベルリンに留まる。そこは彼が生まれ育った所で、本当の「ガンスの町」であったからだ。そこには、サヴィニーとヘーゲルが教える大学があった。

二　ガンスの法

ユダヤ人文化学術協会の活動が最も盛んであったのは、一八二二年三月から二三年四月までのわずか二年あまりの期間にすぎない。その後も協会は存続したが、二四年一月の総会以来、会議が開かれることもなくなった。次に掲げるのは、会長ガンス自身による協会への訣別宣言である。

「私は協会は事実上解消したものと思いますので、私の会長職も終了したものと思います。もし別の御意見をお持ちでしたら、次期会長として、貴兄に属すべき主宰権を引き継がれても結構です。お元気で。

ベルリン、一八二五年四月二〇日
ガンス博士
ユダヤ人文化学術協会会長　ツンツ博士机下」(12)

協会の活動が儚くも挫折してしまったのは、しょせんは学生の運動にすぎなかったからだ。彼らの思想が観念的であったとか、一般のユダヤ人社会から浮き上がっていたということは、あらためて指摘するまでもない。彼らもいつまでも学生であり続けるわけにいかなかった、ということだ。ユダヤ人文化学術協会の方針は文化的同化であった。そしてそれは、キリスト教社会の内部に積極的に入り込み、そこで相応の職を求めることを意味していた。

ユダヤ人の社会的地位というとき、当時の状況はヨーロッパ全体をみてもドイツ全土をみても大差はなかったろうが、ここではベルリンを首都とするプロイセン王国に視点を絞って眺めておく。この王国では、いわゆるシュタイン＝ハルデンベルクの改革の副産物として、一八一二年三月に、「プロイセン国家におけるユダヤ人の市民的地位に関する勅令」が発布された。その趣旨はユダヤ人に市民的権利を与えるというもので、彼らが市民社会からほぼ完全に疎外されていた歴史を顧みれば、ともかくも画期的な勅令であったことは認めねばならない。(13)しばしば「解放勅令」とも称されるゆえんである。

解放勅令は、第一条で在住ユダヤ人にプロイセン国籍を認定し、第七条でキリスト教徒と同等の市民権を承認した。しかも第八条では、ユダヤ人も学校職員や地方公務員、さらには大学の教職に就く資格があるとされていた。ところが、直後の第九条には、国家公務員になるには当局の許可が必要である旨が記されていたのである。まさにヨハン・ブラウンがそのガンス研究書の中で指摘するように、ユダヤ人は法学部の教授にはなれるが、司法官にも行政官にもなれない、という矛盾の生じる余地があった。法学部の主たる任務が、司法官や行政官の養成にあったにもかかわらずである。(14)

それはともかく、ではユダヤ人が本当に大学教員になれたのかといえば、実はそうではない。なによりもガンスの例が、そのきわめて困難な道を証明することになる。その発端を、同じくブラウンの著書から引用しておこう。『ユダヤ教・法律学・哲学——法学者エドゥアルト・ガンス（一七九七—一八三九）の肖像——』には、次のきわめて興味深い一節がみられる。

「もとより、ガンスがベルリンに戻ってきた一八一九年には、そのような経緯について何事も述べられてはいなかった。彼は折りしも最初の法学書を出したところで、プロイセンの文化大臣アルテンシュタインにも一冊を献呈する機会を覗っていた。その添え状の中で目立つのは、彼が『大学教員という天職』のために準備してきた、ということであった。つづいて彼は請願にとって重要な斡旋者を見出した。すなわち、宰相みずからが彼のために尽力してくれ、アルテンシュタインに対して、ガンスを私講師としてブレスラウに派遣し、当地で『可及的速やかに員外教授に昇進させる』ことを勧めてくれている、というのである。同封されていたのは、ティボーの好意的な推薦書であった。(15)」

ガンスの学生生活は、ベルリンで始まりハイデルベルクで終わった。彼は法学をベルリン大学のサヴィニーと、ハイデルベルクのティボーのもとで学んだのである。ガンスがハイデルベルクに移ったのは、そこはベルリンとは異なって、ユダヤ人でも学位を取ることができたからであった。(16)彼は一八一九年、ティボーのもとで最優秀の成績で学位を取得した。そのときの論文が『ローマ債務法論』で、これはただちに印刷に付された。ガンスの最初の著書である。彼はこれを携えてベルリンに戻り、就職活動を開始した。その時期は、ユダヤ人文化学術協会の活動期間とぴったり重なっている。

先の引用個所に、ガンスは著書をアルテンシュタインに贈ったとある。これと前後して彼はもう一冊をサヴィニーに贈って、面会を求めている。[17] いうまでもなく、ベルリン大学の法学部に職を得るためである。だがサヴィニーは会わなかった。サヴィニーのユダヤ人嫌いは別として、ほかにも理由は考えられる。というのも、彼からみれば、ガンスはティボーの弟子であるが、ティボーとサヴィニーとは一八一四年の法典論争以来、法学の方法をめぐって論敵の関係にあった。それだけではない。一八一八年、ガンスと入れ替わるようにしてヘーゲルがベルリン大学に招かれたが、ヘーゲルは前任地のハイデルベルクにおいてティボーと親しくなっていた。ヘーゲルは哲学部の教授であるけれども、その法哲学はサヴィニー歴史法学の根本的批判を含んでいた。つまり、サヴィニーはかつての教え子であったガンスの背後に、ティボーの法学とヘーゲルの哲学の臭いを早くも嗅ぎとっていたのではなかったか。

アルテンシュタインはガンスの就職希望を、ベルリン大学法学部の審査に委ねた。つまりはサヴィニーの判断に任せたということである。ところがガンスにとって不幸なことに、サヴィニーはかねてよりユダヤ人の解放政策には断固として反対していた。ブラウンも指摘するように、サヴィニーはみずから主宰する『歴史法学雑誌』において、ユダヤ人の法的平等化は政治的混乱を惹き起こすと述べたことさえあった。[18] 案の定、サヴィニーが代表する法学部の見解は冷ややかなものであった。その結論部分にはこうある。「有名なユダヤ人一門に属するガンス博士が個人的にはキリスト教に改宗しているのか、したがってこの観点から彼の公的な任用にはもはや支障がなくなったのか、このことについて我々は承知しておりません」[19]。ユダヤ教徒であるかぎり、法学部はガンスを受け入れないという姿勢を示したのである。

ガンス拒絶の法学部見解が出たのは、一八二〇年四月のことである。当の学部に撥ねつけられた以上、通常なら黙って退きさがるしかないだろう。だがガンスはこの程度では諦めなかった。むしろここから彼の猛烈な就職運動が本格化するのである。

翌五月、ガンスはふたたびアルテンシュタインに手紙を書いて、ユダヤ人は「教育がないために嫌悪され、教育を受けたために迫害されるのです」と訴えて、もはやガンス個人の問題ではなくユダヤ人全体の問題として争う構えをみせた。手紙に同封された覚書はむしろ論文と呼ぶべきもので、「ユダヤ人問題」について「あらゆる側面から」差別の歴史を詳細に論じている[20]。これは印刷に付されることこそなかったが、カール・マルクスの『ユダヤ人問題によせて』に先立つ画期的な論稿であった。

ときのプロイセン宰相はハルデンベルクである。文相アルテンシュタインが否定的であったのに対して、ハルデンベルクは終始ガンスの就職運動を側面から支援した。その理由はよくわからない。ハルデンベルクが人道主義者であったことを素直に信じるべきかもしれないし、自分が制定を促進した解放勅令に忠実であっただけかもしれない。だがどうやら、ハルデンベルクはガンス家に負い目があったらしいのだ。ガンスの父親アブラハムがベルリンきっての銀行家であったことはすでに触れたが、対ナポレオン戦争の折り、プロイセンはアブラハムから莫大な軍用金を調達した。ガンス家のこうした貢献を、ハルデンベルクは思い出したのではなかろうか。それはベルリンでは周知のことであった。法学部の所見には「有名なユダヤ人一門に属するガンス博士」とある。学問の府としては、なおさら金貸しのガンスに反発を覚えたはずである。

宰相と文相のあいだで折り合いがつかなければ、いよいよ国王に出馬を願うしかない。国王の裁定を仰ぐという法学部の意向を受けて、プロイセン国王フリードリヒ・ヴィルヘルム三世はついに以下のような裁定を下した。

「宰相フォン・ハルデンベルク侯爵へ

今月四日付の貴報告を再検討した結果、一八一二年三月一一日の勅令第七条および第八条の規定は、これによれば本国人とみなしうるユダヤ人は、その能力に応じて大学教授職または学校教育職に就くことが許されるべきものであるが、この規定は重大な不調和を惹起せずには施行しえない、と余は看取した。ゆえに余はこの規定を破棄し、当該法規の改正を公示するためにしかるべき処置を貴官に委ねたい。したがって、エドゥアルト・ガンス博士の法学員外教授への任用はありえない。なぜなら、当局の判断によれば、彼はいまだ適格ではないからである。

テプリッツ、一八二二年八月一八日

フリードリヒ・ヴィルヘルム」[21]

フリードリヒ・ヴィルヘルム三世は、一八一二年の解放勅令をみずからの手で撤回した。「重大な不調和」が直接意味するのは閣内の不一致であろうが、さらに法学部の反対を念頭に置いたものであることは容易に想像できる。学部の自治は守られた。しかしユダヤ人の期待は反古にされた。しかしながら、法学部の実体がサヴィニーであり、期待を裏切られたユダヤ人がガンスであることをみれば、この問題は一般論で片づけないほうがいいのかもしれない。国王の裁定は、エドゥアルト・ガンス博士をベルリン大学法学部に任用しない、と名指しで宣言したのである。

一八二二年の国王裁定は、法的効力を疑われるようなまことに変則的な勅令（Kabinettsordre）であった。これ以降、この勅令は〈ガンス法〉（Lex Gans）と呼ばれるようになった。[22] 十年前の解放勅令は、ほかならぬガンスを大学に入れないためだけに破棄された。もっとも、〈ガンス法〉なる名前を誰が言い出したのかはわからない。だが唐突ではあるが、ここでユダヤ人文化学術協会のことを想起しておきたい。会長のガンスは、一八一九年以来、自身の就職運動と入植計画という相反することを、まったく同時に並行して進めていた。だとすれば、アメリカ入植計画を〈ガンス・タウン〉と名づけたのと同じ人物が、ガンスの就職を挫折させた勅令を〈ガンス法〉と命名したとしても不思議はない。その名付け親は、おそらくハインリヒ・ハイネである。実際ハイネは協会の仲間への手紙で、「破棄された勅令の打撃」を打ち明けている。(23) 国王の裁定によってショックを受けたのはガンスだけではなく、ハイネにしても同様であった。〈ガンス法〉なる言い方の中には、一方で植民計画を立てながら文化的同化を目指したユダヤ人青年たち、なかんずくガンスとハイネの、自己嫌悪にも似た感情が含まれているように思える。ただし、自己嫌悪についての説明は、もう少しあとにまわしたい。

妙なことをいうようだが、〈ガンス法〉について、ガンスが国王の朝令暮改を恨みに思った気配はない。また宰相ハルデンベルクや、文相アルテンシュタインを恨むこともなかった。ガンスは同時代の誰もが認めるように強烈な個性をもった人物であったから、この礼儀正しさはいかにも気にかかるところではある。ところが、ガンスは就職の失敗についての恨みつらみを、ただ一点サヴィニーに向けている。ガンスからすれば、そもそもサヴィニーこそが彼を排斥した張本人であった。サヴィニーが反対しさえしなければ、〈ガンス法〉問題など生じえなかった。こうした見方は皮相にすぎるかもしれないけれども、このときの感情的しこりを前提にしなければ、のちに華々しく展開されたガンスとサヴィニーの論争を理解することはできない。それは必ずしも学問的な争いではなく、きわめて人間臭い泥仕合であったからだ。〈ガンス法〉の陰の主役は、サヴィニーであった。この意味で、〈ガンス法〉は「サヴィニー法」でもあったのである。

フリードリヒ・カール・フォン・サヴィニーについてはこれまで小出しにしてきたけれど、このへんで彼の人物像を抽出してみよう。それもありきたりのものではない。ハイネの目に映ったサヴィニーである。ガンス同様ハイネも法学の徒であり、ベルリンでユダヤ人文化学術協会に関わったことはすでに述べた。彼は詩作と協会活動のかたわら、駆け出しのジャーナリストとして、故郷の新聞のために「ベルリン便り」を連載している。そのなかに大法学者サヴィニーの紹介がある。日付は一八二二年三月、例の国王裁定が出る数ヶ月前である。

「その人物は黒い髪を肩にかかるほどに垂らし、敬虔な愛のまなざしで天を仰ぐさまは、キリストの像にも似ており、おまけにフランスの出自なのでフランスの名前をもっているのですが、でもまったくドイツ的に権力を振るいます。もし私がこの北ドイツの偉大なる法学者について語るとしたら、皆さんは僕が誰のことを考えているかに気づくことでしょう。(24)」

この法学者が誰であるか、ハイネはここで名前を明かしていない。しかし、フランスの名前をもちドイツ的に権力を振るうといえば、読者はそれがサヴィニーその人であることを理解した。歴史法学の創立者サヴィニーは、すでにベルリンのみならず全ドイツに名を馳せていた。もっとも、ハイネがこの時事的評論のなかで「権力を振るう」（gewaltig tun）というとき、それはもっと特別の意味をもっていたはずである。すなわち、ガンスの任用を権力をもって拒絶したという、かなり知れ渡った事件を仄めかしているのではないか。ユダヤ教徒のガンスを迫害するサヴィニーは、だからこそキリストになぞらえられるのだ。「ベルリン便り」のこの個所は、同志ガンスへの援護射撃であった。実はこの便りのあとのほうで、ハイネは種明かしをするかのようにサヴィニーの名前を出している。「フォン・サヴィニー氏は、この夏学期に法学提要を講義します」というわずか一行の文章である。[25] いかに世事に疎い読者でも、ここまで読めば先ほどの人物が誰であるかに気づく仕組みなのである。

さてガンスに話を戻そう。国王の裁定が下った以上、ガンスの任用問題は決着が付いたと誰もが思う。ところが、事態は劇的に逆転した。その顛末を簡単にみておこう。

ガンスは一八二三年の一〇月に、『世界史的発展における相続法』の第一巻を出版した。これはもとより相続法の研究であるが、その手法はヘーゲルの歴史哲学を法学に応用する壮大な試みであった。これが、アルテンシュタインの心証を良くした。というのも、彼はサヴィニーよりはヘーゲルのほうと懇意であったからだ。アルテンシュタインは今度は国王に対して、ガンスの才能を褒め称えた。またハルデンベルクの推薦により、ガンスには一八二四年より年額五百ターラーの奨学金が支給されることになった。国王と宰相と文相がガンスを再評価したのである。こうしてガンスは研究旅行に旅立った。風向きはガンスに有利に変化しはじめた。

決定的であったのは、研究旅行の途上、一八二五年一二月一二日にガンスがパリで洗礼を受けたことである。ガンスは、ユダヤ教からキリスト教に改宗した。研究旅行というのは名目で、最初から改宗が目的の旅だったのかもしれない。ユダヤ人というのはユダヤ教徒のことであるから、彼らがキリスト教に改宗すればもうユダヤ人ではなくなる。ガンスの場合もそうであり、改宗することで障壁は完全に取り払われた。ブラウンはこう述べている。「一八二六年一月、ガンスは福音派のキリスト教徒としてベルリンに戻ってきた。二カ月後には彼はもう員外教授になっていた」。[26]

三　白鳥と鵞鳥は同じ池では泳げない

ガンスはユダヤ人文化学術協会の会長を辞めて、改宗の旅に出た。彼は仲間を裏切って、それと引き替えにキリスト教的文化への入場券を手に入れたのである。ガンスは背教者となった。ハイネはガンスの裏切りを非難して次のような三連詩を作った。

「ああ聖なる青年の気分を！
ああ、いかにも早く君は押さえ込んだね！
そして君は、冷ややかに、
愛する主と意思を通じた。

そして君は十字架に這いつくばる、見下したはずの十字架に、
それはほんの数週間前まで
蔑ろにしていたものだ！

ああ、君は本を読みすぎた
シュレーゲルやハラーやバークのものを――
昨日はまだ英雄だったのに、
今日はもう裏切り者だなんて。(27)」

ハイネは、ユダヤ人文化学術協会の同志モーザーに宛てて、プロイセンの官職に就くためにキリスト教の洗礼を受

けるのは下品で不名誉なことだ、と書いたことがある。明らかにガンスのことを念頭に置いて、キリスト教に改宗しさえすれば就職できるとしても、自分はその途は取らないと言明しているのだ。だがガンスはあえて十字架に這いつくばり、裏切り者となった。ユダヤ教に背いただけではなく、協会の仲間たちをも欺いた。ハイネの詩は、ガンスの改宗を非難し軽蔑する。

けれども、ことはそう単純ではない。「ある背教者に」と題するこの三連詩を作ったハイネ本人が、実はガンスに先立って同年の六月二八日に、ハイリゲンシュタットで改宗していたのである。つまりこの詩はガンス非難の詩であると同時に、ハイネの自己嫌悪の表明でもあった。前にガンスとハイネは双生児だといったが、ここでも二人は相前後して改宗しているのである。ガンス受洗の報を受け、やはりモーザーに宛ててハイネは告白する。「信念にもとづいてやっているのなら、彼は阿呆です。偽善にもとづいてやっているのなら、彼はろくでなしです。それでも僕はガンスを愛することを止めないでしょう」と。[28] 背教者ハイネは屈折しながらも、同じ背教者ガンスをなんとか擁護しようとしている。

ガンスはユダヤ教からキリスト教へと改宗（Bekehrung）した。しかしながら、彼における本当の改宗は、サヴィニーの歴史法学からヘーゲルの歴史哲学および法哲学への「転向」（Kehre）というかたちをとっておこなわれた。

ガンスがティボーのもとで学位を取ったことは、すでに述べた。その学位論文たる『ローマ債務法論』は、その標題からしていかにもサヴィニー好みの歴史法学的研究であった。ガンスはベルリンに帰って早速これをサヴィニーに献呈したが、その添え状には「ひとえに閣下の御講義が学問への喜びと愛とを私に吹き込み」と、過度に卑屈な調子でサヴィニーへの感謝が綴られていた。[29] ところが、サヴィニーはこれを黙殺した。それどころか、教え子のガンスがユダヤ人であるがゆえに、彼のベルリン大学への就職を断固として拒み続けたのであった。例の〈ガンス法〉は国王の勅令ではあるけれど、国王がその裁定を下すにあたっては、サヴィニーの意向が決定的に影響したにちがいない。ところが、ガンスは第二の著書『世界史的発展における相続法』を、今度はヘーゲルに贈っている。次に示すのは、そのときの添え状である。

「格別に尊敬に値すべき教授殿！

尊敬する教授様、大変遅れながらもようやく完成した相続法に関する拙著第一巻を、私は臆することなしに先生に献呈することはできません。臆しながらというのは、法廷に立ち入る者は、裁判官だけに権限があるとみなすがゆえに、何人といえどもそう感ぜざるをえないからです。先生の哲学を研究したことで、同封の本を仕上げるに際していかなる思想がもたらされたか、私は序文において告白せずにはいられませんでした。先生の御寛容のために必要でしたら、ここには釈明だけを記しておきます。すなわち、私は不本意ながらも感謝と賛美の爆発のゆえに、その表明を公けにせざるをえなかったのです。

ことはひとえに尊敬する先生の御判断にかかっておりますので、献呈したものと同様の仕事についても、ぜひとも先生の校閲と激励が示されますように。

最高の尊敬を込めて

貴台の忠実なる下僕

エドゥアルト・ガンス博士

ベルリン、一八二三年一〇月…日　新フリードリヒ通り五七番地」(30)

ガンスは、四年前にはサヴィニーに対して最初の著書を献呈したのだが、今度は二冊目の著書をヘーゲルに献呈した。これに関するブラウンの評価は、「一八一九年のサヴィニー宛のものと細部にいたるまでほとんど同じ添え状を付して」と手厳しい。それは辛辣にすぎるとしても、ガンスがサヴィニーからヘーゲルに乗り換えたのは明らかだ。この転向に比べれば、キリスト教への改宗など本当は何でもなかったのかもしれない。そしてヘーゲルは、サヴィニーとは異なってガンスを受け入れた。やはりブラウンによれば、それ以後ヘーゲルとガンスの親しい関係ができあがり、同時代の観察者からガンスはヘーゲルの「ヨハネス」になったと冷笑されたという。(31)

ヨハネスとは、キリストの最愛の弟子のことである。ガンスがヨハネスになぞらえられたということは、ヘーゲルはキリストのごとき存在であったということだ。すでに指摘したように、ハイネはサヴィニーをキリストにたとえたことがある。だがベルリン大学にはもう一人のキリストがいて、それがヘーゲルであったということになろうか。そういえば、ガンスをヘーゲルのヨハネスと突き放した「同時代の観察者」であるけれども、ここにもハイネの影が見えている。

それはともかく、一八二二年の〈ガンス法〉により国王がガンスの任用を拒絶したにもかかわらず、それが逆転して二六年に員外教授への登用が決まったのは何故なのか。宰相のアルテンシュタインは、もともとガンスに同情的であった。とすれば、文相アルテンシュタインの強力な巻き返しがあったとみるしかない。そして、アルテンシュタインにガンスを推挙したのは、ヘーゲルであったということになる。ガンスをめぐって、サヴィニーとヘーゲルという二人のキリストが綱引きをし、最終的にはヘーゲルが勝利したという構図である。ベルリン大学において、哲学部のヘーゲルは、息のかかったガンスを法学部に送り込むことに成功した。ガンスの逆転任用の契機は、サヴィニーからヘーゲルへの転向にあった。キリスト教への改宗は、単なる儀式にすぎなかった。

こうしてガンスは、めでたくもベルリン大学法学部の員外教授となる。しかしそれは、ガンスの任用劇のまだ第一幕にすぎない。第二幕は彼の正教授への昇進をめぐって演じられた。新たな登場人物として皇太子を紹介しておこう。この王子はサヴィニーによって帝王学を授けられたこともあって、生涯にわたりサヴィニーとの強い信頼関係を築いていた。皇太子はやがて国王フリードリヒ・ヴィルヘルム四世となり、その青年時代からの言動のゆえに「玉座のロマン派」とも呼ばれた。この国王の在世中に三月革命が起こり、そのときの立法改訂大臣がサヴィニーであったのだが、このことはのちに述べる。ここでは彼がまだ皇太子であったとき、ガンス問題にいかに関わったかを記そう。

サヴィニーの薫陶のゆえか、そもそも皇太子はガンスの任用に反対であった。その頑なな態度には国王以上のものがあった。したがって、ガンスの正教授昇進に際し皇太子が妨害することは当然に予想できた。だが今度は、アルテンシュタインがガンスのために工作した。アルテンシュタインは、わざわざ皇太子が長期の旅行のため不在となる時機をねらって、昇任案を国王に提示したのである。国王は風向きを察したのか、あっさりとこれを承認した。こうして正教授の辞令は、一八二八年の一二月一一日に交付された。辞令を受けたガンスは、喜びのあまり国王の署名にキスしたという(32)。

サヴィニーはガンスの正教授就任に抗議して、同月二九日にアルテンシュタイン宛に手紙を書き、法学部の学部行政を今後は拒否すると通告した。また三一日には、ようやく旅行から戻った皇太子にも書状を認めて、ガンスとは一切の人間関係をもたない決意を伝えた(33)。皇太子はサヴィニーの訴えに同調し、またアルテンシュタインの処置に憤激して、同日折り返しサヴィニーに返書を送った。

「ベルリン、一八二八年大晦日

我が敬愛するサヴィニー先生――ちょうどお手紙を受け取って読んだところです。先生の信頼に心から感謝しております。――私は先生が思われるよりももっと光栄に存じております。――なのになんという知らせを受けるのでしょう?!!!　学部にこの鳥を持ち込むことについて、私が今日の夜までわずかな予感さえもたなかったことを御賢察ください!!!　それは本当にとんでもないことです。――私は私たちの法学部における増加と減少を心から嘆いておりますが、今はただ、白鳥と鵞鳥は同じ池では泳げない、というように了解するばかりです。――池がまったく泥水になってしまうことを、神よ防ぎたまえ。――始まってしまいました。――もっとも私は一連の出来事のあとでも（思うに）こう述べることができます。もし私がここにいたら、始まることはなかったのにと！　というのも、この鳥については、たびたび私に相談があったからです。――今年の始めに私のもとに一冊の著書が送られてきましたが、それは学部への彼の任用に同意を求めるものでした。――私はあまりに無礼だと感じました。そうした酔っぱらいの言葉や、著書での前代未聞の解釈の跡のゆえに、私は（いつか尋ねられたことがあったので）断固とした反対意見が確定的なものであることを知らせることにしたのです。――先生ならなおさら私の不審を理解されることでしょう――私の憤激を。私の確信するところでは、ガンス教授を厳粛かつ正式に戒告し、彼の学説を撤回させることは、学部の義務ではないでしょうか。さもなければ、学部としては至高の座からのそのような賜物について、苦情を申し立てねばならないでしょう。先生以外の方が読むかもしれませんね。この恥ずべき思想に対しては何かがなされねばなりません。新たな年こそは、尊敬する友人たる先生に神の恵みがありますように。私のために友情を保ってください。そして私たち二人自身のために。

皇太子フリードリヒ・ヴィルヘルム」(34)

長い引用になってしまったが、以上が大晦日に皇太子がサヴィニーに宛てて急ぎ書いた手紙の全文である。少しばかり解説を加えておこう。

この手紙で最も有名になったのは、「白鳥と鵞鳥は同じ池では泳げない」(Schwan und Gans können nicht auf demselben Teiche schwimmen.) という名言である。一方の鵞鳥(Gans)がガンスに重なるかぎり、白鳥(Schwan)がサヴィニーを意味することはあらためて指摘するまでもない。ガンスは鵞鳥なる名前をもったユダヤ人であったから、そもそも運命的にからかわれざるをえない。

だが名前の点は別にしても、ガンスはなるほど鵞鳥のように騒々しい性分で、「上司や当局と、編集部や出版社と、反対者や仕事仲間といつも争っている、もめ事の多い人物」であった。[35] これに反して、サヴィニーは貴族の生まれで、気品と権威を備えた優雅な人格者であった。サヴィニーがキリストにたとえられたことはすでに紹介したが、彼はそのほかにもゼウスやゲーテにもなぞらえられている。それはいささか大仰にすぎるとしても、ベルリン大学法学部という澄んだ池を静かに泳ぐ白鳥のごとき存在であったことはたしかだ。白鳥と鵞鳥は姿形が似ていないこともないけれど、しかし優雅な白鳥と喧しい鵞鳥が同じ池で仲良く泳ぐのはむずかしい。皇太子の懸念は、みごとに的中したということである。

文中に法学部の「増加と減少」とあるが、これはガンスが加わりサヴィニーが去ったことにほかならない。鵞鳥が正教授となって池を泥水に変えたことに耐えきれず、白鳥は学部から身を退くことを通告した。しょせん「白鳥と鵞鳥は同じ池では泳げない」のである。ガンスの正教授就任は「至高の座からの賜物」であった。つまり、かつて〈ガンス法〉によって員外教授への任用を拒絶した国王が、今度は正教授の辞令を交付したのであった。皇太子は父国王の措置に対して、不審の念を抱き憤激している。ガンス問題は、王室の内紛にもつながりかねない危険性を孕んでいた。

さて、員外教授としてベルリン大学で講義をもつようになってから、ガンスは公然とサヴィニーを批判するようになった。正教授になるのと前後してそれはますます執拗なものとなり、サヴィニーは神経衰弱に陥って研究生活を中断するまでにいたった。サヴィニーに教えを受けたブルンチュリは、その間の事情を次のように伝える。

「今も残る講義ノートによれば、ガンスはサヴィニーが隣りの講堂で教えているのに、年間をつうじて講義で彼を批判し続けたことがわかる。ガンスが『サヴィニーに反対した』ような『向こうみずで仮借のない仕方』は、誰に対しても、たとえアルニムに対してさえも、隠されることはなかった。一八三〇年にアルニムは義兄であるサヴィニーに誕生日の詩を捧げたのだが、この中ではとりわけ次のように歌われている。

なおも盛りの栄冠が、
君を囲んで、
ガンス以外は
皆君を愛す……[36]」

引用文中に、サヴィニーはロマン派の詩人アヒム・フォン・アルニムの義兄とあるけれども、この関係は少々ややこしい。アルニムの親友で同じくロマン派のクレメンス・ブレンターノには二人の妹がいて、姉のクニグンデはサヴィニー夫人となり、妹のベッティーナはアルニムに嫁いだ。したがって、アルニムからみればサヴィニーは義兄にあたる、ということである。

おそらく一八三〇年頃がサヴィニーが精神的に最も落ち込んでいた時期であって、その最大の原因はいうまでもなくガンスとの人間関係であった。もっとも、傷心のサヴィニーのまわりにはアルニムやブレンターノらの詩人たちがおり、また彼の学問上の弟子としてプフタやブルンチュリたちがいた。さらに、詩人と学者の双方の顔をもつ最愛の弟子として、ヤーコプとヴィルヘルムのグリム兄弟がいた。[37]彼らはこの時期のサヴィニーを様々な仕方で慰め、ガンスの無遠慮な攻撃を批判した。「ガンス以外は皆君を愛す」の詩は、このようにしてサヴィニー派の固い絆を確認したのであった。

反面、ガンスが徹底してサヴィニーの歴史法学を批判できたのは、なんといってもヘーゲルが後ろ盾となっていたからである。ハイデルベルクのティボーもまた、ガンスの後見人であった。ガンスはいわばヘーゲルの哲学とティボーの法学を接ぎ木することによって、サヴィニーの歴史法学に対抗しようとした。

皇太子は「白鳥と鵞鳥は同じ池では泳げない」と言ったが、鵞鳥のガンスが正教授となり白鳥のサヴィニーが神経衰弱となったことで二人の対立に終止符が打たれたわけではない。白鳥と鵞鳥の対立の本当の意味は、むしろそのあとに露わになった。

四　ガンス教授の誕生日

白鳥のサヴィニーと鵞鳥のガンスの対立は、アルニムが傷心のサヴィニーに「ガンス以外は皆君を愛す」の詩を贈った一八三〇年頃が頂点であった。というのも、翌三一年にヘーゲルが急死することによって、ガンスは最大の後ろ盾を失うことになったからである。ヘーゲルとガンスの関係についてここでは詳しく述べないが、[38]「ヘーゲルのヨハネス」とまで呼ばれたガンスは、ヘーゲル法哲学の後継者として自他ともに認める存在になっていた。

もっとも、ヘーゲルの死の直前、実はガンスとの関係は破綻していたとすることもできる。そしてここにも例の皇太子の関与がみられる。この間の事情を、ブラウンが要領よく紹介している。

「ところが一八三一年の末近くになって、ガンスにきわめて深い衝撃を与えるような事件が生じた。一一月一四日にまったく不意にヘーゲルが死んだのだ。そのほんの少し前、二人のあいだには意見の相違が生じていた。皇太子の忠告によって、ヘーゲルは数年前にガンスに譲った法哲学の講義を再び自身で担当することを告知した。皇太子の推測によれば、ガンスはヘーゲル哲学から『革命的な帰結』を引き出し、学生たちを『共和主義者』にしてしまうからであった。その後もヘーゲルのもとにはわずかの聴講者しか登録せず、これに反してガンスのもとには例によって非常に多くの聴講者が登録したので、ガンスは公けの掲示でヘーゲルの講義への参加を勧めた。このやり方がヘーゲルを完全に怒らせてしまった。そのあげく、ヘーゲルは当時の噂によれば、私は弟子に庇護されかねないと口走ったそうだが、その効果があったかは今もわからない。ヘーゲルがガンスのやり方を拒絶したぶっきらぼうな手紙への言及は、どのヘーゲル伝にも見あたらない。たしかにガンスはヘーゲルと死の床で和解したが、しかしヘーゲルはとうてい慰められなかった。[39]」

ヘーゲルは法哲学の講義をハイデルベルク時代に始め、ベルリン大学でもこれを続けていた。その講義は「自然法と国家学」という標題でおこなわれていたのだが、その主要な課題は抽象的な自然法が国家によって実定化される論理的および歴史的な必然性を叙述することにあった。サヴィニーの歴史法学も法の歴史と論理を解明するところから出発したはずだが、しだいに歴史よりは論理を重視する方向に傾いていった。サヴィニーの歴史法学は、奇妙なことにその没歴史性のゆえに、ティボーやヘーゲルやガンス、そしてマルクスによって批判されることになる。ヘーゲルの法哲学講義は、サヴィニー批判であることによっても、学生の支持を集めたのであった。

ヘーゲルの法哲学講義は、一八二〇年の『法哲学綱要』の刊行後も続けられた。だがガンスがベルリン大学法学部に任用されたことにともなって、二七年の冬学期からそれはガンスに譲られることになった。少なくとも法哲学の領域において、ガンスはヘーゲルの後継者と目されるようになったのである。

ガンスをヘーゲル法哲学の後継者だといったが、実はこれだけではまだ足りない。ガンスとヘーゲルの関係を考えるとき、学的批評協会での活動を抜きにするわけにはいかないからだ。学的批評協会（Verein für wissenschaftliche Kritik）は、ヘーゲル派の学術組織として一八二六年にベルリンで発足した。ベルリンには王立のアカデミーがあったけれども、ここは反ヘーゲル派の神学者シュライエルマッハーと法学者サヴィニーが牛耳っていて、さすがのヘーゲルも会員になることはできなかった。[40] そこで対抗組織として結成されたのが、学的批評協会であった。もとより同協会の筆頭はヘーゲルであるが、ガンスはこの組織の事務を一手に引き受けることで、ヘーゲル法哲学のみならず師の哲学全体の束ね役となったのである。

すなわち、ガンスは学的批評協会の事務局長に指名された経緯についてこう証言している。「同協会は哲学・自然科学・歴史文学の三つの部会に分かれ、各部門のそれぞれに事務局員が選ばれる。哲学部会には私が、自然科学部会にはシュルツが、歴史文学部会にはレオが任命された。さらに、私には事務局全体の指導が任せられた。組織の事務局長に指名されたからだが、これには原稿の整理や財務や大方の通信の世話をする、という義務が課されていた。さらに組織の規約を起草し、これに事務規程を加えることが決められた。この仕事も私に託された」。[41]

協会の事務といえば、ユダヤ人文化学術協会が想起される。第一節に、ガンスとハイネの出会いに関して、ライスナーの言葉を引用しておいた。一八二二年のことであるが、その中にガンスがハイネに提案して「ベルリン発の法学・国家学の批評誌」の発行を持ちかける場面が出てくる。これは時期尚早で実現しなかったけれども、ライスナーはこれに続けて、「しかし四年後にはより成熟したかたちで、コッタ男爵とヘーゲルの積極的な協力のもとにそれは実現した」と記す。これは学的批評協会の機関誌『ベルリン学的批評年報』のことにほかならない。ガンスの側からすれば、ユダヤ人文化学術協会の延長線上に学的批評協会があり、かねて構想した法学・国家学の批評誌の具体的な現われとして『ベルリン学的批評年報』、いわゆるベルリン年誌があることになる。想像を逞しくすれば、学的批評協会の結成そのものが、ヘーゲルではなくガンスの主導によるものであった可能性さえある。いずれにせよ、ガンスは二五年にユダヤ人文化学術協会の会長を辞めて、翌二六年に学的批評協会の事務局長となった。

ガンスが共和主義者だったからだろうか、ガンスの法哲学講義は、ヘーゲル自身による法哲学講義よりはるかに学生の人気を集めた。法哲学講義にかぎらず、ガンスの講義には当時としては驚異的な数の学生が登録した。たとえばヘーゲルの死の前後の一八三一／三二年の冬学期には九〇五名、翌三二／三三年の冬学期には八三七名の学生が登録した。さらに三〇／三一年の冬学期におこなった公開講座には、大学創設者の弟で博物学者のアレクサンダー・フンボルトをも含めて、実に一五〇〇名もの聴講者が殺到したという。(42) ガンス自身の魅力とともに、隣国フランスでの七月革命後の共和主義的な雰囲気が、ベルリン大学にも押し寄せてきたということであろう。

ガンスの人気を目の当たりにして、ヘーゲルの心中は穏やかでなかったはずだ。皇太子の勧告にしたがって、ヘーゲルは法哲学講義を再開したものの、ガンスも従来の法哲学講義を継続しており、この二つが競合することになった。そして、多くの学生はガンスのほうに集まったのである。これをみてガンスはヘーゲルの講義を受けるようにと掲示した。ヘーゲルは弟子のこの振る舞いを侮辱と感じて激怒した。かつてガンスの不作法はサヴィニーを神経衰弱にしたが、今度はヘーゲルの神経をも逆なでした。ヘーゲルの死因はコレラであるからこのことと直接に関係はないものの、しかし病床のヘーゲルを見舞ったこの出来事が、ヘーゲルにとって大きな心労となったことは確かである。いわば仕掛け人の皇太子は、かつて「白鳥と鵞鳥は同じ池では泳げない」といった。もちろん白鳥とはサヴィニーのことであって、ヘーゲルに白鳥は似合わないかもしれない。けれどもやはり、ヘーゲルとガンスも同じ池では泳げなかった、ということだろうか。

ガンスは学生たちを共和主義者にする、という皇太子の懸念も的中した。一八三〇年七月革命の熱狂はベルリンをも巻き込んで、学生たちはガンス教授の周りに集まった。時代は確実にガンスのものになった。次に紹介するのは一八三八年の三月、ガンス教授の誕生日に起きた興味深い事件である。

「三月二二日は誰からも愛されたガンス教授の誕生日であった。一八三八年には六〇〇名の学生が、先生に夕べの音楽を捧げるべく集まった。もっともその本当の目的は、ゲッティンゲンの七教授に敬意を払うことであった。――警察は公道での公然たる行進や音楽に許可を与えなかったので、セレナーデは教授邸〔ガンスはシャルロッテン通り三六番地に住んでいた〕の中庭で演奏されるしかなかった。しかも家の扉は開かれていた。こうして中庭ばかりか玄関や道路までもが、セレナーデを聴こうとする人々でいっぱいになった。――セレナーデがゲッティンゲンの教授たちへのデモンストレーションとして利用されるであろうことは誰もが知っていたので、積極的な参加がなされたのである。近衛連隊の音楽が演奏された。学生たちはガンス教授のために雷のような万歳を唱えた。ガンスが彼らに礼を述べたので、本来セレナーデは終わるはずであった。ところがその代わりに、学生たちはゲッティンゲンの七教授のために二度目の万歳を捧げたので、その間、近衛連隊の音楽は通常のファンファーレで調子を合わせるはめになった。(43)」

アルニムはサヴィニーの誕生日に「ガンス以外は皆君を愛す」の歌を贈ったが、ガンスもまた誰からも愛されて、その誕生日には六〇〇名もの学生が家に押しかけるほどであった。この六〇〇名のデモ隊の中には、若きカール・マルクスもいた。(44) マルクスは一八三六／七年の冬学期からベルリン大学の法学部に在籍しており、サヴィニーとガンスの講義を受講した。ガンスは、マルクスに「きわめて勤勉」との評価を与えた。マルクスはガンスをつうじてヘーゲルの法哲学を学び、ガンスに影響されてサヴィニーの歴史法学を批判した。マルクスにハイネを紹介したのもガンスであったかもしれない。

マルクスが紛れ込んでいたからいうのではないが、ガンス邸での騒動は誕生祝いにかこつけた政治的集いであった。先の引用文にもあるように、この集まりにはゲッティンゲンの七教授との連帯の意味が込められていた。ゲッティンゲンの七教授事件とは、前年の一八三七年にハノーファー王国のゲッティンゲン大学で起きた、憲法擁護と大学の自治をめぐる反政府運動であった。自由主義的な憲法を新王が破棄しようとしたところ、これに七名の大学教授が抗議したことが事件の発端であった。彼らは国王によって免職され王国から追放された。このことが、ウィーン体制下の閉塞的な政治状況の打破につながっていく。すなわち、四六年のゲルマニステン大会や、四八年の三月革命およびフランクフルト国民議会へとつながっていくのである。こうしてゲッティンゲンの七教授事件は、三月前期の自由主義的な国民運動の発端となった。

ところで、ゲッティンゲンの七教授の中心にはグリム兄弟がいた。とくに兄のヤーコプ・グリムは、七教授事件以来、三月前期の運動の渦中でつねに象徴的な存在として英雄視されていた。グリムは歴史学者や言語学者として名高いが、彼はサヴィニーの一番弟子で、歴史法学派の最大の逸材であった。グリムの法学は、法を歴史や言語と一体のものとして捉えるもので、この意味では師のサヴィニー以上に、本来の意味での「歴史法学」であったといえる。

ベルリンのガンス邸でのセレナーデやファンファーレや雷のような万歳は、ガンスとグリムに向けられたもので、彼ら両人の連帯に対する学生たちの期待を表明したものであった。ヘーゲルとサヴィニーは犬猿の仲であったけれども、彼らの弟子たちのあいだには様々な交流があり、それは当時の学生のみならず知識階層によっても支持されていた。ガンスは学的批評協会の結成にあたってグリムを勧誘したこともあるし、七教授支援のためにドイツ各地にゲッティンゲン協会が作られたとき、ベルリン支部の責任者となったのもガンスであった。[45] サヴィニーの天敵であったガンスは、一方でグリム支援に奔走していた。学生たちはこのことを知っていたからこそ、ガンス教授の誕生日にグリム支持の示威行動をおこなったのである。

ところが、誕生日の騒動から一年あまりのちの一八三九年五月五日、ガンスは卒中のために急死してしまう。四二歳であった。ガンスは、グリムとも同じ池で泳ぐことができなかった。ユダヤ人仲間のファルンハーゲンは、ガンスの葬儀について日記にこう記している。

「一八三九年五月八日、水曜日

ガンス教授の葬儀。シュライエルマッハーの葬式以来、これほど厳粛で大がかりで長大なものはなかった。遺体は担がれて進んだ。教授全員、八〇〇名ほどの学生、あらゆる階層からの多数の人々、一〇〇台以上の馬車が続いた。音楽、聖歌隊。墓ではマールハイネケが弔辞を述べたが、とても評判が良かった。私は歩いて墓地まで行ったので、弔辞を聞くことができなかった。私は昨日からすごく悲しんでいる。クライン博士が隣にきて、私を最後まで案内してくれた。[46]」

マールハイネケの弔辞には、「彼は総じて、付き合いにくいが、真理を純化し、自由を愛する、そうした人であった」との一節がある。[47] ガンスはあちこちでぶつかって多くの敵を作ったが、しかし多くの人に愛された。ガンスの誕生日も賑やかであったけれど、彼の葬儀の盛大さもそのことをよく証明している。

ブラウンによれば、ファルンハーゲンの日記には一個所だけ間違いがある。それは「教授全員」が葬儀に参加したという部分だ。実際には、ベルリン大学からたった一人だけ葬式に出なかった教授がいる。サヴィニーである。ただし、サヴィニーはその日の講義を休講にした。休講の理由は、「葬儀がおこなわれるため」であった。[48] 鵞鳥のガンスは死んだ。白鳥のサヴィニーは、ついに葬列には加わらなかった。

白鳥と鵞鳥の物語は、これでお終いである。でも、もう少しだけ付け加えておこう。

一八四八年にベルリンでも三月革命が勃発した。革命のこちら側にはグリムがおり、向こう側にはかつての皇太子で今や国王となったフリードリヒ・ヴィルヘルム四世と、そのもとで立法改訂大臣となっていたサヴィニーがいた。もちろん、ガンスはすでにいないけれども、これに関してライスナーは述べている。もしもフランクフルトのパウロ教会で開かれた国民議会の日までガンスが生きていたとしたら、彼はダールマンやゲルヴィーヌスやグリムらの中央党と思想を共有したことだろうと。[49] この三人はゲッティンゲンの七教授の中心であったが、ガンスが早くから彼らとの連帯を模索していたことはすでに述べたとおりである。仮りにグリムの歴史法学とガンスの法哲学が結びついたとしたら、三月革命やフランクフルト憲法の様相も大きく変わっていたかもしれない。

さらにもう一つ。ガンスの弟子としてはマルクスが有名だが、明治憲法の制定に影響を与えたルドルフ・フォン・

グナイストも、ある意味でガンスの弟子であった。ある意味でというのは、グナイストはベルリン大学でガンスから学位を得たのだが、[50] サヴィニーの講座を引き継いで教職に就いたからである。グナイストはユダヤ人のアルベルト・モッセを可愛がって日本に派遣したけれども、グナイストがガンスの弟子であったことと、案外どこかで関係しているのかもしれない。ガンス教授の誕生日に、マルクスとグナイストが肩を並べて騒いでいたとすれば、それはそれで大いに想像をくすぐる光景ではある。

注

（1）Hans Günther Reissner, Eduard Gans, Ein Leben im Vormärz, Tübingen, 1965, S.63f. H・キルヒャー『ハイネとユダヤ主義』小川真一訳、みすず書房、一九八二年、四七頁以下。木庭宏『ハイネとユダヤの問題——実証主義的研究——』松籟社、一九八一年、二四頁。同『ハイネの見た夢』日本放送出版協会、一九九四年、一七六頁以下参照。

（2）Reissner, a.a.O., S.64f. ユダヤ人文化学術協会の会員のうち、レオポルト・ツンツについては、Max I. Dimont, Jews, God, and History, New York, 1962, S.332ff. マックス・I・ディモント『ユダヤ人——神と歴史のはざまで——』下、藤本和子訳、朝日選書、一九八四年、一四二頁以下参照。

（3）Reissner, a.a.O., S.69, 74, 78f.『ユダヤ学雑誌』掲載のガンス論文は次のとおり。「ユダヤ人のイングランド移住」第一号、一八二二年。「ローマにおけるユダヤ人関連立法——ローマ法源による——」第一号、第二号、一八二二年。「モーゼ＝タルムード相続法の基礎」第三号、一八二三年。「ポーランドにおける『カハル』の廃止」第三号、一八二三年。『ユダヤ学雑誌』について、ハイネはそこで使用されたドイツ語の難解さを皮肉っている。Heine an Leopold Zunz vom 27.6.1823, in: Heinrich Heine, Werke und Briefe, hrsg. v. Hans Kaufmann, Bd.8, Berlin, 1961, S.102.

（4）Reissner, a.a.O., S.79, 80.

（5）William Davis Robinson, Memoir adressed to Persons of the Jewish Religion in Europe, on the subject of emigration to, and settlement in, one of the most eligible parts of the United States of North America, London, 1819, S.25. vgl., Reissner, a.a.O., S.99.

(6) Reissner, a.a.O., S.86ff. 議事録によれば、一〇名の会議出席者のうち、アメリカ入植計画に積極的に賛成したのは、キルシュバウム、ヴォールヴィル、コーヘン、シェーンベルク、マルクスの五名、情報の収集を先行させるべきとしたのが、ガンス、ツンツ、モーザーの三名、積極的に反対したのは、ノルマン、アウエルバッハの二名であった。他に、キルヒャー、前掲書、五一頁参照。

(7) ガンスは十九世紀初頭のアメリカ合衆国をヨーロッパの中世的伝統と比較して次のように評価している。だがこのことと、合衆国のなかにユダヤ人コロニーを建設することとは別問題であったようだ。

「この国家においては、中世的国家の全体が覆されている。領主など、もはや存在しない。ヨーロッパにみられる中世的伝統も、そこにはまったく存在しない。ヨーロッパにおいては、心情や習俗や伝統のうちに君主制の思想が根づいている。それは北アメリカのように概念から生まれた国家がヨーロッパにも誕生し、そのような伝統が死滅するまでは、なお何世紀も続くことだろう。」 Eduard Gans, Naturrecht und Universalrechtsgeschichte, hrsg. v. Manfred Riedel, Stuttgart, 1981, S.100. vgl., Manfred Riedel, Hegel und Gans, in: Natur und Geschichte, Karl Löwith zum 70. Geburtstag, Stuttgart usw., 1967, S.263.

(8) Reissner, a.a.O., S.93f. vgl., Heine an Ernst Christian August Keller vom 1.9. 1822, in: Heine, Werke und Briefe, Bd.8, S.49f.

(9) ハイネによるガンス批判につき、堅田『歴史法学研究——歴史と法と言語のトリアーデ——』日本評論社、一九九二年、第六章「ガンス、あるいは法の普遍史」一五一頁以下参照。

(10) Heine an Moses Moser vom Mai 1823, in: Heine, Werke und Briefe, Bd.8, S.84. vgl., Reissner, a.a.O., S.96, 100. 同書九六頁と九七頁のあいだに、この書簡のファクシミリが挿入されている。木庭『ハイネとユダヤの問題』一〇頁以下参照。

(11) Reissner, a.a.O., S.98. ノアの名Mordecaiにつき、ハイネはMardochaiと記している。

(12) ebd., S.102.

（13）ヘルマン・クレンナーは、ヴィルヘルム・フンボルトの理念とは異なって、この勅令がユダヤ人に完全な法的平等を認めたわけではないとする。だがこのような評価は、フンボルトに甘すぎ勅令には辛すぎる。Hermann Klenner, Humboldts Staat als Rechtsinstitut des Menschen, in: Wilhelm von Humboldt, Menschenbildung und Staatsverfassung, Texte zur Rechtsphilosophie, Freiburg u. Berlin, 1994, S.334. なお勅令の原文については、vgl., Emantipations-Edikt, in: Dokumente zur deutschen Verfassungsgeschichte, Bd.1, hrsg. v. Ernst Rudolf Huber, 3.Aufl., Stuttgart, 1978, S.49ff.

（14）Johann Braun, Judentum, Jurisprudenz und Philosophie, Bilder aus Leben des Juristen Eduard Gans（1797-1839）, Baden-Baden, 1997, S.50, 46. vgl., Norbert Waszek, Freiheit und Verfassung, Von Hegel zu Gans, in: Archiv für Rechts-und Sozialphilosophie, Bd.78, 1992, S.463.

（15）Braun, a.a.O., S.55. vgl., Max Lenz, Geschichte der Königlichen Friedrich-Wilhelms-Universität zu Berlin, Bd.4, Halle a.d.S., 1910, S.448.

（16）Braun, a.a.O., S.77. vgl., Monica Richarz, Der Eintritt der Juden in die akademischen Berufe, Tübingen, 1974, S.99.

（17）堅田、前掲書、一五二頁以下。vgl., Braun, a.a.O., S.77f.

（18）Friedrich Carl von Savigny, Stimmen für und wider neue Gesetzbücher, in:Zeitschrift für geschichtliche Rechtswissenschaft, Bd.3, Heft 1, 1816, S.22ff. サヴィニー「新法典賛成論と反対論」、同『法典論争』大串兎代夫訳、世界文学社、一九四九年、二〇八頁以下。サヴィニーのユダヤ人論は、歴史法学の綱領と深く結びついたところで展開されている。

（19）Juristische Fakultät an Altenstein vom 4.4.1820, in: Lenz, a.a.O., Bd.4, S.448f. vgl., Braun, a.a.O., S.56.

（20）Gans an Altenstein vom 3.5.1821, in: Lenz, a.a.O., Bd.4, S.452f. ブラウンは著書のなかでガンス覚書の全文を紹介している。Braun, a.a.O., S.58ff.

（21）Braun, a.a.O., S.70.

（22）Waszek, Eduard Gans, die "Jahrbücher für wissenschaftliche Kritik" und die französische Publizistik der Zeit, in: Die "Jahrbücher für wissenschaftliche Kritik", Hegels Berliner Gegenakademie, hrsg. v. Christoph Jamme, Stuttgart-Bad Canstatt,

1994, S.96. vgl., Reissner, a.a.O., S.91f.

(23) Heine an Immanuel Wohlwill vom 1.4.1823, in:Heine, Werke und Briefe, Bd.8, S.65f. vgl., Braun, a.a.O., S.70.

(24) Heine, Briefe aus Berlin, Zweiter Brief, in: Heine, Werke und Briefe, Bd.3, 1961, S.510. 堅田、前掲書、第七章「ハイネ、あるいは法学オペラの夢」一八三頁。

(25) Heine, Briefe aus Berlin, Zweiter Brief, S.528.

(26) Braun, a.a.O., S.71, 81. vgl., Reissner, a.a.O., S.113, 117.

(27) zit., Horst Schröder, Zum Gedenken an Eduard Gans, in: Wissenschaftliche Zeitschrift der Humboldt-Universität zu Berlin, Jg.13, Heft 4, 1964, S.518. vgl., Wilhelm Dilthey, Heinrich Heine, in: Gesammelte Schriften, Bd.15, Stuttgart, S.215f. キルヒャー、前掲書、一一一頁以下参照。

(28) Heine an Moser vom 14.12.1825, in: Heine, Werke und Briefe, Bd.8, S.219. 木庭『ハイネとユダヤの問題』一三頁以下参照。

(29) 堅田、前掲書、一五三頁。zit., Braun, a.a.O., S.77f.

(30) Gans an Hegel vom 10.1823, in: Briefe von und an Hegel, 3.Aufl., hrsg. v. Johannes Hoffmeister, Bd.3, Hamburg, 1969, S.32f.

(31) Braun, a.a.O., S.80.

(32) Lenz, a.a.O., Bd.2, 1.Hälfte, Halle, 1910, S.391.; Carl Ludwig Michelet, Wahrheit aus meinem Leben, Berlin, 1884, S.513. vgl., Braun, a.a.O., S.82.

(33) Savigny an Altenstein vom 29.12.1828, in: Lenz, a.a.O., Bd.4, S.514f.; Savigny an den Kronprinzen vom 31.12.1828, in: Adolf Stoll, Friedrich Karl v. Savigny, Ein Bild seines Lebens mit einer Sammlung seiner Briefe, Bd.2, Berlin, 1929, S.404f. vgl., Braun, a.a.O., S.84.

(34) Kronprinz an Savigny vom Sylvester 1828, in: Stoll, a.a.O., Bd.3, 1939, S.281. vgl., Hans-Joachim Schoeps, Um die Berufung von Eduard Gans, in: Zeitschrift für Religions-und Geistesgeschichte, Bd.14, Heft 3, 1962, S.280.

(35) Braun, a.a.O., S.51.

（36） Johann Casper Bluntschli, Denkwürdiges aus meinem Leben, Bd.1, Nördlingen, 1884, S.65.; Stoll, a.a.O., Bd.2, S. 366. vgl., Braun, a.a.O., S.85.

（37） サヴィニーとグリム兄弟、とくにヤーコプ・グリムとの思想史的関係につき、堅田『法の詩学――グリムの世界――』新曜社、一九八五年、第二章「歴史法学のイロニー――サヴィニーとグリム――」六五頁以下参照。

（38） 堅田「エドゥアルト・ガンスにおける法哲学と法史学」『比較法史研究』第二号、一九九三年、四一四頁以下参照。（本書、第十章）

（39） Braun, a.a.O., S.85f., 185f. vgl., Arnold Ruge, Aus früherer Zeit, Bd.4, Berlin, 1867, S.432.; Hegel an Gans vom 12.11.1831, in: Hoffmeister (hrsg.), a.a.O., Bd.3, S.355f.

（40） 学的批評協会設立後もヘーゲルはアカデミー会員に執着したようで、一八三〇年の会員選挙に立候補している。反ヘーゲル派は対抗馬として、サヴィニーの愛弟子ヤーコプ・グリムとヘーゲルのかつての親友シェリングを立てた。結果はいずれも必要得票を獲得できず、ヘーゲルはついに会員になれなかった。ヘーゲルの急死の前年のことである。堅田「ある選挙結果」『現代思想』第一四巻八号、一九八六年、二五四頁参照。

（41） Gans, Die Stiftung der Jahrbücher für wissenschaftliche Kritik, in: ders., Rückblicke auf Personen und Zustände, Neudruck, hrsg. v. Norbert Waszek, Stuttgart-Bad Cannstatt, 1995, S.234. vgl., Waszek, Eduard Gans (1797-1839): Hegelianer-Jude-Europäer, Texte und Dokumente, Frankfurt am Main usw., 1991, S.115f.

（42） 堅田「エドゥアルト・ガンスにおける法哲学と法史学」四二四頁以下。Reissner, a.a.O., S.132. vgl., Waszek, Eduard Gans (1797-1839), S.164.

（43） Seep Miller u. Bruno Sawadzki, Karl Marx in Berlin, Beiträge zur Biographie von Karl Marx, Berlin, 1956, S.84f. vgl., Heinrich von Treitschke, Deutsche Geschichte im neunzehnten Jahrhundert, 4.Teil, 6.Aufl., Königstein / Ts. u. Düsseldorf, 1981, S.542f.; Lenz, a.a.O., Bd.2, 1. Hälfte, S.497.; Reissner, a.a.O., S.157.

ミラー／ザヴァツキーの引用文中には、ガンスの誕生日は三月二二日とあるが、トライチュケは翌二三日としている。

実は生年も含めて、ガンスの誕生日は厳密には確定できない。この点でもガンスはハイネと非常によく似ている。

(44) 堅田「ヤーコプ・グリムとゲッティンゲンの七教授事件」『獨協大学法学部創設二十五周年記念論文集』第一法規、一九九二年、九頁以下参照。(本書、第八章)

(45) Treitschke, a.a.O., 4.Teil, S.663. vgl., Reissner, a.a.O., S.156. 七教授支援の募金活動にガンスが奔走している様子をみて、大臣フォン・ロヒョウは「抜け目のないガンスめ!」と悔しがった。Karl August Varnhagen von Ense, Tageblätter (12.1.1838), in: Werke, Bd.5, hrsg. v. Konrad Feilchenfeldt, Frankfurt am Main, 1994, S.261. vgl., Waszek, Freiheit und Verfassung, S.465, Anm.20.; ders., Eduard Gans, die "Jahrbücher für wissenschaftliche Kritik" und die französische Publizistik der Zeit, S.100, Anm.23.

(46) Varnhagen, Tagebücher (8.5.1839), Bd.1, Leipzig, 1861, S.128. vgl., Schröder, a.a.O., S.515. マックス・フォン・ベーン『ビーダーマイヤー時代――ドイツ十九世紀前半の文化と社会――』飯塚信雄他訳、三修社、一九九三年、一〇五頁参照。

(47) vgl., Schröder, a.a.O., S.522.

(48) Braun, a.a.O., S.89.

(49) Reissner, a.a.O., S.139.

(50) ガンスとグナイストの関わりにつき、上山安敏『憲法社会史』日本評論社、一九七七年、四六頁参照。vgl., Erich J.Hahn, Rudolf von Gneist 1816-1895, Ein politischer Jurist in der Bismarckzeit, Frankfurt am Main, 1995, S.3, 45.

あとがき

ヤーコプ・グリムに興味を覚えたのは、学生時代にまで遡る。学部と大学院をつうじて、実定法学よりは基礎法学のほうばかり勉強していたのだが、そこで一番面白いと思ったのは、ヘーゲルの法哲学であった。あるとき、ヘーゲルの法哲学はサヴィニー歴史法学を主要な論敵にしていることに気づき、今度はサヴィニーを読んでみて、そこでグリムの名前に遭遇した。法学の中に童話《メルヒェン》を発見しえたことは、私にとって大きな喜びであった。法学も捨てたものではないと思うようになったのは、その頃であったかもしれない。それ以来、グリムばかりを研究してきたわけではないものの、気になる存在であり続けている。

ヤーコプ・グリムを研究するということは、十九世紀ドイツの法のみならず、文学や歴史や政治を研究するということでもある。グリム自身が法学者であり言語学者であり歴史学者でもあり、否応なく政治に巻き込まれていった、ということもあるけれども、それ以上に、グリムが提唱した「ゲルマニスティク」が、ドイツそのものを対象とする壮大な企てであったことにも関係がある。グリムの「ゲルマニスティク」とは、近代国家を形成するうえでのドイツ学、つまりドイツの国学にほかならなかった。

ところで、「ゲルマニスティク」の意義を理解できたのは、ドイツ本国より明治期の日本であったのかもしれない。私の勤務する独協大学の前身は独逸学協会であるが、この独逸学協会こそは、「独逸学《ドイツ》」を導入して、ドイツにならって日本を近代化すべく立ち上げられた国策的組織であった。私にとって、独逸学協会をめぐる思想史は、もう一つの研究課題でもある。グリムの「ゲルマニスティク」と日本の「独逸学」とは必ずしも同じではないものの、ここにも私とグリム研究との不思議な絆を見出した気がする。

私の研究は、グリム一筋であったわけではない。ヤーコプ・グリムの周辺には、ヘーゲルやサヴィニーをはじめとして、ミシュレやガンスやハイネがおり、彼らに先行する世代にはヴィーコやヘルダーがいた。そのときどきの問題関心、というよりは興味の赴くままに、グリムから離れたり戻ったりしながら、思想史と称する趣味的な勉強をしてきたというのが、本当のところである。

実は本書は、書き下ろしの体系的な書物ではなく、これまでに書いてきた関連論文をまとめた論文集である。ここで、各節を構成する論文の初出を掲げておこう。

第一章：『現代思想』（青土社）第一四巻六号、一九八六年八月
第二章：『思想』（岩波書店）第七五二号、一九八七年二月
第三章：『思想』（岩波書店）第六六四号、一九七九年一〇月
第四章：『新岩波講座・哲学』（岩波書店）第一五巻、一九八五年一一月
第五章：『現代思想』（青土社）第六巻一六号、一九七八年一二月
第六章：長尾龍一・田中成明編『現代法哲学』第二巻、東京大学出版会、一九八三年一一月（原題：ドイツ歴史法学）
第七章：『法の理論』（成文堂）第一号、一九八一年一一月
第八章：『獨協大学法学部創設二十五周年論文集』獨協大学法学会、一九九二年一〇月
第九章：『獨協法学』（獨協大学法学会）第三四号、一九九二年三月

第十章：『比較法史研究』（未來社）第二号、一九九三年三月
第十一章：『獨協法学』（獨協大学法学会）第四七号、一九九八年一二月

みられるように、古いものばかりである。気になりながらも、さまざまな事情で放っておいた論文たちであるが、このまま埋もれさせるのはいかにも惜しく、ずっと出版の機会を窺っていた。もちろん、読者に対する礼儀として、今回すべてに目をとおし、内容こそ変えてはいないが、表記を整えるなど大幅に手を入れた。グリムの研究はドイツでも日本でもおこなわれているけれども、少なくとも法思想史としてみるかぎり、本書は今日の研究水準に比して、なおけっして劣るものではないと秘かに自負している。

私はかつて、『法の詩学――グリムの世界――』（新曜社、一九八五年）という本を上梓したことがある。本書はその続編または姉妹編のつもりで、『法のことば／詩のことば――ヤーコプ・グリムの思想史――』と題することにした。グリムとその周辺の研究は、今日まで少しずつ続けているので、いつかさらなる続編も出したいと思っている。

こうしたわがままな出版企画にもかかわらず、御茶の水書房には快く引き受けていただいた。とくに橋本盛作社長のご厚意には、心より感謝している。ご厚意に報いるためにも、本書が幅広い読者に迎えられることを、ただ願うばかりである。

二〇〇七年七月十二日

堅田　剛

人名索引

ア行

カ行

サ行

タ行

ナ行

ハ行

マ行

ヤ行

ラ行

著者紹介

堅田　剛（かただ・たけし）
1950年　宇都宮市に生まれる
1975年　上智大学法学部卒業
1980年　明治大学大学院法学研究科博士課程修了
現在　獨協大学法学部教授、法学博士（明治大学）

〔専攻〕法思想史・法哲学
〔主著〕『法の詩学――グリムの世界――』（新曜社、1985年）
『歴史法学研究――歴史と法と言語のトリアーデ――』（日本評論社、1992年）
『独逸学協会と明治法制』（木鐸社、1999年）
『ドイツ・ロマン主義研究』（共著：御茶の水書房、2007年）
〔訳書〕R・A・ニスベット『歴史とメタファー――社会変化の諸相――』（紀伊國屋書店、1987年）
J・グリム『法の内なるポエジー』（ドイツ・ロマン派全集第15巻、国書刊行会、1989年）

法《ほう》のことば／詩《し》のことば――ヤーコプ・グリムの思想史《しそうし》

2007年9月20日　第1版第1刷発行

著　者　堅　田　剛
発行者　橋　本　盛　作
発行所　株式会社　御茶の水書房
〒113-0033 東京都文京区本郷5-30-20
電話　03-5684-0751
振替　00180-4-14774

本文組版　スタジオ・ウイング
印刷・製本　平河工業社／東洋経済印刷

Printed in Japan

ISBN978-4-275-00540-3　C3010